FUNCTION AND THEORETICAL BASIS
OF CLAIMS ON PROPERTY RIGHTS

# 物上请求权的功能与理论基础

王洪亮 Wang Hongliang

元照法学文库

北京大学出版社
PEKING UNIVERSITY PRESS

**图书在版编目(CIP)数据**

物上请求权的功能与理论基础/王洪亮著.—北京:北京大学出版社,2011.10
(元照法学文库)
ISBN 978-7-301-09000-8

Ⅰ.①物…　Ⅱ.①王…　Ⅲ.①民法-研究-中国　Ⅳ.①D923.04

中国版本图书馆 CIP 数据核字(2011)第 226792 号

**书　　　名:物上请求权的功能与理论基础**
著作责任者:王洪亮　著
责 任 编 辑:王建君
标 准 书 号:ISBN 978-7-301-09000-8/D·2980
出 版 发 行:北京大学出版社
地　　　址:北京市海淀区成府路 205 号　100871
网　　　址:http://www.yandayuanzhao.com
电　　　话:邮购部 62752015　发行部 62750672　编辑部 62117788
出版部 62754962
电 子 邮 箱:law@pup.pku.edu.cn
印　刷　者:三河市博文印刷厂
经　销　者:新华书店
730mm×980mm　16 开本　15.5 印张　282 千字
2011 年 10 月第 1 版　2011 年 10 月第 1 次印刷
定　　　价:30.00 元

---

# 序

王洪亮博士于2004年在德国获得法学博士学位后，即进入清华大学法学院工作。参加工作以来，勤于思考，专于研究，孜孜不倦，笔耕不辍。王洪亮博士偏好基础理论研究，常常于大家认为研究完备之处，展开新的研究。现在展现在读者面前的这本书，就是他对民法基础理论研究的一个成果。

物上请求权是民法请求权体系中最为重要的请求权之一，具有重要的理论研究价值。王洪亮博士以此为题，追溯学说历史，阐明事物的本质，继受理论为解释所用，发展学说意在形成新的体系及学术理想，难能可贵。

该书系统地论述了物上请求权制度的功能与理论基础，在许多关键点上都有其独到的见解。

虽然理论上，学者均承认物上请求权这一制度的存在，但在立法上，《物权法》仅在其具体类型的层面规定了该项制度，而在类型化之外，并未形成所谓的兜底条款。由此，在物权保护上，并未形成完整的体系。该书在分析原物返还请求权以及防御请求权的制度构成与功能之后，力图构建一个统一的、抽象的物上请求权制度，其思路是值得肯定的。

物上请求权是绝对权保护方式还是侵权法上保护方式，在我国素有争议。该书通过论证每种物上请求权的构成、效力以及功能，清晰地展示了物上请求权的“能力范围”，在原物返还请求权以及排除妨害请求权的功能上，都以否认所谓的“篡越状态”为己任，从结果上看，其功能是有限的，但却可以救济侵权法救济不到之处。该观点具有一定的说服力。

在物上请求权体系中，占有恢复关系亦即所有权人占有人关系十分复杂，有诸多亟待澄清的问题。王洪亮博士在论证了物上请求权的主请求权体系之外，还论述了物上请求权的次请求权体系，即占有恢复关系。指出其不仅具有优待善意之无权占有人的功能，而且具有保护所有权人的作用，并认为，占有恢复关系构成侵权法上请求权、不当得利请求权以及无因管理请求权的特别法，论述了前后两种请求权之间复杂的并存关系。这一研究大大发展了这一领域的理论。

当然，对于物上请求权乃至其次请求权的基础研究，仍有许多进一步深入研究的余地，希望作者能持之以恒，继续钻研。

该书出版之际，欣然为之作序，馨香以祝福，同时，也祝愿我们的民法学术研究不断进步。

崔建远

2011.10.28

# 目　　录

# 导言　物上请求权的体系及其展开

在中国法上，并没有使用“物上请求权”或“物权请求权”这一术语；而在理论上，却常使用此一术语，用以概括表达物权法中特殊的物权保护制度。所谓物上请求权，是在物被他人占有、侵占或者扣留的情况下，或者在物被妨害或即将被妨害的情况下，物权人为使物的归属受到保护并趋于圆满而享有的权利。

物上请求权制度是民法中最为核心的制度，源自于罗马法，为德国、瑞士、奥地利、荷兰、法国等国家所继受。德国法在继受罗马法上物上请求权制度时，并未犹豫，而中国法在继受德国法上的物上请求权制度时，却存在着重大的争论与反思。自《中华人民共和国民法通则》（以下简称《民法通则》）颁布以来，我国学界就在争论我国现行法上是否存在物上请求权制度；在《中华人民共和国物权法》（以下简称《物权法》）颁布前后，又存在着有无必要规定以物权为基础的物上请求权制度的争议；而就物上请求权的性质、功能以及制度内容，亦存在着广泛的讨论。

## 一、争议问题

### （一）物上请求权功能与性质的争论

在我国学说中，通说完全接受了“物上请求权”或者“物权请求权”的概念，但是在立法中并未出现过这一术语。在德国法上，也只是在诉讼时效规定中（旧法第221条）提到了“物上请求权”这一术语。在理论上，物上请求权包括原物返还请求权、排除妨害请求权以及消除危险请求权（即德国法上的妨害防止请求权）。在逻辑上，物上请求权是这几种具体类型再抽象的结果。德国民法起草人约豪（Johow）以所有物返还请求权为模型，将其特性传递给防御请求权（包括排除妨害请求权与妨害防止请求权），并将二者共同抽象为所有权请求权(Eigentumsanspruch)[①],后来,所有权请求权又被理论总结为物上请求权或物权请求权。但在内容、目标或者内容与范围上,所有物返还请求权与防御请求权并没有形成一致性的制度。一方面,难以澄清的是,具体有哪些统一的物上请求权规则;另一方面,在某些共同的规则中,二者也在被不同对待,如在请求权的诉讼时效上,所有物返还请求权与防御请求权也没有统一规则,前者是30年,后者只有3年。

在客观法领域,人们运用这一制度清楚地区分物权法与债权法;在主观权利范畴内,人们以之展示物权与债权的区别。[②] 为了严格执行物权与债权二元理论体系,人们使用了"请求权"这一动态概念,表达背后的静态权利。但是"物上"与"请求权"的组合,马上就会给人以非常不准确的感觉。物上请求权译自"dingliche Rechte",有时也被翻译为物权请求权[③],从内涵上来看,请求权是要求相对人为或不为一定行为的权利,涉及的是二人关系。而"dinglich"无论翻译为"物上"还是"物权",其所指的都是针对任何人发生效力的绝对权。物上请求权本身并不能用于区分物权与债权,反而是一个横跨物权与债权的制度。而且,自物上请求权的发展来看,物上请求权不仅具有保护绝对性主观权利的功能,而且亦具有保护相对性主观权利的功能。如此一来,物上请求权是否单纯为物权制度,亦产生了动摇。

有学者认为,物上请求权是基于物权产生的请求权,可以针对任何第三人(针对任何占有人)。[④] 但侵权请求权以及不当得利请求权是基于物权产生的,也是可以针对任何第三人的(任何侵权人)。所有请求权都是以物质权利为前提,在该物质权利被侵犯时,请求权作为一种保护权利对其予以

---

① Picker, Der "dingliche" Anspruch, in Im Dienste der Gerechtigkeit, FS für Bydlinski, 2002, S. 300.

② Picker, a. a. O., S. 270.

③ 崔建远教授认为,物上请求权是物权请求权的上位阶概念,包括物权请求权以及基于占有的请求权。参见崔建远:《物权法》,中国人民大学出版社2009年版,第114页。

④ Medicus, Bürgerliches Recht, 18 Aufl. 1999, Rn. 436.

保障。[1]

对于物上请求权的性质,赫克(Heck)认为,物上请求权是实现物权的权利。[2] 在权利位阶上,与债权上的履行请求权(Erfüllungsanspruch)是一个层次的。该观点在德国被普遍接受。因为物上请求权与债法上的履行请求权一样,在构成上也无"可归责性(Vertretenmüssen)"这一要件。在物上请求权的保护下,所有权人可保有占有并不受侵害地进行用益,所有权因此得以实现;但侵权法上的请求权并不是为了实现所有权,而是指向损害赔偿这一次位请求权。[3] 所以,物上请求权不同于基于《德国民法典》第812条、第816条第1款、第823条第1款的不当得利请求权以及侵权法上的请求权,这些请求权是"在物之基础上的债的请求权(obligatorische Ansprüche auf dinglicher Grundlage)"。对此观点,有学者持不同观点,认为债权请求权针对的也是法律地位实现的请求权,即来自于合同或者法定债务关系的权利地位,以物权实现的权利作为区分点,并不具有说服力。[4]

《物权法》在"物权的保护"一章规定了物上请求权的三种类型,但并没有明确其适用范围如何,具体适用于哪些权利,是否包括出租人的返还请求权,存有争议。

对于物上责任的内容与范围也有争议,具体就所有物返还请求权而言,占有人承担的是对绝对权行使的容忍义务(即不作为义务),还是负有积极的履行义务?德国通说认为,占有人应当承担履行义务,但在实践中由此造成了所有物返还请求权与债法上返还请求权的混淆,占有人承担了如同合同责任或损害赔偿责任的责任[5],而且,就是否适用《德国民法典》第275条、第281条、第283条等债法履行障碍条文,也存在争议。

---

① Picker, Der "dingliche" Anspruch, in Im Dienste der Gerechtigkeit, FS für Bydlinski, 2002, S. 275.

② Heck, Sachenrecht, § § 31, 32.

③ Medicus, Bürgerliches Recht, 17 Aufl. Rn. 436.

④ Picker, Der "dingliche" Anspruch, in Im Dienste der Gerechtigkeit, FS für Bydlinski, 2002, S. 276.

⑤ Picker, a. a. O., S. 278, 302 ff.

在排除妨害等请求权情况下，责任内容与范围更为模糊，至今在德国没有澄清与债权请求权之间的界线及其独立于债权的基础。而且，何谓妨害以及妨害（Beeinträchtigung）与损害（Schaden）的区别，至今也未达成一致意见，有学者将妨害定义为相关人的有害以及令人讨厌的状态[①]，此定义几乎可以包含所有情况下的损害，由此造成了妨害排除请求权被反转为损害赔偿请求权。另外，对于被请求权人，即妨害人也存在不同理论，如因果责任理论要求妨害人的行为中存在归责原因，而越权理论则不要求任何主观要件，该争议在环境责任中尤为激烈。[②]

所有物返还请求权以及防御请求权基础与目标、内容与范围的模糊性，首先，会使其丧失“物权性”，在破产程序中也就丧失了其稳定性（如取回权等）；其次，由于无法划清物上请求权、防御请求权与损害赔偿的界限，所以，在学理上，对确立物上请求权这一上位阶概念的必要性也产生了怀疑；最后，还模糊了所有物返还请求权以及防御请求权的特定制度功能。[③]

### （二）物上请求权制度存废的争论

在物权立法之前乃至到现在，法学界一直存在一个争议，即物上请求权是否是一个独立的制度，能否以侵权法上的制度取代？

魏振瀛教授主张以侵权责任取代物上请求权。他支持目前民事责任独立成编的做法[④]，区分责任与债的概念，通过责任的概念扩大侵权责任的范围，认为不规定物上请求权，而是将之并入侵权法，在侵权责任编专节规定侵权责任形式，其中规定一条：停止侵害、排除妨碍、消除危险、返还财产，不

---

① Larenz/Canaris, Schuldrecht, BT II/2, 13. Aufl. 1994, S. 675 ff.

② Picker, Der “dingliche” Anspruch, in Im Dienste der Gerechtigkeit, FS für Bydlinski, 2002, S. 304f.

③ Picker, a. a. O., S. 306 ff.

④ 《民法通则》将民事责任单列一章，并将违约、侵权责任或请求权目标全部罗列在一条之中（第134条），其中还夹杂着与德国法上物上请求权联系在一起的请求权目标，即停止侵害、排除妨害、消除危险、返还财产等。这样的立法模式深受苏联民事立法和学说的影响。而这种立法模式，对后来的立法影响甚大，如《中华人民共和国合同法》（以下简称《合同法》）第58条、第97条就集中规定了所有的与无效或解除有关的责任。参见沈宗灵主编：《法理学》，高等教育出版社1996年版，第407页。

以侵害人有过错为要件。魏振瀛教授认为：无权占有是对不作为义务的违反，性质上为侵权行为，在善意情况下，承担无过错责任，恶意情况下，为过错责任，至于妨害防止与妨害排除则更为侵权责任。[①] 民事责任的承担有自动承担、请求承担和强制承担三种方式。这样的体系安排与我国司法实践是相适应的，因为以权利、义务、责任为主线观察和处理法律问题的方法，早已为我国立法机关和司法机关所熟悉。[②] 而且，不规定物上请求权的原因还在于该制度本身的缺点，比如，妨害排除请求权与侵权法上恢复原状请求权区别不明晰、妨害与损害很难区分等。[③]

需要明确的是，魏振瀛教授的观点是建立在对既有德国民法体系的重构的基础上的，其理论出发点在于对债与责任的分离的基础上[④]，他主张侵权行为的法律后果是责任而不是债，基于侵权行为产生的请求权也并非债的请求权，进一步而言，基于债而产生的请求权是原权利请求权；基于违反债以及侵权行为产生的请求权为救济性请求权。而基于侵权行为产生的救济性请求权包括了物权和人格权等绝对权的救济请求权。[⑤]

反对者认为，物上请求权在构成上无须以过失与损害存在为要件，诉讼时效上也不同于侵权法上的请求权，所以，物上请求权得独立存在。[⑥] 部分学者还进一步主张物上请求权不适用于诉讼时效，倾向于将物上请求权作为物权优先效力的延伸，尤其有学者提到，基于物上返还请求权，所有权人

---

① 参见魏振瀛：《论请求权的性质与体系——未来我国民法典中的请求权》，载《中外法学》2003年第4期，第1页以下。

② 此论断可以由原最高人民法院研究室副主任李凡法官，在2002年9月全国人民代表大会常务委员会法制工作委员会组织召开的《中华人民共和国民法》（草案）研讨会上的发言所证实，引自王轶：《物权保护制度的立法选择》，载《中外法学》2006年第1期，第41页。

③ 参见魏振瀛：《论请求权的性质与体系——未来我国民法典中的请求权》，载《中外法学》2003年第4期，第1页以下。

④ 参见魏振瀛：《论债与责任的融合与分离——兼论民法典体系之革新》，载《中国法学》1998年第1期，第19页以下。

⑤ 参见魏振瀛：《论请求权的性质与体系——未来我国民法典中的请求权》，载《中外法学》2003年第4期，第1页以下。

⑥ 参见王利明：《物权法研究》，中国人民大学出版社2004年版，第105页以下。

可以享有取回权。[①] 值得注意的是，有学者从请求权基础理论以及物权性质角度进行反驳[②]，认为，如果把原物返还属于侵权责任，便没有了物权，从而也就没有了物权优先性发挥的余地，而且也不符合请求权基础理论，不适于解决法律适用问题。[③] 崔建远教授也认为，魏振瀛教授的观点在体系上存在重大问题：

(1) 魏振瀛教授的观点中，存在着将债务不履行或债法上请求权作为侵权行为的不适当之处，如合同无效、撤销时的给付物的返还就被认为是侵权责任方式，在逻辑上推断，债务履行被看成侵权行为，而按照魏振瀛教授的观点，侵权责任又不适用债法的一般规则。

(2) 在侵权行为构成方面，存在拟制行为的问题，在消除危险场合，并无损害，从而没有侵权，但魏振瀛教授为“自圆其说”不得不拟制一个侵权行为。[④]

王利明教授更是认为，物权请求权与侵权请求权具有不同的功能，构成要件也不相同，尤其提到物权请求权是物权效力的内容，在破产的情况下，所有物返还请求权人享有取回权，优先于一般债权。[⑤]

按照反对观点的代表崔建远教授的看法，应将侵权责任的承担方式限定为损害赔偿，然后规定包括物权请求权在内的绝对权保护请求权制度。停止侵害、排除妨害、消除危险、返还财产是物上请求权，并非侵权责任或者民事责任方式。[⑥] 还有学者认为，在中国司法实践与理论上，侵权请求权的

---

① 参见王利明：《物权法论》(修订版)，中国政法大学出版社 2003 年版，第 101 页以下。

② 参见崔建远：《物权救济模式的选择及其依据》，载《第三届罗马法 · 中国法与民法法典化国际研讨会论文集》，第 92 页以下。

③ 同上书，第 97 页以下。

④ 参见崔建远：《论物权救济模式的选择及其依据》，载《清华大学学报》(哲学社会科学版)2007 年第 3 期，第 112 页。

⑤ 参见王利明：《物权法研究》，中国人民大学出版社 2004 年版，第 108 页。

⑥ 参见崔建远：《绝对权请求权或侵权责任方式》，载《法学》2002 年第 11 期，第 40 页以下；崔建远：《物权救济模式的选择及其依据》，载《吉林大学社会科学学报》2005 年第 1 期，第 116 页以下。

目的是损害赔偿，是对物权请求权目标（比如所有物返还）的补充[①]，由此应得出的结论是，侵权责任与物上请求权可以并列存在，但并不是竞合存在。这种观点中有英国诉状制度或者罗马法上诉权思想的痕迹。也就是说，将当事人的请求目标限制在特定请求权基础上，在主观权利被广泛接受的时代，很少有国家采纳这种做法。

值得注意的是，2002 年 12 月 23 日提交全国人大常委会进行第一次审议的《中华人民共和国民法》（草案）采取的是竞合说，一方面承认侵权行为的责任方式包括停止侵害、排除妨碍、消除危险、返还财产等；另一方面又规定了以停止侵害、排除妨碍、消除危险、返还财产为内容的物上请求权制度。[②] 这种模式为《物权法》以及《中华人民共和国侵权责任法》（以下简称《侵权责任法》）所采纳。

如此一来，在物权的保护上，就出现了一个重大变化。《民法通则》中采取的是一元保护模式，即通过侵权责任等债法责任统一保护物权[③]；而《物权法》则采取了物上请求权与债法上请求权二元保护模式。既规定了原物返还请求权、排除妨害请求权、消除危险请求权（《物权法》第 34 条以下）等物上请求权，也规定了合同法上请求权、侵权法上请求权、不当得利请求权等债法上请求权。而且，二元保护体系处于一种叠加状态，在物上请求权上有原物返还、排除妨害以及消除危险三种请求权目标，而在《侵权责任法》中亦存在相应的“返还财产、停止侵害、排除妨碍、消除危险”请求权目标或责任方式。另外，在恢复原状情况下，亦可能是占有之返还，此时，原物返还请求权与恢复原状的区分在哪里，也是一个极为重大的问题。可以说，如果不能明确区分二者，在法律适用上，不仅会出现以物上请求权替代侵权法上请求权的现象，也会出现物上请求权本身被“转化”为侵权法上请求权之问题，存在双重的、“逃避”实定法上既有制度价值的危险。

基于上述理论研究争论以及立法现状，实有必要研究物上请求权的功

---

① 参见王利明：《物权法研究》，中国人民大学出版社 2004 年版，第 106 页；崔建远：《关于恢复原状、返还财产的辨析》，载《当代法学》2005 年第 1 期，第 64 页。

② 参见王轶：《物权保护制度的立法选择》，载《中外法学》2006 年第 1 期，第 38 页。

③ 同上书，第 36 页。

能定位,以此明确物上请求权与其他民法上请求权的区别,并在此基础上,进一步思考物上请求权的理论归属。

在展开本书的论述之前,先考察物上请求权的内在与外在体系,以便奠定后面的论述基础。

## 二、物上请求权的内在体系基础:所有权自由

《物权法》第三章专门规定了物权保护制度,其中第34条、第35条明确规定了所有物返还请求权、排除妨害请求权以及消除危险请求权,第33条还规定了确认物权请求权。所有物返还请求权、排除妨害请求权与消除危险请求权有一个共同的特征,即其规范目的在于保护物权的实现,《物权法》立法者抓住了这一点,构造了物上请求权的一体化基础。由此,可以推知,物上请求权的目的在于保护物权。

为什么在合同规则、侵权规则等债法规则之外,单独规定物上请求权制度以保护物权?其内在根据何在?

要回答这一问题,需从物权本身之特质出发。相对于债权,二者的最大区别在于,物权是绝对权,而债权是相对权。二者作为主观权利,均具有归属之功能。温德沙伊德(Windscheid)在区分对物权与对人权时,认为前者针对的是消极的不作为,后者针对的是积极的作为。通过主观权利概念,他从对物权、对人权中发展出物权、债权的概念,物权主观权利功能在于确定归属(Zuordnungsfunktion)客体,并将其分配给权利主体;而在债法领域,归属功能是请求权概念所承担的。[①]

债权与物权区别的关键点在于,物权客体的非自由之特征。物权是对物的绝对控制,而债权关系则不能被理解为对他人全部整体上的控制,债权关系必须被理解为,另一方的自由不能被毁坏。意思力量向第三人的扩张,被萨维尼称为“债”(Obligation),但这不意味着对他人整体的控制,而是对

① Rimmelspracher, Materiellrechtlicher Anspruch und Streitgegenstandsprobleme im Zivilprozess, 1970, S. 25 f.

他人个别行为的控制。[1] 一方面，是债权人的意思，通过此意思，个人自由被扩展；另一方面，是债务人的意思，该自由为履行的必要性、相应的债权人起诉、强制执行所限制。通过这样的论证，物权具有支配性、绝对性，而债权只有请求性与相对性。

物权的绝对性是针对任何人、任何人都得尊重、针对任何人的侵害进行保护的特性，该绝对性的保护主要是通过物上请求权来实现的，反过来讲，物上请求权规则是建立在绝对性的基础上的。[2]

那么，进一步思考，物权为什么具有绝对性呢？从物权思想发展历史中可以观察到，物权绝对性的基本思想来自于所有权自由之价值，可以说，物权绝对性的基础价值是自由。

自由所有权制度起源于罗马法，在古典罗马法时期，出现了现代意义上的所有权，其特点是完全性（Totalität）与排他性（Ausschließlichkeit）。[3] 他物权被认为是一种存在于他人所有权的物上的权利（iura in re alinea），而不是所有权的分割部分。[4] 在这种认识下，在请求所有物返还（rei vindicatio）或者进行否认之诉（actio negatoria）时，争议的标的不再是双方当事人物上较优的权利，而是原告对抗任何人的绝对权利。[5] 在中世纪，城市中土地所有权还是自由的、绝对的，但在农村，不动产上则采取了分割所有权模式[6]，这是与当时的土地经济制度相适应的。

在罗马法大全被继受的时代，在动产领域，人们完全接受了古典罗马法的自由绝对的所有权概念，但在不动产领域，却一直并列存在着赋税系统，农民世代向地主缴纳赋税（consuetudo）。农民与地主按照习惯法确定的规则共同使用土地。农民世袭该用益权利，地主也世袭该赋税请求权，在没有

---

① Savigny, System des heutigen Römischen Rechts, Bd. 1, S. 132.

② Staudinger/Seiler Einl. zu § § 854, Rn. 37.

③ Jörs/Kunkel/Wenger, Römisches Recht, 3. Aufl., 1949, S. 121; Kaser, Das römisches Privatrecht I, 2. Aufl. (1971), S. 119 f., m. w. N.

④ Kaser, Eigentum und Besitz, 2. Aufl. 1965, S. 304 f.

⑤ Kaser, a. a. O., S. 304f.

⑥ K. Kroeschell, Grundeigentum im Wandel der Geschichte, in FS für W. Büttner, 1986, S. 67 f.

农民的时候,地主可以处分该土地。农民与地主对土地是一种共同共有关系,处分权因此而大受限制。[①] 古典罗马法上的所有权概念显然与这种实际不符合。所以,沃尔夫(Wolff)借用了罗马法上的“dominium directum”、“dominium utile”概念,发展了所谓的分割所有权学说(die Lehre vom geteilten Eigentum)。农民享有所谓的用益所有权(Nutzeigentum),对其土地享有完全的使用权,而且可以继承,但不可以处分该农庄。而处分权(proprietas)属于地主。如果处分与使用权归于一人时,则存在完全的所有权(dominium plenum)。这一学说的构建,既适应了当时的国家结构以及公法负担,也有力地保护了农民的利益,尤其在国王与教会所有的土地上。[②]

在自由主义运动以及农民革命的背景下,蒂堡(Justus Friedrich Thibaut)在《论支配性所有权与用益性所有权》(*Über dominium directum und utile*)一文中对分割所有权进行了批判,使动产所有权与不动产所有权的概念得以统一,而且最为重要的是,重新确立了自由所有权概念,该概念是后来19世纪法典化的理论基础。[③] 根据自由所有权概念,所有权之特性被概括为完全性、绝对性和灵活性/弹力性,限制物权被独立出来,并被认为是暂时的所有权的负担。基于自由所有权概念,其客体被限定为有体物,该概念的形成是物权法自治体系形成的重要基础。[④]

沃尔夫将所有权人可以行为的自由分为三种,即对物自身的权利、对物使用权以及收取孳息权。[⑤] 后来的潘德克顿法学[⑥]采用了更为广泛的表述

---

① Planitz/Eckhardt, Deutsche Rechtsgeschichte, 3. Aufl. 1971, S. 57.

② Hattenhauer, Grundbegriffe des Bürgerlichen Rechts, 1982, S. 118 f.

③ 自由所有权的哲学基础在于康德与黑格尔的思想,关于自由所有权产生的论述,参见王洪亮:《分割所有权论》,载《华东政法学院学报》2006年第4期,第110页以下。

④ Wiegand, in FS für Kroeschell, S. 623, 630 ff.〔德〕沃尔夫冈·维甘德:《物权类型法定原则》,迟颖译,载《中德私法研究》2006年第2卷,北京大学出版社2007年版,第91页以下。

⑤ Hattenhauer, a. a. O., S. 117 f.

⑥ 代表作有 Puchta, Pandekten, 9 Aufl. 1863; Winscheid, Lehrbuch des Pandektenrecht I, 7. Aufl. 1891; Arndts, Lehrbuch der Pandekten, 6. Aufl., 1868; Wächter, Pandekten, II, 1881; Dernburg, Pandekten II, 2. Aufl. 1888.

方式,即“所有权得任意处置自己物的自由”,是一种绝对权。根据该无限制的支配权,所有权人可以任意使用该物,直至毁损;所有权人有处分自由以及排除第三人侵害的权能;所有权人可以占有、收取孳息;所有权人享有所有物返还请求权。至此,所有物返还请求权被定位于所有权自由的基础上。

基于上述思想的影响,《德国民法典》第903条规定了以自由为核心的所有权概念:只要不与法律或者第三人的权利相违背,物的所有权人可以任意处理该物并排除任何第三人的干涉。《德国民法典》第903条首先一般性地规定了所有权保护的积极面,即所有权人可以按照自己的意愿处分/支配物。有批评意见者认为,所有权人是不能任意支配物的①,但对于所有权保护的消极面,大家的意见是一致的,即可以排除任何第三人对物的作用与影响。但是所有权保护的消极面并不是其独有的,任何物权都有该特征,只是根据物权内容的不同而有所不同罢了。② 所有权的消极方面比其积极方面还重要,所谓消极方面是指所有权人对物的排他处分/支配权能,而所有权的积极权能并不能被一一列举,因为所有权不是个别权能的相加。

基于《德国民法典》第903条,所有权的特征被描述为对物支配的完整性(Totalität)与抽象性(Abstraktheit)以及诉之保护的绝对性(Absolutheit)。③ 所谓完整性/完全性,强调的是所有权是不能被分割的,不受其行使中所受限制的影响。而抽象性具有如下两方面的内涵:

(1)基于现代他物权观念的确立,在设定他物权后,即使将所有权的所有权能都赋予第三人,所有权仍然存在;限制物权是物上独立的权利,与所有权并行,而且所有权的相应权能并没有被剥离。④

(2)不能按照所有权所涉及的标的物种类区分所有权内容,生活资料与生产资料上的所有权内容没有差别。⑤ 绝对性是指,所有权之诉/物上请

① Aicher, Das Eigentum als subjektives Recht, 1975, S. 64 ff.

② Münchner-Kommentar/Säcker, § 903 Rn. 5 ff.

③ Münchner-Kommentar/Säcker, § 903 Rn. 4.

④ Sontis, Strukturellen Betrachtungen zum Eigentumsbegriff, in: FS für Larenz, S. 991 ff.

⑤ Münchner-Kommentar/Säcker, § 903 Rn. 11.

求权可以针对任何第三人。

《德国民法典》第 903 条是自由社会秩序的表述,它保障了个人已依法取得的标的物的完整性,因此也避免了社会内部分割时的冲突。

综合而言,一方面,所有物返还请求权(第 985 条)与防御请求权(第 1004 条)是所有权绝对性、自由性的具体体现;另一方面,所有物返还请求权与防御请求权又是自由所有权的保障措施,通过这两种请求权,对抗他人有形地侵占物以及对物实体的妨害。如果没有物上请求权以及基于侵权的损害赔偿请求权,所有权就空虚了,这些请求权支持了所有权等物权成为绝对性权利、任何人都得尊重的权利。

《德国民法典》只于第 985 条规定了所有权人的物上返还请求权,但可以经由《德国民法典》第 1065 条适用于用益权,经由《德国民法典》第 1227 条适用于动产上的质权,经由《德国地上权条例》第 11 条第 1 款第 1 句适用于地上权。值得注意的是,地役权人、抵押权人并不能行使该请求权,因为地役权、抵押权的行使并不以对物的占有为前提。[1] 在抵押权情况下,可以根据物权的追及效力等制度来保护抵押权。

《德国民法典》第 1004 条之规定,经由《德国民法典》第 1027 条与《德国民法典》第 1090 条第 2 款,可适用于地役权与限制的人役权,也可以适用于用益权、质权、持续性住宅权利、用益租赁、实物负担、抵押权等情况。[2] 由此可见,在准用对所有权保护规则的问题上,德国采取的是法定主义。与此相对,我国《澳门民法典》第 1240 条、新修订的我国台湾"民法"第 767 条,均规定了准用规则。《俄罗斯联邦民法典》第 305 条第 1 句采取的则是列举加概括的方式:本法典第 301 条至第 304 条规定的权利,属于虽然不是财产所有人,但依照终身继承占有权、经营权、业务管理权以及其他法律或合同规定的根据占有财产的人。

综合而言,德国采取的是"自由所有权"保护为核心的立法模式,即从"所有权"的角度规定物上请求权并具体规定准用规则的模式。

---

① Baur/Stürner, Sachenrecht, § 11 Rn. 1.

② Palandt/Bassenge, § 1105 Rn. 8.

我国《物权法》并未采取德国模式，而是从"物权"的角度统一规定了物上请求权制度。其规范目的在于保护物权，并未明确到所有权自由，如此，就丢掉了物上请求权的最关键的价值内涵，尤其无法理解为什么只有物上请求权才能实现绝对、自由的物权。只有将物上请求权的规范目的定位在实现自由、绝对物权的基础上，才可以明确区分侵权法上的保护与物上请求权的保护的适用范围。

## 三、物上请求权的外在体系

在《物权法》颁布之前，对于我国立法上是否存在物上请求权制度，争议很大。有学者认为，我国现行的民事法律规范并未建立独立的物上请求权制度，甚至没有采纳物上请求权的概念。但在《民法通则》第五章第一节以及第六章中规定了物上请求权的内容。[①] 主要的规范根据是《民法通则》第 134 条，其规定了返还财产等救济方式；《民法通则》第 117 条规定返还财产为侵权的法律效果之一，有的学者对此进行了扩张解释，认为"侵权的请求权包括作为传统物权请求权之一的返还原物"。[②]

《物权法》颁布后，此一争论即有了结果，《物权法》第三章规定了物上请求权制度，但第三章中包括的不仅仅是物上请求权制度。

### （一）债法上请求权的排除

在中国立法者看来，既然物权是一种极为重要的权利，就需要保护，而且需要全面保护。由此，除了宪法上的保护措施没有规定以外，其他可能想到的保护措施均一一加以规定。在民法保护方式上，亦全面列举了所有可能的所有权保护救济手段，如恢复原状、修理、重作、更换、损害赔偿等债法上的义务，这不仅导致法条重复设置，而且也导致了物上请求权边界的模糊，因此有学者就在探讨，这些救济方式是否也属于物上请求权。

---

① 参见王利明：《物权法研究》，中国人民大学出版社 2004 年版，第 105 页以下；梁慧星也有类似的观点，参见梁慧星主编：《中国物权法研究》（上），法律出版社 1998 年版，第 82 页。

② 参见王利明：《物权法研究》，中国人民大学出版社 2007 年版，第 105 页。

王利明教授在解释《物权法》第36条时认为，这里规定了恢复原状请求权，在性质上是一种物权请求权。[①] 恢复原状请求权自然会有如同原物返还请求权的效果，但在术语上，其仅适用于债权法领域。

### （二）物权确认请求权的排除

值得注意的是，我国《物权法》还规定了确认物权请求权（第33条），明确其是物上请求权的一种。[②] 其内容是对物权的归属与内容进行确定。物权确认请求权包括物权归属确认请求权以及物权内容确认请求权，在前者，涉及的是对权利人的确认；在后者，涉及的是对物权要素与功能的确认。

值得反思的是，如果将物权确认请求权界定为实体法上请求权，是否意味着：在实体上，请求权人享有确认的权利，而对方负有确认的义务，而且该权利是可以抵销的、让与与免除的，相应的也就存在确认请求权是否适用诉讼时效的问题。[③]

认为确认请求权或者承认请求权是实体法请求权的首倡者是拜尔（Otto Bähr），他的思路是，债权人对债务人享有承认的权利，随着债务人的给付，该权利也被满足。在此，他提出了一个更进一步的问题，即债权人是否有一个对其能请求给付的承认权利，反过来，债务人是否也有一个承认消灭债务的承认权利。[④] 拜尔对此给出了肯定的回答，他认为，对于法律关系的确定，在很多情况下是必要的。[⑤] 从消极方面来看，确认请求权指向的是不

---

① 参见王利明：《物权法研究》，中国人民大学出版社2007年版，第240页。

② 全国人民代表大会常务委员会法制工作委员会民法室编：《中华人民共和国物权法条文说明、立法理由及相关规定》，北京大学出版社2007年版，第48页。

③ 在我国学界，对于是否适用诉讼时效的问题，有两种观点：一种是不适用诉讼时效；另一种观点认为，确认物权请求权是否适用消灭时效取决于其依附的其他请求权或者物权本身的存亡，不存在单独适用诉讼时效的问题，最高人民法院对此没有表态。参见黄松有主编、最高人民法院物权法研究小组编著：《中华人民共和国物权法条文理解与适用》，人民法院出版社2007年版，第137页。

④ Otto Bähr, Die Anerkennung als Verpflichtungsgrund, 1855, S. 279, zitiert aus Rimmelspracher, a. a. O. ,S. 5.

⑤ Otto Bähr, Die Anerkennung als Verpflichtungsgrund, 1855, S. 280, zitiert aus Rimmelspracher, a. a. O. ,S. 6.

存在,可以保护原告免受诉讼之扰以及由此带来的风险。从积极方面来看,确认请求权指向的是对客体的保护。整体来讲,“承认”涉及的是作为承认客体的法律关系,“承认”保障的是受保护的客体,该受保护客体与承认客体是一致的。为了获得该承认,法律秩序赋予保护客体的享有人以承认请求权。① 拜尔还考察了承认请求权在程序上实现的问题,在请求被告予以承认的诉讼胜诉后,无须强制执行,因为该胜诉判决保证了法律关系的存续。② 拜尔的学说为1874年的帝国民事诉讼法草案所采纳,与给付请求权一样,确认请求权也产生于法律关系,但并不取决于被告是否侵害了该确认请求权。③ 在1877年德国民事诉讼法中,立法者采纳的学说是承认请求权学说,认为通过进行确认之诉,主张一个基于实体法律关系产生的特别确认请求权,即针对被告的私法上的承认请求权,此请求权与给付请求权并列。④ 民事诉讼法之所以有实体法性质的承认/确认请求权,与温德沙伊德等学者的实体法请求权学说是分不开的,在这里,争议标的/程序上请求权就是实体请求权,并且含有实体请求权以外的诸多因素,如法律关系基础、保护客体,等等。

瓦赫(Adolf Wach)对此持不同观点,认为消极确认之诉没有实体法上的请求权基础,私法上请求权只能成为给付之诉的对象,消极确认之诉所追求的目的是将来实现某一行为,而这一目的在生效判决中就已经实现了;对于积极确认之诉,其目的不在于给予请求权,因为无人主张请求权,但也可能出现没有实体请求权而有确认利益的情况。⑤

目前,瓦赫的学说仍为德国通说。据此,确认之诉指向的是法官对法律关系的存在或不存在的确认,并以此排除当事人间对法律状况的不确定。被告不会被判决对被确认的法律关系予以承认,在法官的确认中权利保护

---

① Rimmelspracher, a. a. O. ,S. 8.

② Otto Bähr, Die Anerkennung als Verpflichtungsgrund, 1855, S. 49 f. , 167 f. , 279, 283, zitiert aus Rimmelspracher, a. a. O. ,S. 8.

③ Hahn-Stegemann, Materialien, S. 255 ff. zitiert aus Rimmelspracher, a. a. O. ,S. 9.

④ Münch/Komm, ZPO, vor § 256 Rn. 3.

⑤ Wach, Handbuch des deutschen Civilprozeßrechts, Band I, 1885, S. 16 f.

就已经完成了。法律相信，当事人尊重法官判决并因此而获得了满足/清偿。所以，根据德国通说，确认之诉是纯粹的程序法上的制度。[①] 而且，如果存在承认之义务，则是一种给付之诉，因此也就没有必要存在确认之诉了，在规定承认之诉的立法例下，就不能认为存在以承认义务为基础的确认之诉。[②]

我国民法上的请求权制度基本来自于德国法，在理论继受请求权制度时，要注意立法时的学说及其后来的发展，并总结一般性规律。《德国民事诉讼法》第256条规定的确认之诉，在立法时受到当时学说的影响，的确在给付请求权以外创设了一个实体法上的确认请求权[③]，但经过后来学说的说服力，目前德国通说已经否定了立法者的本意。[④]

物权确认请求权是确认请求权（或确认之诉）的一种，如果认为对于确认之诉无须强制执行，其目的在判决中即已实现，无须将其构造为一种实体法上的请求权，而如果将其构造为实体法上的请求权，在逻辑上其又是给付之诉，与我国区分给付之诉、确认之诉的理论与实践又不相符合。所以，笔者并不赞同将其规定为实体法请求权。

有观点认为，物权确认请求权被认为是其他物上请求权以及侵权请求权的前提[⑤]，对此，笔者持否认态度。在实体法上，为了解决证明所有权以及物权的困难，采取了根据占有、登记推定权利的技术以及善意取得制度，一般情况下是无须进行物权确认的。

有人举例证明物权确认请求权是其他物权请求权的前提，如甲在自己

---

① Münch/Komm, ZPO, § 256 Rn. 1.

② Jonas/Leipold, ZPO, § 256 I Rn. 3 ff.

③ Hahn, Die gesamten Materialien zur CPO, 1880, S. 257.

④ 相反，在实体法规定中，早期的民法典中也将一些现在认为是实体权利的请求权规定为诉讼请求权，如《德国民法典》第1004条（防御请求权）本身规定的就是不作为之诉（〔德〕拉伦茨：《德国民法通论》，王晓晔等译，法律出版社2002年版，第322页），《奥地利民法典》的规定也是从诉讼权利的角度进行规定的。但随着法律的发展，防御请求权已经被学说与判例承认为实体请求权了。

⑤ 参见黄松有主编、最高人民法院物权法研究小组编著：《中华人民共和国物权法条文理解与适用》，人民法院出版社2007年版，第135页。

的电脑上标记后委托给乙保管，乙不慎遗失，由丙拾得，后甲在丙处发现该电脑，要求返还，丙称自己是从二手市场上购买的，甲可以出示购物发票。此时，甲必须先行使确认请求权，然后再行使返还请求权。[①] 从推定规则来看，由于甲是遗失物的前间接占有人，其应当被推定为所有权人，但该推定是可以被推翻的。从程序上看，并没有必要区分为两种实体法上的请求权，并分别审理。

最后值得注意的是，我国物权法上的物权请求权不仅仅是针对法院的权利保护请求权，而且也可以向行政机关提出确认请求，如关于企业产权界定和土地权属争议等行政裁决。[②] 但这对确认之诉的性质应没有实质性影响。

综上所述，笔者认为，对于我国《物权法》第33条要进一步进行学说解释，确认物权请求权应是一种程序性请求权，是一种权利保护形式。民事诉讼法上的确认之诉的客体并不限于物权。

### （三）物上请求权的外在体系

《物权法》第34条、第35条明确规定了原物返还请求权、排除妨害请求权以及消除危险请求权。由体系观之，对于物权的特殊保护，立法者并未采取高度抽象概括的路径规定物上请求权这一制度，而是采取了分别通过原物返还请求权、排除妨害请求权与妨害防止请求权予以救济。对于物权私法保护，德国立法者也未选择民法典所惯用的方法，即并未就所有的物权种类，统一规范其各种请求权，而只是详细规定了因妨害所有权而生的各项请求权。[③]

1. 物上请求权主体系

在物上请求权体系构建上，我国立法选择的是“物权保护”思路，故在总则部分规定了原物返还请求权、排除妨害与消除危险请求权。而《德国

---

① 参见黄松有主编、最高人民法院物权法研究小组编著：《中华人民共和国物权法条文理解与适用》，人民法院出版社2007年版，第136页。

② 同上书，第136、137页处向房屋登记机关确认房屋使用目的的确认请求。

③ Baur/Stürner, Sachenrecht, § 10, Rn. 2.

民法典》采取的是“自由所有权保护”的思路，物权保护问题，被浓缩为所有权保护（Eigentumschutz）问题。所以，在德国法上，并没有规定物上请求权一般规则，而是规定了基于所有权的请求权。《德国民法典》第903条规定的是自由、绝对的所有权，根据这一规则，所有权人应受到保护，在物权法一编中，规定了三个物上请求权，即所有物返还请求权（第985条）、防御性物上请求权（第1004条）以及追踪权（第1005条）。作为物上请求权的法律后果，可以是所有物返还、妨害防止与妨害排除以及意思表示的作出等。

虽然这些请求权被规定在《德国民法典》物权编的第二节所有权部分，但法律明确规定可以适用于某些限制物权。在物权保护上，限制物权与所有权是没有区别的，而且，物权保护规则也适用于其他绝对权①，如知识产权、人格权等。

梅迪库斯认为，物上请求权还包括从标的物上获得清偿的请求权的情况，如抵押权人的优先受偿权；但沃尔夫与赖泽尔（Raiser）反对将其划为物上请求权，因为并不是被设定抵押的标的物所有人负有债务，而是抵押权人享有变价的权能。②

梅迪库斯还认为，不仅基于本权的物上请求权是物上请求权，基于占有的物上请求权也是物上请求权③，我国学者也持此观点④，但二者在性质上存在重大不同，规范功能上亦存有很大的不同。

2. 次请求权规则

在物被侵占的情况下，单纯通过所有物的返还，并不能完全恢复物权的圆满状态。物可能在占有人处发生了毁损，占有人也可能从物中获得了收益，或者因物而支出了费用。对于这些问题，立法者规定有单独的请求权规范，包括了所有权人的次请求权（《物权法》第241条以下，《德国民法典》第987—993条），以及无权占有人的对抗性请求权（《德国民法典》第994—

① 值得注意的是，侵权法与不当得利法中，也使用了绝对权这一高度抽象概念。

② Medicus, Bürgerliches Recht, 17 Aufl. Rn. 443. Wolff-Raiser, Sachenrecht, § 131 Anm. 21.

③ Medicus, Bürgerliches Recht, 17 Aufl. Rn. 438 ff.

④ 参见陈华彬：《物权法原理》，国家行政学院出版社1997年版，第99页。

1003 条),这些规则构成了所有权人占有人关系规则。

《瑞士民法典》、《日本民法典》、我国台湾地区“民法”都规定或者在理论上都承认物上请求权体系,但不同的是对次请求权规则的态度。在《瑞士民法典》中,次请求权规则被规定在占有部分(第 938 条以下)。《日本民法典》、我国大陆《物权法》及我国台湾地区“民法”也仿照瑞士立法体例,在占有部分规定了次请求权规则。[①] 德国立法例是从请求权人角度进行规定的,这一思路是与德国民法典以权利为本位的思想一致的,“要使某个人负有的义务在私法上得到实现,最有效的手段就是赋予另一个人享有相应的请求权(此即权利)”。[②] 而瑞士立法例是考虑到请求权在本质上与善意取得制度的一致性,以及与占有推定效力的关联性,所以将次请求权规则规定在占有部分。

3. 所有权推定规则

与物上请求权体系密切相关的制度是所有权推定制度,《德国民法典》分别在第 891 条以及第 1006 条规定了不动产所有权,以及动产所有权推定规则。所有权推定制度亦具有保护物权之功能,而且是原物返还请求权适用的前置性问题,本书对该制度亦予以论述。

## 四、本书的叙述顺序

本书的目标在于论述物上请求权的制度功能以及理论基础,故在论述权利推定这一前提问题之后,根据《物权法》规定的物上请求权制度类型,分别论证原物返还请求权的构成与功能、排除妨害与消除危险的构成与功能,同时论证物上请求权体系下的次请求权规则,在完成上述论述后,在最后一章论证物上请求权的理论归属。

---

① 参见王泽鉴:《民法物权·用益物权·占有》,中国政法大学出版社 2001 年版,第 313 页以下。

② 〔德〕梅迪库斯:《德国民法总论》,邵建东译,法律出版社 2000 年版,第十章,边码 72。

# 第一章　权利推定

保护物权,应以证明物权的存在为前提。就所有权保护而言,所有物返还请求权应以所有权的存在为前提,排除妨害请求权也应以所有权的存在为前提。德国法立法者为了减轻占有人与被登记人的证明责任,特别规定了所有权推定规则。占有人或被登记人无须证明自己是所有权人,即可主张物上请求权。

我国《物权法》上并没有规定基于占有的权利推定规则①,是否规定了基于登记的权利推定制度,尚处于争议之中。② 对于权利推定制度,立法上完全处于空白状态。理论界与实务界却认为,可以通过解释确定我国物权法上已经规定了或者可推断出权利推定规则。③ 查目前的研究资料,对于权利推定规则制度的目的、程序法构造、实体法根据以及具体制度安排尚处于被动继受阶段,并无深入之研究。学界较为关注者反而为权利推定与公信力或善意取得的关系④,终有舍本逐末之嫌。

加之,我国法学界常将实体法与程序法分开研究,研究实体法的学者,通常会在物权法中论述权利推定规则制度,但其如何在程序上适用,并不甚明了;反过来,研究程序法的学者离开了实体法规则孤立地去研究推定规则,不仅无法区分权利推定、事实推定以及表见证明,而且也不知权利推定

---

① 立法草案中曾经规定基于占有的权利推定规则,如《物权法》(草案)第五次审议稿第 4 条规定:动产占有人是该动产的权利人,但有相反证据证明的除外,但最终法律文本中并未规定该制度。

② 参见程啸:《不动产登记簿之推定力》,载《法学研究》2010 年第 2 期,第 106 页以下。

③ 参见王利明:《物权法研究》(下卷),中国人民大学出版社 2007 年版,第 733 页以下;黄松有主编、最高人民法院物权法研究小组编著:《中华人民共和国物权法条文理解与适用》,人民法院出版社 2007 年版,第 700 页。

④ 参见王泽鉴:《民法物权》,北京大学出版社 2009 年版,第 450 页;朱广新:《论物权法上的权利推定》,载《法律科学》2009 年第 3 期;程啸、尹飞:《论物权法中占有的权利推定规则》,载《法律科学》2006 年第 6 期;常鹏翱:《物权法的展开与反思》,法律出版社 2007 年版,第 241 页;叶金强:《公信力的法律构造》,北京大学出版社 2004 年版,第 185 页。

的内容为何,结果也还是无法准确地适用权利推定规则。

## 第一节 基于占有的权利推定

### 一、基于占有的权利推定的制度内容

#### (一) 基于现存占有的推定

1. 推定基础

在德国法上,自主与他主占有的区分对于《德国民法典》第1006条的所有权推定具有重要意义,一般来讲,所有权推定是建立在自主占有的基础上的。自主与他主占有的区分点在于占有人的意思倾向(Willensrichtung)。

推定的基础为现存之自主占有,可能是直接自主占有,也可能是间接自主占有。反过来讲,如果占有人对外并不以所有权人而行为,对其也不能适用占有推定规则。之所以占有推定规则只适用于自主占有,是因为该规则包含着一种推定,即行使物权而占有某动产者享有该物权。

在存在占有媒介关系的情况下,只能推定间接占有人为所有权人,而不能推定直接占有人为所有权人,因为后者并非自主占有人(第1006条第3款),而是基于占有媒介关系的他主占有人。

基于间接占有的推定,在担保性所有权让与的情况下最有意义。直接占有该物的担保人是间接自主占有的担保权人的占有媒介人,此时,根据第1006条第3款,担保权人被推定为所有权人,担保人或第三人若要求返还该物,则必须证明担保性所有权让与无效。

在直接占有的情况下,(无争议的)占有被推定为自主占有,因为一般来讲,所有权人通常占有该动产,占有与所有权是"绑在"一起的。但在间接占有的情况下,占有媒介关系不能推定,提出主张之间接占有人自己必须进行证明,如果其主张他主占有转化为自主占有,也必须进行证明。[1]

虽然占有辅助人对物有事实管领力,但并非直接占有人,只有其占有主

---

[1] Werner, Grundprobleme des § 1006 BGB, JA 1983, S. 625.

人才被看做是根据占有推定规则推定的所有权人。但随着被继承人的死亡,继承人便成为直接占有人,无论其是否对物进行了事实上的管领,故其可以主张占有推定。

在共同占有的情形下,基于共同占有得推定共同所有权之成立,但不推定其共有份额。[①] 在基于共同共有的占有情况下,虽然共有人都享有直接共同占有,但由于其是作为共同共有成员而占有的,所以只能推定是共同共有权。[②]

由于基于占有的所有权推定,既是取得推定,也是持续推定,所以,要求现时占有人必须占有到诉讼程序最后口头辩论之前。

2. 推定之内容

如前所述,占有推定为取得之推定,即自主占有人随着占有的取得而取得无附加条件的所有权。所以,《德国民法典》第 1006 条不适用于那些最初只是他主占有的人(比如承租人),因为不能推定,他主占有向自主占有合法地转化与所有权取得是联系在一起的,在这里,他主占有人必须证明他后来取得了所有权。

一旦占有权利被推定,法院应依职权适用并进行判决。首先,占有人可主张占有的权利推定效力,比如,甲将一幅字画托乙保管,后甲去世,其继承人向乙要求返还时,乙可以拒绝,并可依据占有主张享有所有权;第三人也可以援引该规则,如债权人得主张为债务人直接占有的物为债务人所有,而请求人民法院查封;直接占有人也得援用关于间接占有人的权利推定,如甲将自行车出租给乙时,在丙主张为其所有时,乙可以根据占有的权利推定效力,主张自行车为甲所有,而拒绝丙的请求。

### (二)基于先前占有的推定

根据《德国民法典》第 1006 条第 2 款的规定,也可以为了先前自主占有人利益而适用所有权推定规则,在这里,先前之占有也被推定为自主占有。比如,甲占有某电视,被乙毁损后又出售给丙,此时,甲可以基于过去的占有

---

① Erman/Hefermehl, § 1006 Rn. 2.

② Staudinger/Gursky, § 1006 Rn. 10.

主张其为所有权人,从而向非善意的乙主张损害赔偿或向丙主张返还。如果先前占有人被推定为所有权人,则同时推定,其所有权没有丧失而移转给后来的占有人。

《德国民法典》第 1006 条第 1 款所规定的有利于现时占有人的占有推定优先于第 1006 条第 2 款所规定的有利于前占有人的占有推定,只有在根据第 1 款的推定不能适用或者被推翻的情况下,才可以适用基于第 2 款的推定规则,推定前一个自主占有人取得所有权,并且该所有权一直持续存在。[①] 也就是说,不可能存在同时有利于现时占有人与先前占有人的推定,因为占有取得是所有权取得的正当化基础,占有之丧失也是所有权丧失的基础,如果占有丧失了,也就意味着占有移转到新的所有权人手中,所以,基于占有的所有权推定只能适用于新的占有人。[②] 如此推论,对于先前占有人的所有权推定,只适用于其占有期间,而且通常只有在其能证明其丧失占有时并未丧失所有权时,才能作有利于先前占有人的推定,典型情况为物之占有是非基于本人意思而丧失(如物被盗或遗失)的情况。如果能证明这一点,就推翻了有利于现时占有人的所有权推定。

另外,根据《德国民法典》第 1006 条第 1 款第 2 句,如果物之占有是非基于本人意思而丧失的(如物被盗或遗失),不能推定现时占有人的所有权。例如,虽然 A 自主占有某物,但该物前手占有人证明该物是自己丢失的,则不能根据第 1006 条第 1 款推定 A 是所有权人。之所以这样规定,是因为《德国民法典》第 935 条规定,在非基于本人意愿而丧失占有的情况下,不适用善意取得规则,也就是原所有权人受到保护。而在占有情况下,也不能推定后来占有人为所有权人,否则便与此规范冲突。[③]《德国民法典》第 1006 条第 1 款第 2 句的规则也可以准用于为了前占有人利益而推定的情况,因为在整个体系上,第 1006 条的规则既适用于现时占有人,也适用于前占有人。

---

① StaudingerKomm/Gursky, § 1006, Rn. 13.

② Werner, Grundprobleme des § 1006 BGB, JA 1983, S. 626.

③ Werner, a. a. O., S. 623.

但在货币或者有价证券的情况下，则不能适用《德国民法典》第1006条第1款第2句。在德国善意取得规则中，在物是被拍卖取得的情况下，也不适用善意取得，但在所有权推定规则下，并无此例外。之所以这样规定，是因为无法识别物是否被拍卖了，占有人必须要证明其经过拍卖取得了所有权，并不能适用占有推定规则。同理，在通过时效取得盗赃物等或者原所有权人事后追认的情况下，占有人亦需承担举证责任。①

在本质上，《德国民法典》第1006条第1款第2句构成对占有推定规则的限制，但适用该限制规则只能为非自愿丧失物的前占有人之利益，而不能为第三人之利益，因为根据第1006条第1款第2句，前占有人需陈述并证明物之"非自愿丧失"。②

### （三）婚姻家庭法上的特殊推定规则

在夫妻一方与债权人的关系上，一般不适用第1006条的占有推定规则，因为夫妻间的占有关系往往是不清楚的，对外大部分情况是共同所有或共同占有，而且配偶往往会通谋掩盖所有权关系，以逃避债务。有鉴于此，《德国民法典》第1362条第1款专设特别规则，不论该动产是为配偶一方或双方占有，均推定属于作为债务人的一方所有，配偶一方可以举证推翻该推定，该特别规则之目的在于保护债权人之利益。③

根据德国强制执行法，法院执行官只能对被执行人直接占有的动产进行强制执行（《德国民事诉讼法》第808条、第809条），如果作为债务人的配偶一方没有直接占有该物，则可以对强制执行提出异议，在结果上会抵消《德国民法典》第1362条第1款的效力，故《德国民事诉讼法》第737条专设条文规定，被执行的配偶一方被视为直接占有人，另根据《德国民事诉讼法》第739条的规定，非债务人的一方配偶不被视为直接占有人或共同直接占有人，所以，即使该方配偶不愿意交出执行标的或者提出异议，法院也可以进行扣押，该方配偶只能通过异议之诉，举证推翻基于《德国民法典》第

---

① Werner, Grundprobleme des § 1006 BGB, JA 1983, S. 623.

② Werner, a. a. O., S. 623.

③ Jauernig/Jauernig, BGB, § 1362, Rn. 1 f.

1362 条的规定。

## 二、权利推定的规范目的

### (一) 基于占有权利推定的规范目的

所谓权利推定,是以占有取得或登记簿上的登记或涂销推定权利的取得甚或存在,有基于占有的权利推定与基于登记的权利推定之分。这一制度要解决的问题是什么?这是研究权利推定制度首先需要回答的问题。

1. 证据负担规则下的权利证明困难

在动产情况下,占有与实际权利状况不相符合的情况常有发生,而在所有权返还之诉、排除妨害之诉、妨害防止甚或侵权等以所有权为构成要件的诉讼中,根据现代诉讼法"谁主张谁举证"的规则[①],占有人通常要证明自己已有效地取得了所有权。在诉讼中,证明所有权之存在往往比较困难,取得人不仅要证明其所有权取得的事实构成,而且要证明其前手或所有前手的所有权。[②] 证明前手或者所有前手的所有权,尤其困难,因为现时占有人可能记不得谁是前所有权人,也可能因缺乏单据或证明而不能确认谁是前所有权人,在根据继承而取得的情况下,继承人也很难证明被继承人是否取得了所有权。

---

① 《中华人民共和国民事诉讼法》(以下简称《民事诉讼法》)第 64 条第 1 款规定:"当事人对自己提出的主张,有责任提供证据。"此规则被总结为"谁主张谁举证",虽然简练,但并不达意。证明负担分配的基础在于法律适用模式,如果法律规则构成前提可以确定,即可适用该法律规则;如果对该构成前提是否具备存有怀疑,则不能适用该法律规则。构成前提之不确定性对谁有利,应取决于实体法规则。如果在具体情况下,相关法律规则的效果有利于某一方,该不确定性就应不利于该方。所以,任何一方当事人均应就其主张的法律规则之前提承担证明负担(Beweislast)。具体来讲,原告应对请求权所根据的事实构成承担证明责任,而被告承担权利不存在、被阻碍或中断的证明责任(Rosenberg/Schwab/Gottwld, Zivilprozessrecht, 16. Aufl. 2004, S. 782, § 114, Rn. 10.)。所以,所谓"谁主张谁举证"的含义应当是当事人对有利于自己的规范承担证明责任,原告证明的是其请求权的事实构成,而被告通常证明的则是抗辩权的事实构成。

② 在德国法上,区分物权行为与债权行为,有效的所有权变动需要处分权这一前提,故取得人应证明其前手或所有前手的所有权。

现代法律中,即使当事人不能向法庭澄清并使法庭确信主张之基础性事实,法庭也必须对事实进行裁判,即法庭不得拒绝裁判。在这种情况下,法庭需根据证明负担(Beweislast)进行裁决。当事人对特定的、由其提出的主张负有证明义务,如果该当事人不能履行该证明义务,则须承担败诉之结果。[①] 在所有权争议的情况下,如果占有人或登记簿上权利人不能证明所有权取得的,其主张之所有权或者损害赔偿请求权就无法获得支持,权利无法实现。

2. 保护所有权之规范目的

实体权利需要在程序中实现,如果在程序中存在障碍,实体权利就无法实现。归根到底,权利推定的目的在于保护实体权利,也即自由、绝对之所有权。在法律关系中只有一个占有人的情况下,该规范目的甚为明确,占有人无须证明自己是所有权人;而在出现两个占有人的情况下,只是在有限的范围内推定前手占有人的所有权,也即在后手合法取得的情况下,排除权利之推定,其实质也是保护所有权,只不过是在动态中去保护。在间接占有情况下,应推定间接占有人为所有权人,其目的更是在于保护所有权。

## (二)立法政策选择

1. 罗马法上不予救济的模式

对于这一证明困难问题,罗马法立法者并未提供救济措施,完全让诸于法官自由地进行证据评价(Beweiswürdigung)。在司法实践中,法官通常都会决定由主张所有权之原告承担证明所有权之责任。[②] 但罗马法上存有一个补救性制度,即非占有的一方可以对占有人提起占有之诉,相对于对方无瑕疵的占有一方胜诉。在占有之诉中,胜诉者不仅因此获得占有的好处,而

---

① Rosenberg/Schwab/Gottwald, Zivilprozessrecht, 16. Aufl. 2004, § 114, Rn. 1 ff. 我国民事诉讼法也采取这一原则。根据最高人民法院《关于民事诉讼证据的若干规定》第2条的解释:当事人对自己提出的诉讼请求所依据的事实或者反驳对方诉讼请求所依据的事实有责任提供证据加以证明,没有证据或者证据不足以证明当事人的事实主张的,由负有举证责任的当事人承担不利后果。

② Wieling, Sachenrecht, I, § 12 IX 1, S. 629. Kaser, Das römische Privatrecht, § 103, I 1, S. 432.

且,如果对方现在要求返还所有物,胜诉者还可获得在证明负担上比较有利的被告地位。[①] 但这个补救办法是有限的,只有在所有权人因占有被侵害而丧失其物的情况下,才会起作用。另外,由于罗马法上存在取得时效制度,如果占有人已经占有该物1年以上,就无须证明其让与人的所有权。在此之前,其尚未成为所有权人,只能借助时效取得占有人保护之诉(actio Publiciana),对抗第三占有人。[②]

2. 德国法上予以救济的模式

在所有权自由、绝对思想的影响下,德国立法者对于占有人证明困难的问题,采取了一般救济的规则,即规定了权利推定制度。

在起草德国民法典时,起草人约豪认为,占有人证明所有权的困难是存在的,取得时效制度并不足以救济占有人,只有规定权利推定规则才能解决这一问题,故其采纳了中古的法学家提出的推定规则。中古的法学家提出过一系列权利推定规则,比如推定已经取得的所有权继续存在或者已经取得的占有继续存在;占有人被推定为自主占有人,对于占有人以及先前占有人,如果有效的取得行为被确定了,所有权也就被推定了。[③] 这些规则为约豪所熟知并引入德国民法典。但由于约豪本人并不知道善意取得制度[④],其设计的所有权推定制度首先限定于善意取得人的情况,为了善意取得人的利益,出让人被推定为所有权人。另外,还设计了先前占有人的占有推定规则,如果某人非基于其本人意思而丧失占有或者在没有让与所有权的情况下将物交付给第三人,应推定在此之前的占有人为所有权人,而不应推定现在占有人为所有权人。[⑤]

德国民法典草案第一委员会放弃了一般性规定权利推定规则的做法,认为既然已经规定了善意取得制度以及时效取得占有人保护之诉,占有人

① Kaser, Römische Zivilprozessrecht, § 53 III, S. 364.

② Kaser, Das römische Privatrecht, § 104 I, S. 438.

③ Wieling I, § 12 IX 1, S. 629.

④ Wieling I, § 10 I 6 a, S.

⑤ Johow, Begründung, 962 ff, 970.

的地位已经受到充分保护,没有必要规定所有权推定制度,但规定了一个规则,在损害赔偿情况下,占有人被推定为所有权人。[①] 德国民法典草案第二委员会对此持反对意见,重新采纳了所有权推定规则,其规范目的在于保护那些常常无法证明其所有权取得的当前占有人。[②]

## 三、权利推定的程序法原理

综上所述,在动产情况下,占有人证明权利存有困难;而在不动产情况下,登记具有较强的公示效力,但又不能在实体法上强行规定登记的权利即为真实权利,故在技术上,可以通过程序法上的构造实现登记公示在交易中的效力。二者的规范目的虽然并不相同,但其所针对的问题是相同的,均是权利表象与真实权利产生了分歧。在动产情况下,占有人之所以举证困难,尽管原因在于事实上的证明"不能",但其症结却在证明负担之上,故若要解决这一问题,不能不在证明负担上寻找解决之道;而在不动产情况下,通过减轻证明负担之策略,方可达到维护登记簿的公示力,从而维护交易安全的目的。故二者虽然规范目的不同,但在解决方案上均选择了程序法上减轻证明负担的技术,可谓殊途同归。

### (一) 权利推定的技术原理

权利推定的基本原理在于:如果某权利的构成前提存在或者不存在无法被确定,但可以确定事实X(推定之基础),该权利之存在便如同已经被确定,法官得作出裁判。[③] 主要方法是将权利上的拥有与事实上的拥有联系在一起,通过比较容易证明的事实上的拥有来推定权利上的拥有。占有取得或登记是对物的事实上的拥有,是外在的;而所有权是对物的权利上的拥有,是内在的。确认或者证明前者要比确认与证明后者,容易得多。通过权

---

① 《第一草案》第825条,现行《德国民法典》第851条,Protokolle, 3511, 4236 ff.

② Protokolle, 4049 ff.

③ Leipold, Beweislastregeln und gesetzliche Vermutungen, insbesondere bei Verweisungen zwischen verschiedenen Rechtsgebieten, 1966, S. 100.

利推定规则,物权保护变得简单了,也更有效果了。[①]

根据权利推定规则,需证明的推定基础与被推定的事实构成特征并不具有同一性[②],也就是说,证明的主题被转换了,以较容易证明的主题替换了较难证明的主题。其实质是证明负担减轻规则。

权利推定规则与事实推定规则并不相同。在事实推定情况下,比较容易证明的推定基础取代的是某些"事实"的证明,而非权利或法律关系。[③]在推定范围上,事实推定涉及的仅为个别的事实构成要素,而权利推定涉及的则是所有有疑问的构成前提。[④]

权利推定制度与证明责任倒置或举证责任制度亦互不相干。所谓证明责任倒置,是指法官偏离法定证明负担规则而进行的证明负担分配。[⑤] 主要适用于故意或过失阻碍证明、严重违反职业义务(如医生责任)、产品责任以及说明解答义务违反等情况[⑥],其实质是将某些本由原告证明的对象转换为被告证明。之所以转换证明责任,主要根据在于,被告接近证据(Beweisnähe)以及证明之情形处于被告的危险领域(Gefahrenbereich)。[⑦]

---

① Winkler, Die Rechtsvermutungen aus dem Besitz, 1969, S. 17.

② Rosenberg/Schwab/Gottwld, Zivilprozessrecht, 16. Aufl. 2004, S. 783, § 114, Rn. 12.

③ 我国法律上没有事实推定规则,在德国法上则存在事实推定规则,如父母给予晚辈抚养费的,存有疑义时,得推定其并无向该晚辈请求补偿之意图(《德国民法典》第685条第2款)。在某一时间段开始与终止自主占有某物者,推定其在此期间,亦自主占有该物(《德国民法典》第685条第2款)。如果抵押物为出质人或所有权人所占有,则推定是质权人将其返还的(《德国民法典》第1253条第2款)。

④ Leipold, a. a. O., S. 100.

⑤ Baumgärtel, Beweispraxis im Privatrecht: die Schwierigkeiten der Beweislastverteilung und die Möglichkeiten ihrer Überwindung, 1996, Rn. 446, S. 265.

⑥ Rosenberg/Schwab/Gottwld, Zivilprozessrecht, 16. Aufl. 2004, S. 764, § 114, Rn. 20 ff.

⑦ Prölss, Beweiserleichterungen im Schadensersatzprozess, 1966, S. 65 ff. 参见毕玉谦:《民事证明责任研究》,法律出版社2007年版,第327页以下。

### (二)推定权利规则对主张负担的影响

有争议的是,占有推定规则是否会对主张负担(Behauptungslast)[①]产生影响,也就是说,在诉讼程序中,占有人是否必须对所有权取得以及所有权进行主张,仅仅陈述其占有该物是否足够呢?

在奉行辩论主义的国家,存在所谓的提出原则(Beibringungsgrundsatz),当事人需要提供作出裁决所必需的事实。根据提出原则,每个当事人都要对构成要件所需要的事实进行主张,此即主张负担规则,如果原告没有对诉讼根据的事实进行主张,即使被告缺席,也须驳回起诉,或者被告没有对抗辩事实进行主张,即应承担因此产生的不利益。[②]

德国主流学说认为,推定规则不仅对证明负担有影响,而且对主张负担亦有影响,如在物被损毁的情况下,占有人起诉时,无须主张其享有所有权,主张其占有即可。[③]

逻辑上,基于占有推定所有权的构成前提是"自主占有"(《德国民法典》第1006条),而所谓自主占有,即以所有权人身份占有该物,所以,占有人必须主张或陈述其为所有权人。但根据占有推定所有权规则,在对占有性质存有怀疑时,可推定为自主占有,但这仅仅意味着,在存疑时,占有的基础同时包含所有权根据,作为占有人的陈述同时包含作为所有权人的陈述。[④] 在结果上,推定受益人只需主张占有即可。

## 四、权利推定的实体法依据

权利推定规则本质是证据负担减轻规则,通过比较容易证明的占有或

---

① 基于对《民事诉讼法》第64条以及最高人民法院《关于民事诉讼证据的若干规定》第2条的解释,我国也区分提供证据责任与证明责任,与主张负担与证明负担的区分相类似,但该学说认为,提供证据责任是指当事人对自己的主张负有提供证据证明其真实性的责任,在内涵上包含了举证负担的内容,概念并不清晰。参见陈刚:《证明责任法研究》,中国人民大学出版社2000年版,第39页以下。

② Rosenberg/Schwab/Gottwald, Zivilprozessrecht, 16. Aufl. 2004, § 114, Rn. 39.

③ Leipold, a. a. O., 98 f.

④ Werner, Grundpeobleme des § 1006 BGB, JA 1983, S. 620.

登记等事实来推定权利。程序法规则需以实体法规则为基础,并不能与之相违背。而值得思考的是,权利推定规则制度安排的实体法根据何在?

### (一) 权利推定的实体法根据

物权具有支配性、绝对性,为了维护权利清晰性以及权利安全性(Rechtssicherheit),须尽可能地向外公示物权地位以及物权变动。[①] 故我国采取了物权变动生效要件主义,在不动产情况下,不登记当事人间不发生所有权取得或物权变动(《物权法》第9条、第15条和第16条);在动产情况下,不交付,当事人间也不发生所有权取得或物权变动(《物权法》第23条)。

基于物权生效要件主义,占有状态以及土地登记簿之登记状态,与实际权利关系相吻合的可能性极大。[②] 以动产为例,在有权取得的情况下,所有权变动以(直接或间接)占有的变动为前提,也就是说,占有原则上被归属于所有权人,占有随着所有权的移转而移转,占有又是所有权的"记录"。在继承情况下,德国民法典拟制地将二者联系在一起,即继承人获得遗产所有权时,即取得占有。在无权取得的情况下,善意取得人需取得占有,方可构成善意取得。

在逻辑上,公示方式若常与实际权利不一致,即无规定权利推定之正当基础,反之,才有其正当基础。学说上多有认为,权利推定的基础在于占有或登记与真实的权利在绝大多数情况下是一致的"经验法则"[③],但这里所谓的"经验法则",并非基于生活经验,而是基于法律制度设计而产生的法律经验。故将占有作为推定的根据的原因并不在于生活经验上的真实性,而在于保护既存的实际状况。[④]

---

① Staudinger/Seiler Einl. zu § § 854, Rn. 56.

② 参见〔德〕鲍尔、施蒂尔纳:《德国物权法》(上册),张双根译,法律出版社2004年版,第62页。

③ MünchKomm/Medicus, § 891, Rn. 1. StaudingerKomm/Gursky, 1996, § 891, Rn. 1. 王利明:《物权法研究》(下卷),中国人民大学出版社2007年版,第734页;程啸:《不动产登记簿之推定力》,载《法学研究》2010年第2期,第110页。

④ Leipold, Beweislastregeln und gesetzliche Vermutungen, insbesondere bei Verweisungen zwischen verschiedenen Rechtsgebieten, 1966, S. 86.

## (二)取得推定

有争议的是,这里被推定的是权利状态(Rechtszustandvermutung),还是权利取得(Erwerbsvermutung)? 前者主张,根据占有或登记即可推定相关权利现在是否存在;而后者则主张,根据占有或登记仅能推定权利的取得。

1. 基于占有的权利推定

对于基于占有的权利推定,通说采取得推定说。在生效要件主义下,所有权取得以占有取得为前提,已取得物的占有人者,即成为其所有权人。[①]根据这一法律结构,推定的基础并非作为事实的占有,而是作为所有权移转事实构成的占有移转,被推定的也并非权利状态,而是权利取得。所以,占有推定所有权规则是一种取得推定,在占有取得时,现时的自主占有人被推定已取得(不附条件的)所有权。[②]

在基于占有的权利推定情况下,之所以将推定限缩于权利取得推定,重要的原因还在于平衡当事人之间的利益,如果不将推定的对象限于权利取得,而是一般性的权利状况,推定相对人需驳倒所有所有权事实构成的情况,则举证负担过重。

基于上述逻辑,自主占有取得与所有权取得同时发生时,方可适用占有取得推定规则。如果占有人主张在取得占有后才取得所有权,即他首先只取得他主占有,就不能适用占有推定规则,此时,他必须证明是如何取得所有权的。[③] 比如,现时占有人甲因质权而占有某物,现在其主张对该物享有所有权,此时并不能适用占有推定规则,首先他必须主张并证明其是如何取得质物所有权的。[④] 当然,在占有人陈述他主占有时,可以推定其享有相应的他物权。

---

① 参见黄松有主编、最高人民法院物权法研究小组编著:《中华人民共和国物权法条文理解与适用》,人民法院出版社 2007 年版,第 700 页。Münchner-Kommentar/Medicus, § 1006, Rn. 13; Brehm/Berger, Sachenrecht, § 7, Rn. 81.

② Staudinger/Gursky, § 1006, Rn. 7.

③ Werner, Grundprobleme des § 1006 BGB, JA 1983, S. 621.

④ 在用益权或者质权情况下,权利推定也适用于他主占有人。但基于他主占有只能推定用益权或者质权,而不能推定所有权。

在时效取得以及通过让与返还请求权方式取得的情况下,自主占有取得与所有权取得并未同时发生,故也不能适用权利推定规则。[①] 同理,在原所有权人事后追认无权处分的情况下,亦不适用占有推定规则,因为占有的取得与所有权取得亦非同时,故此时占有人需承担证明责任。[②]

在理论上,债权证书之移转不具有独立性,债权证书上的所有权取决于被证券化的权利的归属,也就是说,证书所有权的取得规则遵循的并非交付原则,所以,不能基于证书的占有而推定所有权。该规则也适用于驾驶证的情形,但驾驶证上的记载可以作为证明所有权关系的根据,可以作为推翻占有推定的根据。[③] 另外,占有机动车证书的占有人并不能被推定为所有权人,只有占有机动车的人才能被推定为所有权人。但持有机动车证书者可以以其对证书的占有,推翻基于机动车占有的所有权推定,其需证明机动车占有人将证书交付给他,并没有所有权移转以外的交付原因。[④]

2. 权利推定规则与动产善意取得规则

善意取得制度本身隐含了不可推翻的权利推定制度,故在善意取得情况下,并无适用权利推定规则之必要。但在一些无法从无权利人处善意取得之情形,得规定排除占有的推定力。

在德国法上,在非基于本人意愿而丧失占有的情况下,不适用善意取得规则。也就是说,在这种情况下,原所有权人受到保护,既然如此,基于占有就不能推定后来之占有人为所有权人,否则会与非基于本人意愿而丧失占有情况下的善意取得制度相冲突。[⑤] 例如,虽然 A 自主占有某物,但该物前手占有人证明该物是自己丢失的,则不能根据占有,推定 A 是所有权人。

物之丧失并非是适用丧失物善意取得规则的唯一要件,除此之外,尚需要"权利人丧失占有"这一要件,故在非基于本人意思而丧失占有的情况下,占有人不得针对非基于意思丧失占有的先前占有人主张所有权推定,但

---

① Jauernig/Jauernig, BGB, § 1006, Rn. 1.

② Werner, Grundprobleme des § 1006 BGB, JA 1983, S. 623.

③ Wieling, II, § 12 IX 2, S. 631.

④ Schlechtriem, Zivilrechtliche Probleme des Kfz-Briefs, NJW 1970, 2088.

⑤ Werner, Grundprobleme des § 1006 BGB, JA 1983, S. 623.

针对其他人可以主张基于占有的所有权推定。[①]

另根据善意取得规则，在货币或者有价证券的情况下，并不适用非基于本人意愿而丧失占有情况下的善意取得规则，取得人可以善意取得；故对于货币或者有价证券亦不适用基于占有的所有权推定的例外规则，占有人得主张所有权推定。另根据丧失物善意取得规则之例外规则，在非基于本人意愿而丧失占有的物是被拍卖取得的情况下，拍得人可以善意取得该拍卖物，按此逻辑，应当认为，对于拍卖的丧失物，占有人得主张所有权推定，但拍卖关系并非物权关系，无法根据占有识别物是否被拍卖了，故占有人仍须证明其经过拍卖取得了所有权，并不能适用占有推定规则。

本质上，丧失物推定规则构成了对占有推定规则的限制，但适用该限制规则只能为非自愿丧失物的前占有人利益，而不能为第三人利益，因为根据该规则，前占有人须陈述并证明物的"非自愿丧失"。[②]

### （三）存续推定

在《德国民法典》中并未提及存续推定，但在起草德国民法典时，所有权存续的推定被认为是当然的。[③] 在基于占有的权利推定情况下，其存续推定较为特殊。此时，存续推定（Bestandvermutung）是取得推定的补充，即在自主占有期间以及占有丧失后、他人的自主占有成立前，推定已被取得的所有权继续存在。[④] 如果推定占有人已经取得所有权，就可以推定所有权持续存在，即使占有人丧失了占有，持续推定的效力依然存在，但不得对抗为了新占有人的利益而为的推定。[⑤] 这里隐含的思想是：既然从他主占有转化为自主占有需要证明，则从自主占有转化为他主占有也需要证明。[⑥]

但有学者认为并无存续推定之必要，如果被告主张，自主占有人丧失了其所有权，那么他必须主张或证明规定有该法律效果的规范的事实构成，如

---

① Wieling, II, § 12 IX 2, b S. 633.

② Werner, Grundprobleme des § 1006 BGB, JA 1983, S. 623.

③ Protokolle, 4049 ff.

④ Jauernig/Jauernig, BGB, § 1006, Rn. 1.

⑤ Wieling, S. 632.

⑥ Werner, Grundprobleme des § 1006 BGB, JA 1983, S. 621.

同主张债权消灭一样,必须证明因为清偿或者抵销等法律规定的事实构成。[①] 如此,即使没有存续推定,自主占有人亦不会承担证明负担。此说固然有其道理,但并非涵盖所有类型,如在先前占有人非基于本人意愿而丧失占有的情况下,其需根据存续之推定主张有利于他的所有权推定。而且,在现时占有人从前占有人取得所有权时,也可以推定在其取得之前,前占有人一直都是所有权人。

如果有利于现时占有人的权利推定被推翻了,但该现时占有人并非请求权人或原告,先前占有人为原告,此时,先前占有人需证明其所有权,对其同样存在证明责任困难的问题,在利益状况上与当前占有人的情况相同。故德国立法者认为,可以为了先前占有人之利益进行权利推定,但有疑问的是,先前占有人已经丧失了占有,如何基于占有取得推定权利呢? 此时,虽然不能基于占有取得推定权利,但先前的占有具有持续推定的效力(Fortdauervermutung),基于该效力,得推定先前占有人为所有权人。如果先前占有人被推定为所有权人,则同时推定,其所有权没有丧失而移转给后来的占有人。比如,甲占有某电视,被乙毁损后又出售给丙,此时,甲可以基于过去的占有主张其为所有权人,从而向非善意的乙主张损害赔偿或向丙主张返还。

有利于现时占有人的占有推定优先于有利于前占有人的占有推定,只有在根据前者的推定不能适用或者被推翻的情况下,才可以适用后者的推定规则,推定前一个自主占有人取得所有权,并且该所有权一直持续存在。[②] 也就是说,不可能存在同时有利于现时占有人与先前占有人的推定。占有取得是所有权取得的正当化基础,占有之丧失也是所有权丧失的基础,而占有之丧失也意味着占有移转到新所有权人手中,所以,基于占有的所有权推定只能适用于新的占有人。[③] 如此推论,对于先前占有人的所有权推定,只适用于其占有期间,而且,通常只有在其能证明丧失占有但并未丧失

---

① Brehm/Berger, Sachenrecht, § 7, Rn. 82.

② StaudingerKomm/Gursky, § 1006, Rn. 13.

③ Werner, Grundpeobleme des § 1006 BGB, JA 1983, S. 626.

所有权时，才能作有利于先前占有人的推定。典型情况为物之占有是非基于本人意思而丧失（如盗赃物）的情况，或者由于其他原因取得人没有取得所有权的情况。如果他能证明这一点，就推翻了有利于现时占有人的所有权推定。

### （四）被推定的权利之范围

哪些物权可以根据占有被推定，主要取决于两个要素：其一是该动产物权中是否包含占有标的物之权能；其二为该物权之成立以占有之取得为要件。[①] 占有推定规则除了可以适用于所有权以外，尚可以适用于用益权与质权。应当注意的是，动产上也可以设定用益物权[②]，故存在基于占有推定用益权的制度。

基于占有的所有权推定规则适用的情况主要是那些以占有人的所有权人地位为前提的请求权，比如侵权法请求权、所有权移转、所有物返还请求权以及防御请求权等情况。通常来讲，涉及身份关系的其他占有权利，如基于亲权关系、监护关系、夫妻关系等的占有权，则不得成为可被推定的权利。

对于债权，是否得适用占有推定规则，有不同观点，有立法例承认债权性占有权也在推定范围内，如在租赁情况下[③]，王利明教授对此也持肯定态度。[④] 张双根博士持否定观点，在德国法上，占有上权利推定之效力，并不及于债权。[⑤] 德国学者一般认为，对于债法关系是不能适用权利推定规则的，比如当事人争议交付的原因是租赁还是赠与的情况下，即不适用该规

---

① 参见张双根：《占有的基本问题——评〈物权法草案〉第二十章》，载《中外法学》2006年第1期，第114页以下。王利明教授亦持此观点，参见王利明：《物权法研究》（下卷），中国人民大学出版社2007年版，第738页。

② 参见〔德〕鲍尔、施蒂尔纳：《德国物权法》（下册），申卫星、王洪亮译，法律出版社2004年版，第531页以下。

③ 参见王泽鉴：《民法物权·用益物权·占有》，中国政法大学出版社2001年版，第235页。

④ 参见王利明：《物权法研究》（下卷），中国人民大学出版社2007年版，第737页。

⑤ 参见〔德〕鲍尔、施蒂尔纳：《德国物权法》（上册），张双根译，法律出版社2004年版，第177页。

则,对于基于何种债务关系,占有人必须进行证明。[1]

从权利结构上看,债权并不以占有为成立要件,而且,“债权性权利的内容如何,完全取决于其背后的债权关系的具体构造,从而即便推定一项债权性占有权(如租赁权)的存在,而该债权性占有权的内容如何,还得回到其背后的债权关系(租赁合同关系),其结果已不单单是对一项债权性占有权的推定,还必导致对其背后的债权关系及其内容的推定,这显然有违占有上权利推定制度设计的目的”[2]。

从物权行为无因性原则的角度来看,取得之原因对于占有推定亦无意义。[3] 也就是说,基于占有只能推定所有权,而不能推定所有权产生之原因行为,如果占有人根据原因行为的存在而主张所有权存在,则其负有证明原因行为存在的义务。[4]

在我国,物权公示的一般性规则为生效要件主义,即物权之变动,以一个生效的合同以及一个事实行为性质的履行行为(公示方法)为必要,遵循的是一体性原则,但有一点与分离原则是相同的,即合同的效力与物权的效力被分开、独立考察。故虽然我国并无物权行为无因性规则,但为避免推定涉及占有背后的债权法律关系,在权利推定制度设计上,推定效力仅限于物权效力部分,而不应涉及合同效力部分。

### (五)人的适用范围

在人的适用范围上,《德国民法典》第 1006 条规定只能适用于自主占有人,因为,一般而言,推定的前提是,当事人就所有权产生了争议,所以,如果占有人是为他人占有的或者主张自己不是所有权人的,则不能适用占有推定规则。

有疑问的是,在确认所有权状况时,非占有人或者推定之相对人是否可

---

① Werner, Grundprobleme des § 1006 BGB, JA 1983, S. 618.

② 张双根:《占有的基本问题——评〈物权法草案〉第二十章》,载《中外法学》2006 年第 1 期,第 114 页以下。

③ Erman/Hefermehl, § 1006, Rn. 1.

④ Wieling I, S. 635.

以主张所有权推定,对此,通常应作否定回答[①],因为根据《德国民法典》第1006条的文义“Zugunsten des Besitzers einer beweglichen Sache”,即“为了动产占有人的利益”[②],而不能给占有人造成负担,如果允许非占有人或者推定的相对人可以主张所有权推定,则该推定往往对占有人不利,如作为无权占有人的原告已经将占有返还给被告,现在,原告根据《德国民法典》第994条以下向被告请求费用补偿,原告一般不可以根据被告的占有推定被告享有所有权,而需要举证证明。

对于配偶,《德国民法典》第1362条作出了例外规定,非占有人可以主张“不利于占有人”的所有权推定。

根据占有推定规则,占有媒介人也可以根据其上级占有人的所有权对抗第三人,比如直接占有人是占有媒介人,第三人对其提出所有物返还请求权,占有媒介人即可主张,其上级占有人(出借人或出租人)是所有权人,此时,间接占有也是所有权推定的根据。进一步而言,占有推定的效力及于所有的从现今或以前自主占有人继受权利者[③],在实质上,基于占有的所有权推定是有利于第三人的,即这里的占有媒介人,也就是说,第1006条调整了第三人与非自主占有人之间的关系。

我们还可以将上述理论再进行扩展,原则上,任何享有源自所有权的权利人,都可以主张基于占有的所有权推定,如扣押质权人可以根据其有利于债务人的所有权推定对抗第三人的异议之诉。[④]

## 五、推定的推翻

权利推定制度的正当性来自于登记或占有与权利相符合的盖然性,二者不相符合的情况,亦常有之,故应允许推定相对人举反证推翻权利推定。

### (一)推定的推翻

以基于占有推定所有权为例,占有人无须陈述甚或证明导致取得所有

---

① Werner, Grundprobleme des § 1006 BGB, JA 1983, S. 622.

② 陈卫佐:《德国民法典》(第2版),法律出版社2006年版,第355页。

③ Erman/Hefermehl, § 1006, Rn. 4.

④ Werner, Grundprobleme des § 1006 BGB, JA 1983, S. 622.

权的事实，只需根据占有即可。欲推翻此所有权推定，推定相对人有三种路径可以选择[①]：首先，可以证明该物为非基于本人意愿而脱离其占有之物，因为在此情况下，通过法律行为取得的可能性极小；其次，可以通过动摇所有权推定之推定基础来推翻推定，如证明不构成占有或者不构成自主占有；最后，此种方式为推翻权利推定的主要方式，即直接推翻权利推定。根据占有推定所有权，被推定的并非事实，而是权利，即所有权，故要推翻该所有权推定，仅推翻事实之存在，并不充分，推定相对人需证明权利不存在。这意味着，推定相对人需证明任何一种权利取得方式均不存在[②]，必须完全证明推定效果的“反面”，即证明推定受益人从未成为所有权人或者其所有权丧失了。[③]

在程序法上，推翻权利推定的证明要求较高，仅证明占有人取得所有权不可能，从而使法官产生怀疑，是不充分的[④]，必须完全排除占有人取得所有权之可能，并使法官确信。尽管对于推翻权利推定的证明要求较高，但还是允许通过推断证据（Indiztatsachen）以及表见证据进行反证。[⑤]

推定能否被推翻，本身是一个证据评价（Beweiswürdigung）问题。对于占有推定的推翻，法官可以在自由评价证据过程中考虑该推定的不可信赖性。在司法实践中，法官往往会降低占有推定之推翻的难度，比如按照所有权保留的行业习惯，就可以驳倒占有的推定；在战争期间取得有价证券的情况下，该事实关系就可以推翻占有的推定[⑥]；对于非基于本人意愿而脱离占有的情况，原告提出丢失的事实证明即可[⑦]，如在被偷的情况下，原告只要

① Jauernig/Jauernig, § 1006, Rn. 5.

② Wieling I, S. 637.

③ StaudingerKomm/Gursky, 1999, § 1006, Rn. 38.

④ Brehm/Berger, Sachenrecht, § 7, Rn. 80. 也有学者认为，此时，占有人自己可以免负举证责任，相对人则要证明，占有人无权占有该物，参见王泽鉴：《民法物权·用益物权·占有》，中国政法大学出版社 2001 年版，第 234 页；H. Koziol, Grundriss des buergerlichen Rechts, Band I, Wien 2000, S. 240.

⑤ StaudingerKomm/Gursky, § 1006, Rn. 42.

⑥ Münchner-Kommentar/Medicus, § 1006, Rn. 23.

⑦ StaudingerKomm/Gursky, § 1006, Rn. 41.

证明在某一时点还拥有某物,但突然就不见了即可。因为盗窃通常是在秘密中进行的,原告不知道何时、如何丢失是正常的。

实质上,法官之所以采取降低占有推定之难度的做法,其目的在于平衡当事人之间的利益,为推定相对人"减负",因为权利推定极大地加重了推定相对人的证明负担。对于推翻权利证明的困难,应当予以救济,但在结果上,司法实践中的这种做法,会导致权利推定规则被"弱化"。[①]

### (二)取得推定与权利推定的推翻

如上所述,在基于占有推定权利的情况下,推定的是权利取得,即随着占有之取得亦取得了所有权,故权利推定之推翻限于占有的取得与所有权取得同时发生的情况,无须排除所有占有人成为所有权人的可能情况。[②]

### (三)推定受益人主动陈述取得原因情况下权利推定的推翻

在基于登记推定所有权的情况下,如果推定受益人主动陈述取得原因,则推定相对人只需证明推翻其陈述的取得原因。如甲基于和解而被登记为土地所有权人,后来甲起诉和解对方当事人乙,要求确认所有权,乙首先只需证明因为错误或者没有有关部门的批准而使和解无效即可,如果甲在解释具体情况后,主张其在和解前已经取得了土地所有权,则乙必须举证排除该取得的可能性。[③]

在占有推定所有权的情况下,如果在诉讼程序中占有人主动对所有权取得进行陈述,则推定相对人的证明义务也应被限定在被推定所有权者所陈述的取得过程上。[④] 其理由主要有二:其一,该限定比较公平,如果不限定证明的范围,推定相对人几乎不可能举出反证。其二,根据基于登记的所有权推定,推定相对人证明的范围被限定在从登记中可认知的取得原因的范围内,与登记相比,占有可信赖度相对要弱,法律没有理由让占有推定相

---

① Wieling, Sachenrecht I, S. 637.

② Jauernig/Jauernig, § 1006, Rn. 5.

③ StaudingerKomm/Gursky, § 891, Rn. 39.

④ Medicus, Ist Schweigen Gold? Zur Widerlegung des Re chtsvermutungen aus § § 891, 1006 BGB, in Fs für F. Baur, 1981, S. 63, 77. Jauernig/Jauernig, § 1006, Rn. 5.

对人承担比登记推定相对人更重的证明责任。

综上所述，在推定受益人自己对权利取得进行陈述时，推定相对人推翻的证明责任会减轻，只需对推定受益人陈述的取得原因进行反证即可。[①]但是如果推定受益人保持沉默，则在结果上，又出现了推定相对人证明困难的问题。

### （四）推定受益人未主动陈述取得原因情况下权利推定的推翻

如果占有人不主动对所有权取得进行陈述，推定相对人的证明责任就无法具有针对性，其证明负担就会过重。这样一来，占有人都会保持沉默，否则就要承受不利的后果，正所谓"沉默是金"。

为了平衡当事人之间的利益，有学者认为，虽然推定受益人不承担主张负担（Behauptungslast），但这并不意味着，推定受益人可以对关于取得事实的问题完全不予回答。对其而言，被免除的仅是原始的主张负担，次位的主张负担并未被免除，即他必须对推定相对人的主张表达意见。其逻辑在于：如果具体的取得事实处于推定受益人可能知道的范围内，就有信息提供的义务（《德国民事诉讼法》第 138 条第 4 款）。在诉讼中，推定相对人可以先对推定的权利取得进行一般性的否认，然后由推定受益人在其可能知道的范围内提供、陈述具体的取得事实，针对该取得事实，推定相对人进行反证。[②] 但占有人不会因该陈述而就具体取得原因负担证明责任，只是承担了一定的陈述负担。根据这一逻辑，如果推定受益人保持沉默，就意味着对推定相对人否认权利取得的承认，但如果开口说话，至少会将推翻之负担推给推定相对人，也就是说，"开口是金"了。

如果推定相对人推翻了推定受益人的陈述，推定受益人还可以提出第二个取得原因，此时，相对人必须对此事实进行再次推翻，如果受益人没有合理解释为什么变更陈述，法官会进行证据评价，推断线索，可能得出对推定受益人不利的判断。[③] 如果占有人不陈述取得所有权事实，则不能适用

---

① StaudingerKomm/Gursky, § 1006, Rn. 43.

② Leipold, a. a. O., S. 97 f., MünchKomm/Medicus, § 1006, Rn. 15 f.

③ Leipold, a. a. O., S. 97 f.

权利推定规则。

梅迪库斯基本同意上述观点,但他认为,推定受益人的说明义务的基础并非次位的主张负担,因为推定受益人并不承担不履行"负担"的责任,如果在其能够说明不能提供具体的取得事实的情况下,即免除其次位主张负担;而且,按照次位主张负担说,推定相对人简单否认推定的结果,推定受益人即负有说明义务,并不具有正当性。[①]

按照梅迪库斯的观点,推定受益人负有程序性的释明义务(Aufklärungspflicht),该释明义务的法律基础是民事诉讼法中的真实义务(Wahrheitspflicht)(《德国民事诉讼法》第 139 条第 1 款)。根据此义务,占有人必须说明取得的过程(Erwerbsvorgang),在某些情况下,还必须说明为什么他无法给出相关信息。如果占有人拒绝说明,而援引占有推定规则即为滥用权利。[②] 当然,推定受益人可以改变其说明,在这种情况下,推定相对人要针对新的取得原因进行证明。

根据梅迪库斯的主张,占有人承担一定的释明义务,故有学者认为,根据梅迪库斯的学说,占有人实质上负担了部分证明责任,这是与占有推定规则减轻证明责任的规范目的相违背的,而且,根据程序中的真实义务,也不能推导出占有人负有说明义务,他只要不违背事实地反驳相对人所陈述的事实即可。另根据民事诉讼法原则,当事人没有义务为另一方提供程序材料,所以,占有人不应负有说明义务。[③]

笔者认为,应对权利推定予以一定的限制,否则推定相对人将会承受不合理的举证负担。但同时不得为推定受益人设定证明或主张之负担。梅迪库斯主张的占有人承担释明义务,既未赋予推定受益人以证明责任,也没有赋予推定受益人主张负担,其基础在于程序法上的真实义务,而根据该真实义务(《德国民事诉讼法》第 139 条第 1 款),法官得要求当事人提供案件中所缺少的陈述,故当事人因此会负有说明义务,通常当事人都会立即提出相

① Medicus, Ist Schweigen Gold? Zur Widerlegung des Re chtsvermutungen aus § § 891, 1006 BGB, in Fs für F. Baur, 1981, S. 77 f.

② Medicus, a. a. O., S. 63, 77 ff.

③ Werner, Grundprobleme des § 1006 BGB, JA 1983, S. 622.

关陈述或主张;另外,可以从证据采信程序中推定该主张的存在,任何当事人都可以引据对方的有利于自己的主张。[①] 另外,虽然推定相对人对于权利取得提供了一定的说明,但并不是在为另一方当事人提供程序材料,而是为法庭提供借以审判的必要信息。所以,笔者认为,梅迪库斯的学说还是比较稳妥的。

综上所述,基于占有的权利推定规则本质是一种程序规则,在进入程序前,占有人可以“沉默是金”,但进入程序后,须“开口说话”,一开口,对方就可以“有的放矢”了。也就是说,只有进入到诉讼程序,推定规范的效用才能发挥出来,问题就有分晓。因为一旦进入到诉讼程序,占有人(多体现为被告)就不可能再来一个“沉默是金”,而必须“开口说话”,占有人至少得就其占有上的权利主张负说明义务。只有占有人就其占有物上行使的权利予以说明之后,占有上的权利推定规则才开始启动其“推定程序”,亦即推定占有人适法享有其所说明或主张的权利,而欲推翻此推定效力的对方当事人,也就相应的负有举出相反证据的义务,对于所有权取得、取得哪类权利都要进行陈述。

虽然我们说占有具有推定效力,但实际上,基于单纯的占有事实本身,而不借助于占有人的任何言词或表示,或者不借助其他相关情境而推测占有人的意思,并不能对占有人的权利予以推定。只有在诉讼中,通过双方的证明、辩论,法官才能得出是否基于占有进行推定权利、推定何种权利的判断。

## 六、结论

权利推定规则的规范目的在于救济占有人、登记簿上权利人证明所有权等物权的困难,对证明困难的占有人的救济方式是减轻证明负担,占有人无须主张所有权取得,也无须证明所有权取得,只需陈述并证明其占有为自主占有。权利推定规则本质是证明负担减轻规则,目的在于解决证明不能时败诉风险之分担,通过较容易证明的占有取得或者登记等权利变动事实

---

① Rosenberg/Schwab/Gottwald, Zivilprozessrecht, 16. Aufl. 2004, § 114, Rn. 39.

构成,以推定所有权等较难证明的事实。

权利取得规则决定权利推定规则的内容,权利推定的内容为权利取得的推定,而非状态的推定,取得推定为存续推定所补充。被推定的权利通常是包含占有标的物权能并以占有之取得为权利取得要件的物权,债权是不能被推定的,即使在一体主义模式下,推定的也仅为物权效力部分,而不应是合同效力部分。

在程序法上,权利推定有两层效力:首先,推定受益人被免除证明负担;其次,就推定之权利或法律关系,推定相对人可以举反证以推翻之。对于反证的证明度要求较高。原则上,对于非正确性的证明必须是完全的,也就是说,法院或者登记机关必须完全确信,法定的权利推定是符合真实情况的,只是让人大致相信或者动摇推定,是不充分的。

在推定受益人自己对取得进行陈述时,推定相对人推翻的证明责任会减轻,只需对推定受益人陈述的取得原因进行反证即可。但是如果推定受益人保持沉默,则在结果上,又出现了推定相对人证明困难的问题。为了解决这一问题,推定权利人需承担程序性的释明义务,在程序中,占有人必须说明取得的过程(Erwerbsvorgang),在某些情况下,还必须说明为什么其无法给出相关信息,如果占有人拒绝说明,援引占有推定规则即为滥用权利。

纵观权利推定规则制度本身,其寄居于物权实体法规范之中,展开的却是程序法上的效力,其内容根据的是实体法上的权利取得规则,但在权利推定的推翻上,又只能在程序法上平衡推定当事人之间的利益,其构造纵横于实体法与程序法之间,实体权利的实现离不开程序法的保障,而程序法上的权利保障制度,又须根据实体法制度予以规范。

## 第二节　与登记簿相关的权利推定

在不动产情况下,所有权取得并不以交付为前提,而是以登记为前提,被登记在土地簿册中的权利拥有人被推定为享有该权利。与占有一样,登记也具有比较容易被检验与被证明的特征,而且是权利存续以及法律关系最合适的证据。

## 一、规范目的

登记推定效力的目的是否也在于解决登记簿上权利人的权利证明困难呢？对此，答案应当是否定的。尽管登记的权利人也有可能存在证明权利困难之问题，但基于登记的权利推定之规范目的，并不在于此。

在不动产情况下，登记簿对于任何人而言，均有证明作用。在法律交易中，登记簿中的登记具有何种效力，在立法上应当予以明确。具体有两种思路：一是赋予登记以完全的形式效力，即登记簿册的内容最终决定物权关系，且是不可被撤销的；二是否认登记的形式效力，登记簿册的内容并不能最终决定物权关系，不仅允许登记更正，而且通过登记的推定力，取代登记形式效力模式。从物权变动模式来看，单独的登记或涂销等国家行为并不能引起物权变动，尚需连同处分行为才能导致物权行为，而且在登记簿外还存在很多物权变动情况，如继承等[1]，故不能仅凭登记簿册的内容决定物权关系。

基于上述物权变动模式，承认了登记簿并非总是正确的，如物权合意无效的情况下、继承等登记簿以外的法律变动，都可能导致登记簿不正确。在事理上，登记簿与实际权利状况不相符合的情况与占有与实际权利不相符合的情况是相同的。在此情况下，亦可采取登记推定效力模式，只不过其目的不是解决登记权利人证明权利困难的问题，而在于维持登记簿册在法律交易中的公示效力，维护交易安全。从生活经验来看，登记簿与真实权利状况通常是一致的，故可以登记推定权利模式取代登记形式主义。[2]

登记的公信力、推定力，共同构成了不动产法上的公示原则。[3] 但在功能上，推定力只解决证明责任，不触及实体法律问题，而公信力解决的是实体法问题。而且，根据登记簿之公信力，登记的正确性与完整性是不可以被推翻的，由此才构成了善意取得的可能性。也正因为如此，在《德国民法

---

① Westermann, Sachenrecht, S. 569.

② Staudinger/Gursky, § 891, Rn. 1.

③ StaudingerKomm/Gursky, § 891, Rn. 1.

典》第 892 条关于不动产公信力的规定中,称交易第三人为“取得人(Erwerber)”,而不称其为“受让人”或“第三人”,就是因为登记正确性在这里是不可以被推翻的。所以,这里的法律表象具有创造权利的效力,一经登记,即发生权利取得效力。①

另外,根据登记簿的推定力,并不能推定登记簿具有完整性,因为登记或涂销并不能作为未登记权利不存在的推定基础②;相反,登记簿的公信力却具有推定登记簿完整的效力,故其在完整性推定方面对登记簿推定力是一种补充。③

## 二、推定规则

根据《德国民法典》第 891 条,如果某人的权利被登记入登记簿册,即可推定其享有该权利,即积极证明作用;如果被登记在土地簿册中的权利被涂销,则该权利也被推定不存在,即消极证明作用。据此,土地簿册不仅有保护善意权利交易的功能,也有分配证明负担的功能。登记推定规则有利于被登记人,其程序相对人必须承担证明土地簿册正确与否的负担。

登记推定有积极推定与消极推定之分,就积极推定而言,被推定的主要是已被登记的权利存在,并且属于被登记人以及其全部权利继受人拥有。在抵押权(土地债务)情况下,担保债权也可以被推定。④ 而在消极推定情况下,推定的是被涂销的权利不存在,如果能证明该涂销的目的并不是为了更正土地簿册,则还可以推定权利曾经存在过。⑤

该规则不仅可以适用于民事诉讼程序,也可以适用于所有类型的程序,主要是土地登记机关的程序。⑥ 土地登记机关必须将被登记人视为权利人

---

① Wolff/Raiser, Sachenrecht, 1957, S. 142, 148.

② Jauernig/Jauernig, BGB, § 892, Rn. 6.

③ MünchKomm/Wacke, § 892, Rn. 2.

④ Soergel-Kommentar/Stürner, 2002, § 891, Rn. 10.

⑤ Soergel-Kommentar/Stürner, 2002, § 891, Rn. 11.

⑥ Jauernig/Jauernig, BGB, Vor §§ 891, Rn. 2.

对待,无权也无义务考察以前登记的法律效力。[①] 如果登记机关明知真实权利情况与登记情况不符合,才可以不顾推定规则。其对登记权利不真实的确信只能来自当事人自己的表示、出示的文书以及土地文件中的事实,或者是被公开或者法院明知的事实。[②]

基于登记推定的权利只限于有登记能力的权利(eintragungsfähige Rechte),有登记能力的权利包括民法上规定的所有权、限制物权等。不具有登记能力的权利主要是指债权,如租赁权等,还包括一些不需要登记即生效的法定权利,如越界建筑的定期金。公法上的权利也不具有登记能力。[③] 但在抵押权的情况下,存有例外,担保债权也可以被推定。[④] 但对于债权登记的要求很低,只要能确认是哪个债权即可,无须给出债的发生原因及细节,推定相对人并不能从登记簿册中知道具体的事实,也就很难证明推翻登记推定。[⑤]

对处分之限制、登记异议不能适用推定规则,对于预告登记,只有在其担保的请求权真实存在的情况下,才可以适用该推定规则[⑥],因为预告登记具有附随性。

对于事实说明,一般也不适用该推定规则,如《德国民法典》第 891 条的推定不会涉及关于地表面积、地点、可建筑类型、文化类型、净产量、价值等。如果土地的边界因为自然原因而改变,则也不受《德国民法典》第 891 条的保护。但如果事实说明涉及的是权利所存在的标的物,尤其可以证明所有权人对土地的法律关系时,则可以被推定,如被登记的土地面积以及土地的边界。住宅所有权的存在可以被推定,如车库尚未被建起,也可以推定其存在。[⑦]

---

① Soergel-Kommentar/Stürner, 2002, § 891, Rn. 13.

② StaudingerKomm/Gursky, § 891, Rn. 50 ff.

③ Soergel-Kommentar/Stürner, 2002, § 891, Rn. 4 ff.

④ Soergel-Kommentar/Stürner, 2002, § 891, Rn. 10.

⑤ Medicus, Ist Schweigen Gold? Zur Widerlegung des Re chtsvermutungen aus §§ 891, 1006 BGB, in Fs für F. Baur, 1981, S. 63, 66.

⑥ Soergel-Kommentar/Stürner, 2002, § 891, Rn. 7.

⑦ Soergel-Kommentar/Stürner, 2002, § 891, Rn. 8.

## 三、基于登记的权利推定之性质

基于权利推定规则与物权变动规则的功能性关联，梅迪库斯认为，基于登记的权利推定也是取得推定。[①] 但古尔斯基对此却持有不同观点，认为在基于登记的权利推定的情况下，涉及的是权利状态的推定，被推定的不是被登记权利或被涂销权利产生或者消灭的构成要件事实，而是权利存在或者不存在的事实。首先，在登记的情况下，是否将推定的对象限于权利取得，对于推定相对人的证明责任并无重大影响，因为所有的权利的情况都会在登记簿册中反映出来。只不过在推翻登记情况下的取得时，推定相对人需排除事后的物权合意可能。[②] 其次，根据《德国民法典》第 891 条第 1 款，如果某人的权利被登记入登记簿册，即可推定其享有该权利，即积极证明作用；根据《德国民法典》第 891 条第 2 款，如果被登记在土地簿册中的权利被涂销，则该权利被推定不存在，即消极证明作用。而涂销之事实不仅可被用于推定权利的废止上，而且可以作为登记簿更正的根据。所以，如果仅将推定的根据限定于涂销之过程，即权利通过涂销而被废止，肯定很荒谬。如此一来，涂销本身只能说明相关权利或者自始不存在，或者间接地消灭，现在不再存在了。既然第 891 条第 2 款不能被理解为基于登记过程的推定以及与此恰好相合的权利变动，故也不能将第 891 条第 1 款作如此理解。[③] 自权利推定以物权变动生效要件为基础的思路出发，以梅迪库斯的学说较为合理，若考虑土地登记簿册中登记的公示功能较占有的公示为广，则应采古尔斯基的学说。但该问题的最大意义在于，确定推定相对人推翻举证的范围，若采纳古尔斯基的学说，推定相对人不仅应推翻权利取得之事实，而且需推翻所有被登记入簿册的权利状态。从利益衡量上看，推定相对人的证明负担会因此加重，并不合理，故本文采取取得推定学说。

在更正登记的情况下，作为更正请求权基础的权利之取得是推定的对

---

① Medicus, in FS Baur 63 ff. 71ff. 81 f.

② Staudinger/Gursky, § 891, Rn. 2.

③ Staudinger/Gursky, § 891, Rn. 2.

象,此乃登记推定所有权规则的例外。

## 四、推翻推定

根据《德国民法典》第 891 条的推定是可以被推翻的,而且任何对此有法律上利益的人都可以提出异议,这里也包括土地登记机关。提出异议必须举证,而且该证据必须涉及的是实体法上的正确与否。原则上,对于非正确性的证明必须是完全的,也就是说,法院或者登记机关必须完全确信,法定推定是符合真实情况的,只是让人大致相信或者动摇推定,是不充分的。[①]

在基于登记推定权利的情况下,依据权利状态推定学说。推定异议人不仅要推翻土地簿册所要求的权利产生之构成,而且要推翻那些对嗣后权利取得有关的法律上可能的取得原因,即所有权利存在的可能性都需被推翻。[②] 如在没有发放贷款,即被担保的债权没有产生情况下,要求涂销抵押权的所有权人,不仅要证明不存在土地簿册上登记的债权,而且要证明不存在其他为登记所可能覆盖的债权。[③]

在司法实践中,如此要求证明责任,对于反驳推定者是苛刻的。故在此种学说下,亦将推翻的证明限定于与登记簿册相关或者根据具体情况可能的取得原因之排除上。[④] 但按照取得推定说,登记簿正确性的推定基础在于登记与权利取得的一致性,故推翻证明针对的只是土地簿册上登记的记载与涂销原因。[⑤] 如甲基于和解而被登记为土地所有权人,后来甲起诉和解对方当事人乙,要求确认所有权,乙首先只需证明因为错误或者没有有关部门批准而使和解无效即可,如果甲在解释具体情况后,主张其在和解前已

---

① Soergel-Kommentar/Stürner, 2002, § 891, Rn. 15; StaudingerKomm/Gursky, 1996, § 891, Rn. 38.

② StaudingerKomm/Gursky, § 891, Rn. 38.

③ Soergel-Kommentar/Stürner, 2002, § 891, Rn. 14.

④ StaudingerKomm/Gursky, § 891, Rn. 39.

⑤ Medicus, Ist Schweigen Gold? Zur Widerlegung des Re chtsvermutungen aus § § 891, 1006 BGB, in Fs für F. Baur, 1981, S. 81 f.

经取得了土地所有权,则乙必须举证排除该取得可能性。[①]

虽然将权利推定之推翻限定于取得推定,一定程度上可以减轻推定相对人的证明责任,但如果推定相对人不知道占有取得或者推定受益人的登记是如何完成的,他就无法证明推定受益人没有取得权利。在结果上,推定相对人的证明负担还是过重。

在登记情况下,不仅会记载登记日期,还会记载登记的基础(所有权让与、准许或可执行之名义)。根据这些信息,推定相对人不仅可以获知权利取得的过程,还可以获知取得的原因。在证明推翻权利推定时,推定相对人即可针对此取得原因进行证明,与占有情况下的权利推定之推翻相比,要容易一些。但在抵押权的情况下,由于涉及被担保的债权,而在实践中,对于被担保债权,登记的往往是一般性的描述,如基于借贷,并没有对被担保债权之细节进行描述,此时推定相对人无法从登记簿册中获知债权取得原因,其证明责任依然很重。

## 五、法律效果

《德国民法典》第 1006 条与第 891 条之间的重要区别在于:第 1006 条所规定的是仅有利于占有人之推定;而在土地登记簿中所体现的法律关系,任何人均得主张,故其推定作用完全有可能不利于被登记者。比如 E 在土地登记簿中被登记为所有权人,实物负担权利人 R 向 E 主张权利,并采取了法律措施(《德国民法典》第 1108 条);若 E 辩称他根本就不是所有权人,则其就必须推翻这项不利于他的所有权推定。[②]

基于《德国民法典》第 891 条的推定,任何有法律上利益的人都可以主张。该推定对继承人也有效力。

登记推定规则还可以适用于公法领域,在公法将特定法律效果与土地所有权人地位关联的情况下,行政机关必须注意该推定规则。在刑事程序中,推定规则只能为了犯罪嫌疑人之利益进行适用。当然,该规则的最大意

---

① StaudingerKomm/Gursky, § 891, Rn. 39.

② Baur/Stürner, Sachenrecht, Rn. 14.

义在民事诉讼程序中,被登记为所有权人的人可以主张所有基于所有权的权利,而无须证明登记是否真实。值得注意的是,登记推定规则不仅适用于物权法领域,也适用于债权法领域,如在权利瑕疵担保情况下,买受人可以基于推定规则主张权利瑕疵的存在,如在土地簿册中登记了负担。[①]

① StaudingerKomm/Gursky, § 891, Rn. 46 ff.

# 第二章　原物返还请求权

## 第一节　原物返还请求权的构成

《物权法》第 34 条明确规定了原物返还请求权，但其中尚存在诸多疑问，需要解释确定。首先，原物返还请求权的最根本构成要素为何，在文义上并未体现。其次，原物返还请求权是否可以适用于所有权利，亦是需要解释确定的问题。最后，占有权利是否存在，是构成要件，还是抗辩权？在债权作为占有权利的情况下，又如何解释其可以排除原物返还请求权适用的现象？

### 一、原物返还请求权的界定

所谓原物返还请求权，是指在无权占有人侵占的情况下，物权人得向无权占有人请求返还原物的请求权。其是否可以独立存在，是否并入侵权责任法中，历来为我国学者所争议[①]，因事关法律适用的根据，应当予以澄清。

#### （一）原物返还的规范基础

在《物权法》中，多处涉及了原物返还，首先是第 34 条，其次是第 243 条，除此以外，第 106 条第 1 款第 1 句也涉及了原物返还。

有学者认为，该原物返还请求权与《物权法》第 34 条规定的原物返还请求权并无二致。[②] 但相反意见认为，此处的返还请求权人尚包括租赁关系中的债权人。[③] 笔者认为，适用范围上的区分并不能决定请求权的性质。从第 243 条的位置来看，其在“占有”一章中，其规范的是物权人与占有人之间的用益返还以及费用返还的问题，即占有恢复关系的内容，也即所有权

---

① 参见崔建远：《物权法》，中国人民大学出版社 2009 年版，第 117 页以下。

② 参见孙宪忠主编、张双根执笔：《中国物权法：原理释义和立法理解》，经济管理出版社 2008 年版，第 573 页。

③ 参见黄松有主编、最高人民法院物权法研究小组编著：《中华人民共和国物权法条文理解与适用》，人民法院出版社 2007 年版，第 704 页。

人与占有人之间的关系。占有恢复关系是解决原物返还请求权构成之后的物的毁损、用益以及费用等问题的规范群，之所以在第243条规定原物返还请求权，不过是表明原物返还请求权与用益返还请求权、费用返还请求权之间的原请求权与次请求权的规范群整体关系而已，并未规定一个新的原物返还请求权。

《物权法》第106条第1款第1句规定，“无处分权人将不动产或者动产转让给受让人的，所有权人有权追回”。在这里，所谓所有权人有权追回，其含义应为所有权人有权自第三人处请求返还原物，这是原物返还请求权的一种特殊情况，在无权处分权人处分时，所有权人可以根据《合同法》第51条予以追认，也可以不予追认，不予追认的，则需考察第三人是否善意取得，若是善意取得的，此时所有权保护让位于交易安全的保护，原所有权人的原物返还请求权即为消灭。

自绝对、自由所有权兴起之后[①]，在立法上日益强调保护所有权的目的，故罗马法上发展了所有物返还之诉(rei vindicatio，对物之诉之意)，物权独立于对物的支配，所有权人可以向任何占有该物的人请求返还。对此只存在一个例外，即所有权返还之诉有1年的期限，1年后不得请求返还，在不动产情况下是两年[②]，也就是说，与占有相关的所有权在丧失占有后只能持续1年。古典罗马法时期，完全奉行对物返还原则，并不允许善意取得，交易安全并不受重视，但同样存在1—2年的限制，但该限制被理解为取得时效(usucapio)，其目的是维护货物交易利益。时效取得要求自主占有、善意以及所有权取得的正当法律原因，如买卖、赠与等，反之，该物不能是盗赃物。

所有权赋予所有权人返还原物的请求权，其增强了所有权，但威胁了交易安全：取得物之人，必须考虑第三人可能是所有权人，物会被取走。故自德国法以来，往往通过善意取得制度，削弱原物返还请求权。中国法在立法模式上，从保护物权的理念出发，规定了原物返还请求权，但同时也兼顾交

① 参见王洪亮：《分割所有权》，载《华东政法学院学报》2006年第4期，第110页以下。

② Kaser, I 34 Fn. 6.

易安全,规定有善意取得制度,同时对于遗失物设有特别规则,在2年期间内,仍然承认原物返还请求权的效力。

### (二)原物返还与返还财产

《民法通则》第134条、《侵权责任法》第15条均规定了返还财产的责任方式,返还财产与原物返还是何关系?一种观点认为,《民法通则》第134条中规定的返还财产,即原物返还请求权,《民法通则》第61条、第117条,《合同法》第58条、第59条所称的“返还财产”也为物的返还请求权。[①] 但《侵权责任法》第15条明确规定返还财产为侵权责任法的一种责任方式。如此,就不能简单地认为返还财产即为原物返还。民法上存在种类繁多的返还请求权,但内容各有不同,如《物权法》第243条返还指向的是孳息;在解除合同的情况下,返还取决于给付义务的内容,如果涉及的是物的买卖,返还的即为物,如果给付义务涉及的是占有之移转,则返还的内容为占有移转[②],所以,尽管都是返还请求权,但其内容各不相同。

原物返还的含义为:移转物上之占有,这是返还的最窄的含义。[③] 返还的含义应为交出(Abgabe, Auskehrung)请求权相对人所拥有的占有之意,其内容为将物从自己的支配领域分离、排除以实现返还,是与债法给付义务相对的、特别限制的单纯之协助义务。[④]

---

① 参见崔建远:《物权法》,中国人民大学出版社2009年版,第119页;崔建远:《关于恢复原状、返还财产的辨析》,载《当代法学》2005年第1期,第71页以下。

② Medicus, Ansprüche auf Herausgabe, JuS 1985, S. 661 f.

③ Medicus, Ansprüche auf Herausgabe, JuS, 1985, S. 664. 参见崔建远:《关于恢复原状、返还财产的辨析》,载《当代法学》2005年第1期,第71页以下。

④ Staudinger/Gursky, §985, Rn. 61. 如果与其他物附合,并作为其非重要成分,亦可成为原物返还请求权的标的,但在租赁情况下,德国法上赋予承租人取回权(Wegnahmerecht),出租人负有容忍其取回的义务,但承租人承担取回费用,此时,并无适用原物返还请求权之余地;如果承租人自己导致自己的物成为他人之物的非重要成分,亦需以自己的费用分离并取回之,否则无权占有人可能通过成分的共同返还,而将分离费用转嫁给主物的所有权人;但如果相反,附合是因为主物所有权人或第三人造成的,则可以就非重要成分主张原物返还请求权。在其他领域,只要物之成分具有“被占有能力”,原物返还请求权人即负有分离的义务,因为分离是占有移转的必要条件。参见Staudinger/Gursky, §985, Rn. 88.

在侵权责任法上,我国并未采取损害赔偿法的思路,而是采取责任法的思路,也就是说,侵权责任不限于损害赔偿,而且,中国法上的损害赔偿并非广义的损害赔偿,首先,其不包括恢复原状形态;其次,仅限于金钱赔偿,包括折价赔偿与实物赔偿两种方式。[①] 按照这样的理解,在构成侵权责任的情况下,如果需要返还通过"侵权行为"获得的原物、占有甚或收益,只能另行给予请求权基础,也就是财产返还,故侵权责任法中的财产返还,有其独立的功能,与原物返还请求权并不相同,二者的构成基础亦不相同。

有疑问的是,在一定情况下,二者可能构成竞合,即基于同一事实而发生,此时并不能根据规范竞合说,认为只存在一个实体法上的请求权,因为此时物上请求权与侵权法上的返还财产请求权内容并不相同,应当各自遵守自己的规定。[②] 至于请求权之间的影响,应通过对存在利益的评价予以解决。[③]

### (三)原物返还与恢复原状

恢复原状在中国法上具有多重含义[④],对于侵权法上的恢复原状,有学者予以狭义理解,即侵权法上的恢复原状,是指权利人的有体物被侵权行为人不法损坏的情况下,将该物修复如初。[⑤] 这种理解是符合中国侵权责任方式规则的,即损害赔偿、恢复原状与返还财产并列的模式。按照这种理解,恢复原状与原物返还即无关联。但按照恢复原状的广义理解,恢复原状是指重建赔偿权利人受侵害权利法益的原貌,如同损害未曾发生的状态。[⑥] 其内容可以包含返还占有或者恢复占有的效果,也即存在原物返还请求权与恢复原状区分的问题,二者不仅在构成上存在不同,而且在返还义务内容

---

① 参见黄松有主编、最高人民法院物权法研究小组编著:《中华人民共和国物权法条文理解与适用》,人民法院出版社 2007 年版,第 145 页。

② 参见〔德〕拉伦茨:《德国民法通论》(上),法律出版社 2002 年版,边码 268,第 355 页。

③ Arens, AcP, 170, S.400.

④ 参见崔建远:《关于恢复原状、返还财产的辨析》,载《当代法学》2005 年第 1 期,第 71 页以下。

⑤ 参见崔建远:《物权法》,中国人民大学出版社 2009 年版,第 118 页。

⑥ 参见曾世雄:《损害赔偿法原理》,中国政法大学出版社 2001 年版,第 148 页。

上亦有不同,原物返还仅是交出,占有人仅负有一定程度的协助义务,并无债法上的给付义务。

原物返还请求权,不仅在构成上与债法上的损害赔偿请求权(广义的)大不相同,而且与损害赔偿请求权相比,所有物返还请求权针对的并不是特定损害承担的移转,而在于对法律上的权利归属与事实上归属的分歧的纠正,具有保护以及秩序功能。原物返还请求权之目的在于弥补受害人/所有权人的损害,而债法上的损害赔偿请求权在于剥夺相对人/占有人获得事实上的地位这一利益[①],二者的界限泾渭分明。

## 二、原物返还请求权的构成

### (一)"侵占"作为唯一的构成要件

从《物权法》第34条的文义来看,其并未明确侵占这一构成要件,只是强调请求权相对人应为无权占有人。在学理上,多认为原物返还请求权的构成要件有二:其一,请求权主体必须是物权人;其二,相对人必须是无权占有人。[②]

司法实践中也多认为原物返还请求权的构成要件有二:其一,请求权人是对标的物享有所有权或者其他合法权益的人;其二,占有人系无权占有人。[③]

由此可见,立法、学说与司法实践是比较一致的,即均认为原物返还请求权之构成为请求权人享有物权,而占有人为无权占有人。但如此构建,给人一种割裂的感觉,并不能真正把握原物返还请求权的内涵。

原物返还请求权的规范目的在于排除侵占或扣留这种最为严重的对物权权能的妨害。为达此目的,所有权人或物权人享有返还占有的权利,以恢

---

① Picker, Der "dingliche" Anspruch, in Im Dienste der Gerechtigkeit, FS für Bydlinski, 2002, S. 287.

② 参见崔建远:《物权法》,中国人民大学出版社2009年版,第126页;王利明:《物权法研究》(上卷),中国人民大学出版社2007年版,第219页以下。

③ 结论来自北大信息网78个适用《物权法》第34条的案件。

复与所有权或物权相应的占有状态。[①] 也就是说,原物返还请求权的构成要件为物权之占有权能被篡越,即"侵占"。在这里,侵占是非常中性的概念,是指所有无权占有人抽走占有或者扣留占有(Besitzentziehung und Besitzvorenthaltung)而不还的情况。[②] 也就是说,所有权或物权与占有的分离,实质是法律上分配的对物支配与事实上行使的对物支配产生了分歧。所以,原物返还请求权的构成要件只有一个,即出现了"侵占"情况,具体如何判断侵占,自应确认,原物所有权人或物权人享有物权,而请求权相对人享有占有。

自原物返还请求权规范目的分析,只要出现侵占或者扣留占有的情况,即构成原物返还请求权,并不要求无权占有人具有过错或者进行了可归责的行为,所有权与占有的分离即使是第三人,甚至所有权人自己造成的,也在所不问。另外,也不需要因果关系这一构成要件,即使是自然力造成的所有权与占有的分离,也可以认为构成所有物返还请求权,不存在不可抗力免责等问题。

侵占这一要件还意味着,原物返还请求权人必须在主张权利时,应享有所有权及特定的物权,在占有人处,占有人至今仍占有该物。在无权占有人丧失占有时,即使他是恶意抛弃占有的,其返还义务即消灭,但这并不妨碍其根据次请求权规则承担损害赔偿责任等。即使无权占有人可以重新获得已经丧失的占有,原物返还请求权亦不存在。[③]

### (二)占有权利并非构成要件

我国学界多有主张将"相对人的占有必须构成无权占有"作为构成要件者。[④] 更有学者明确将相对人占有与无权占有分裂为两个构成要件者。[⑤]

---

① Staudinger/Gursky, 985, Rn. 1.

② MünchKomm/Medicus, § 986 Rn. 1.

③ MünchKomm/Medicus, § 985 Rn. 15.

④ 参见王利明:《物权法研究》(上卷),中国人民大学出版社2007年版,第223页;崔建远等:《物权法》,清华大学出版社2008年版,第79页。

⑤ 参见谢在全:《民法物权论》(上册)(修订五版),台北新学林出版社2010年版,第170页以下。

从《物权法》第34条的表述上看，似乎亦将无权占有作为构成之要件。自比较法而言，《德国民法典》明确规定，无占有权利并非原物返还请求权的构成要件，并单独于第986条规定了占有权利可以作为请求权相对人抗辩权的规则。在我国《物权法》的立法过程中，对于占有权利作为抗辩权的规则，立法者并非没有注意，在立法理由以及参考规定上，都提及了《德国民法典》第986条。[①]

那么，在立法政策上，将某要素作为构成要件，还是抗辩权，其根据何在呢？笔者认为，主要考虑两点因素：

(1) 根据原物返还请求权的规范目的，以所有权为例，原物返还请求权产生于所有权的排他效力，保护所有权人自由占有、用益、处分的权利归属，故原则上，所有权应不受限制，例外情况下得限制所有权。对于所有权人而言，只要存在他人占有物的情况，即可发生原物返还请求权，对于有权占有情况，则为抗辩。

(2) 应考虑举证困难、证据远近以及当事人信义状况[②]，区分构成要件与抗辩权，如果将占有权利作为构成要件，则按照法律要件分类说理论，所有权人应承担证明负担，其必将陷入举证困难，其返还原物目标得到实现的可能性会大大减小。在成都倍特建设开发有限公司诉林增全返还原物、财产损害赔偿纠纷一案中，法院认为，占有权利的事实与占有人较近，容易举证，故将有权占有的证明责任分配给了占有人。[③]

---

① 全国人大常委会法制工作委员会民法室编：《中华人民共和国物权法条文说明、立法理由及相关规定》，北京大学出版社2007年版，第50页；胡康生主编：《中华人民共和国物权法释义》，法律出版社2007年版，第86页。

② 2003年颁布的最高人民法院《关于民事诉讼证据的若干规定》中即根据法律要件分类说分配的证明责任。参见宋春雨：《关于民事诉讼证据的若干规定的理解与适用》，载《人民司法》2002年第2期，第7页以下。

③ 其判决理由称：根据《物权法》第34条"无权占有不动产或者动产的，权利人可以请求返还原物"的规定，因无权占有属于消极事实，是否为有权占有，只有占有人自己知道，因此从本案举证责任的分配来看，原告倍特公司只需证明其为上述房屋的所有权人以及被告林增全实际占有上述房屋的事实即可，无须证明被告林增全为无权占有人。若被告林增全主张其为有权占有，不负返还房屋之义务，则需举证证明。

综上所述,笔者认为,在本质上,占有权利的要素,并非原物返还请求权的构成要件,而是抗辩权。

原物返还请求权既适用于动产,也适用于不动产,在不动产情况下,还规定有土地簿册更正请求权,保障权利表象与权利状况的一致,与原物返还请求权并存。

## 三、原物返还请求权的适用范围

根据《物权法》第34条的规定,请求权人为"权利人"。从文义上看,权利人指称的范围比较广泛;从立法意图上看,这里的权利人应是物权人。[①]学说也多认为这里的权利人指的是物权人[②],也即所有权人与他物权人。

在我国,采取物权类型法定之原则,主要有所有权与他物权两大类,他物权又包括土地承包经营权、建设用地使用权、宅基地使用权、地役权、抵押权、质权、留置权等类型。值得思考的是,何种权利人可以作为原物返还请求权的请求权人,其权利基础何在?

### (一)占有之标准

新中国成立以来,我国民法学界就曾使用"返还原物之诉"、"请求返还原物"等术语,且均在所有权保护之项下予以说明。[③] 在《物权法》颁布之前,理论界基本上也使用"所有物返还请求权"的术语。[④] 但在物权法中并未采纳所有物返还请求权之术语,亦未在所有权项下规定此请求权,而是在总则部分予以规范。有学者认为,立法者之所以采用了原物返还请求权或返还原物请求权的术语,而未采用所有物返还请求权的术语,其主要根据在于,所有物返还请求权的请求权人只能是所有权人,而原物返还请求权的请

---

① 参见全国人大常委会法制工作委员会民法室编:《中华人民共和国物权法条文说明、立法理由及相关规定》,北京大学出版社2007年版,第49页。

② 参见王利明:《物权法研究》(上卷),中国人民大学出版社2007年版,第219页。

③ 参见中央政法干部学校民法教研室编著:《中华人民共和国民法基本问题》,法律出版社1958年版,第130页;佟柔主编:《民法原理》,法律出版社1983年版,第130页。

④ 参见梁慧星主编:《中国物权法研究》(上),法律出版社1998年版,第106页。

求权人可以包括他物权人。[①]

从比较法上来看,德国法从"基于所有权而发生的请求权"的角度规范原物返还请求权,并称之为所有物返还请求权,之所以如此规定,是基于"绝对、自由所有权"之理念。根据《德国民法典》第903条的规定,只要不与法律或者第三人的权利相违背,物的所有权人可以任意处理该物并排除任何第三人的干涉。自自由所有权的"排除任何第三人干涉"的权能或效力,产生的所有物返还请求权,其为所有权排他性之具体化。[②] 另外,所有物权均为绝对权,具有排他性,但并非所有物权均能产生返还原物之效力,如不以占有为权利内容的抵押权、地役权[③],在事理上,并不存在侵占抵押权人"占有权能"问题,根据抵押权的物权追及效力,足以保障抵押权人之利益。有鉴于此,如果将所有物返还请求权一般化为"原物返还请求权",适用于所有物权的情况,在逻辑上有不周延之处。在立法技术上,德国法采取了"引致"方法,《德国民法典》第985条只规定了所有权人的物上返还请求权,但可以经由该法第1065条适用于用益权、经由该法第1227条适用于动产上的质权、经由《德国地上权条例》第11条第1款第1句适用于地上权。我国《澳门民法典》第1240条、新修订的我国台湾"民法"第767条,采取的也是德国法模式,并规定有准用规则。《俄罗斯联邦民法典》第305条第1句采取的则是列举加概括的方式:本法第301条至第304条规定的权利,属于虽然不是财产所有人,但依照终身继承占有权、经营权、业务管理权以及其他法律或合同规定的根据占有财产的人。其限定的请求权人必须是享有占有的财产权人。

根据上述,笔者认为,对于原物返还请求权应当予以限缩解释,其适用范围并非包括所有他物权,而是以占有为权能内容的他物权。所以,准确地讲,原物返还请求权调整的是所有权人,以及以占有为权能内容的他物权人与无权占有人之间关系的法律制度。

---

① 参见王利明:《物权法研究》(上卷),中国人民大学出版社2007年版,第219页。

② Jauernig/Jauernig, BGB, § 985, Rn. 1.

③ Baur/Stürner, Sachenrecht, § 11 Rn. 1.

### (二) 用益可能的标准

在土地上,存在着双重物权结构,首先是国家或者集体的所有权,其次是私人的土地承包经营权或者建设用地使用权以及宅基地使用权。有疑问的是,哪些权利人是原物返还请求权的权利主体?在担保性所有权、保留性所有权以及行纪人所有权等情况下,是信托人还是受托人、是保留所有权人还是期待权人、是委托人还是行纪人负有排除妨害之义务?

所有权在性质上是一种具有归属功能的权利,在其归属受到"妨害"的情况下,所有权人可以请求返还原物或者排除妨碍,原物返还请求权的规范目的就在于消除该妨害,也就是说,权利归属状态是判断所有权人是否享有原物返还请求权的标准。[①] 但在土地情况下,国家或集体所有权本质上并不是完全所有权,其含有的权能主要是部分处分以及排他权能[②],而用益主要归属于建设用地使用权人或土地承包经营权人。也就是说,权利并未完全归属于某一人,而是分割为两个人所有。在担保性所有权、保留性所有权以及行纪人所有权等情况下,担保性所有权、保留性所有权以及行纪人所有权中也含有处分以及排他权能,但物的用益则主要归属于担保提供人、买受人以及委托人,从原物返还请求权的规范功能来看,其主要目的在于排除"侵占"这种妨碍,而恢复原物所有权人的占有,从而保护其用益之权能。故在上述情况下,应舍弃"权利归属"的形式标准,而根据"物之用益可能"的实质标准,确定原物返还请求权人。在土地情况下,原物返还请求权人应是建设用地使用权人、土地承包经营权人或宅基地使用权人;在保留所有权情况下,原物返还请求权人应是买受人。[③]

地役权是一种用益物权,地役权人是否享有原物返还请求权,存有争议。在德国法上,役权人并不享有所有物返还请求权,因为役权人并没有占

---

① Lent/Schwab, Sachenrecht, 18 Aufl. 1981, S. 194.

② 参见王洪亮:《分割所有权》,载《华东政法学院学报》2006 年第 4 期,第 110 页以下。

③ Olzen, Die Bedeutung des "wirtshcaftlichen Eigentums" für die privatrechtliche Störerhaftung, Diss. Bochum 1975, S. 177 ff. 其在论述排除妨碍义务人时,也表达了同样的思想。

有供役地的权利。[①] 日本学者我妻荣也持有相同观点。[②] 但我国台湾地区"民法"明确规定了地役权人的所有物返还请求权,就其理由而言,有学者认为,地役权的行使直接及于供役地[③];也有学者认为,该规定适用于需役地被他人无权占有,而该占有人毁坏了供役地或获得了收益的情形。[④] 笔者认为,就所有物返还请求权的构成要件而言,第三人占有是重要的构成因素,如果地役权人并不享有占有供役地的权能,第三人的占有并没有"占据"地役权人的权利范围,也就没有产生所有物返还请求权的根据。所以,尽管役权人享有对物的用益,但由于其不享有占有,因此并不能享有原物返还请求权。

对于抵押权、质权、留置权等他物权,其本质是价值权,并无用益内容,自不能根据用益的可能性予以判断。

我国通说认为,抵押权人并不需要占有抵押物,因此不能享有原物返还请求权。[⑤] 德国学者也认为,抵押权人并不能行使所有物返还请求权,因为抵押权的行使并不以对物的占有为前提。[⑥] 但反对意见认为,在物被第三人侵夺的情况下,抵押物发生毁损、灭失以及被无权处分的可能性会增加,尤其在抵押人不能有效主张返还原物的情况下,抵押权的实现就受到了威胁,所以,应当赋予抵押权人返还原物请求权。[⑦] 对此,笔者认为,在抵押权情况下,占有并非是权利内容,很难认为抵押权人的权利被"侵占"了,抵押权人不应享有所有物返还请求权。

在我国,就质权而言,占有移转是其成立要件,所以通说认为,质权人应

---

① Baur/Stürner, Sachenrecht, § 11 Rn. 1.

② 参见〔日〕我妻荣:《日本物权法》,有泉亨补订、罗丽译,中国法制出版社 2008 年版,第 388 页下。

③ 参见梅仲协:《民法要义》,中国政法大学出版社 1998 年版,第 588 页。

④ 参见史尚宽:《物权法论》,中国政法大学出版社 2000 年版,第 241 页。

⑤ 参见黄松有主编、最高人民法院物权法研究小组编著:《中华人民共和国物权法条文理解与适用》,人民法院出版社 2007 年版,第 139 页。

⑥ Baur/Stürner, Sachenrecht, § 11 Rn. 1.

⑦ 参见王利明:《物权法研究》(上卷),中国人民大学出版社 2007 年版,第 221 页。

当享有所有物返还请求权[①]，同理，留置权人也应当享有所有物返还请求权。但在质权人或留置权人丧失占有后，便不再享有物之返还请求权。

综上所述，在国有或集体土地或者保留所有权的情况下，应根据用益可能性予以判断，而在其他情况下，判断他物权人是否享有所有物返还请求权，主要看其享有的他物权是否包含占有之权能，如果包含，其就享有所有物返还请求权，反之，就不享有所有物返还请求权。

### （三）相对物权的情况

在物权变动上，我国物权法还规定了公示生效主义的例外，即所谓公示对抗主义，即登记不具有设权效力，但不登记，权利人不得对抗善意第三人。在未登记前，受让人亦获得了物权，但该物权的效力仅限于当事人之间。具体来讲，根据《物权法》第 158 条关于地役权的规定、第 129 条关于土地承包经营权互换和流转的规定以及第 188 条、第 189 条动产抵押权的规定，在进行公示行为前，当事人之间存在一种不能对抗第三人的"相对物权"，即没有绝对性的"物权"。如果在没有登记前，这些权利不具有对抗善意第三人的效力，而有疑问的是，这些权利人（包括买受人）是否没有物上请求权，因为物上请求权是物权绝对性以及对抗第三人效力的体现，如不遵守此逻辑，又依据什么确定原物返还请求权的归属呢？

从比较法来看，法国法在物权变动上，也采对抗主义，即存在相对物权，但在德国学说上，已经承认了可以对抗任何人的绝对的对物支配权，物权可赋予物权人没有过错要件的追及请求权，即所有物返还请求权以及确认请求权。[②] 尽管如此，法国法上的物上请求权还只限于确定役权人与所有权人之间法律关系上的物上请求权（actio confessoria），而在其他情况下，只能根据基于占有的请求权寻求法律保护。

《奥地利民法典》颁布于 1812 年，虽然在民法典上有物权（dingliches Sachenrecht）概念，但并没有清晰地区分物权与债权，在第 353 条的所有权定义中，所有权的客体可以包含债权。在《奥地利民法典》中只确定了役权

① 参见史尚宽：《物权法论》，中国政法大学出版社 2000 年版，第 370 页。

② Ferid/Sonnenberger, Französisches Zivilrecht, Rn. 1 C 39, 3 C 405 ff., 3 E 34.

人与所有权人之间法律关系的物上请求权(actio confessoria),没有规定役权人或物权人针对任意第三人的物上请求权,役权人或物权人只能根据基于占有的请求权保护物权,但在《奥地利民法典》中,又没有他主占有的概念,所以针对第三人的妨害,只能借助权利占有(Rechtsbesitz)的概念保护承租人或者役权人。① 但通过后来的学说发展,《奥地利民法典》逐渐承认了物权法自治,物权被理解为支配权,从而承认了基于本权的物上请求权。②

在日本法上,并未规定有原物返还请求权,但规定有基于占有的返还请求权,但学说上主张承认比基于占有的返还请求权更为强大的原物返还请求权。③

综合来看,基于占有的返还请求权具有暂时性,并不具有终局性,而且要求现占有人以"禁止之私力"取得占有,并不足以保障所有权人或特定物权人的权利归属利益。故各国学说上均认为应承认原物返还请求权。

在出让人与受让人之间,通过让与合同,我们可以推定出让人会将所有权的全部权能让与相对人,相对人亦可对此产生信赖,故买受人应为原物返还请求权的权利人。在一物二卖的情况下,亦可通过当事人的意思以及哪一位买受人实际享有事实占有判断谁享有原物返还请求权。

在对外关系上,出让人还是受让人可以对抗第三人,仍需根据登记以及占有予以确认。日本学者即认为,在不动产情况下需登记,所有权人方对请求权相对人享有原物返还请求权;在动产情况下,需要交付,方可以对抗请求权相对人。但是对于侵权行为人,不需要具备上述对抗要件。自所有人处受让已被盗之物的受让人,虽然没有交付(此时根据的是指示交付而移

① Ehrenzweig, System des österreichischen allgemeinen Privatrechts, Band 1, 2. Hälfte, Das Sachenrecht, 2. Aufl. 1957, (I/2), S. 53 f.

② Koziol/Welser, Grundriss des bürgerlichen Rechts, Band 1: Allgemeiner Teil, Sachenrecht, Familienrecht, 11. Aufl. 2000, S. 208.

③ 参见〔日〕我妻荣:《新订物权法》,有泉亨补订、罗丽译,中国法制出版社 2008 年版,第 25 页。

转的)，但也可以对抗盗贼。[1]

## 四、可以对抗原物返还请求权的占有权利

如上所述，原物返还请求权相对人是否享有占有权利，并非构成要件问题，而是抗辩权问题。《物权法》第 34 条规定，“权利人”应向无权占有人请求返还。据此，一般认为，“权利人”不能向有权占有人请求返还原物。[2] 自请求权相对人抗辩权角度来看，可以将其转化表达为：当占有人享有占有的权利情况下，原物返还请求权即被排除。

那么，为什么不能向有权占有人请求返还原物呢？在历史上，存在所有权人可以向有权占有人返还原物的规则，如在罗马法上，所有权人不仅可以自由撤销无偿委托或者保管合同，而且可以基于其所有权随时取回出租之物，即使在租赁期间，承租人也无法阻止所有权人取回其物，但在所有权人恶意行为时，可以请求损害赔偿。[3] 所以，在罗马法上，债之权能不具有排除所有物返还请求权的效力，对此，在《德国民法典》颁布前一直争议很大，占有人对原物返还请求权人享有物权时，原物返还请求权得被排除，并无异议，只是在占有人对原物返还请求权人享有债权时，有不同意见认为，债权作为占有权利并不能排除原物返还请求权，如在租赁情况下，所有权人请求返还原物时，承租人必须返还原物，但所有权人需因违反合同承担损害赔偿责任。[4]

这里的核心问题是，为什么赋予纯粹的债之权能以排除所有权人返还请求权的效力？比如在租赁合同期间，所有权人无法行使所有物返还请求权，而只能进行合同之诉。

---

① 参见〔日〕我妻荣：《新订物权法》，有泉亨补订、罗丽译，中国法制出版社 2008 年版，第 271 页。

② 参见黄松有主编、最高人民法院物权法研究小组编著：《中华人民共和国物权法条文理解与适用》，人民法院出版社 2007 年版，第 140 页。

③ Kaser, Eigentum und Besitz im älteren römischen Recht, 2. Aufl. 1956, S. 29 Fn. 51; ders., Römisches Privatrecht, 16 Aufl. 1992, § 42 II 5, S. 203.

④ 德国民法典起草过程中出现的观点，但并未被起草人与立法者所采纳，Johow, Begruendung 947 f.

从利益衡量的角度来看,原物返还请求权建立在自由、绝对所有权基础上,在构成上高度抽象,规范目的上仅在于排除权利与事实占有之间的分离状态;而对于原物返还请求权,并非毫无限制,在与其他权利对立时,立法者在特定情况下,选择优先保护其他权利的政策,即他人的绝对的或者相对于所有权人有效的占有权构成对所有物返还请求权的限制。① 相对于原物返还请求权而言,有权占有的基础是一种特别的法律关系,即占有权利。只有在当事人之间不存在特别法律关系的情况下,才可以适用一般性的法律关系。②

## (一)占有权利

在占有人对原物返还请求权人享有权利,而据此权利,其可以对物进行占有的情况下,即排除原物返还请求权之适用。占有权利可以是自己占有,也可以是从他人处继受来(比如占有人从间接占有人处取得占有权)的占有。

1. 自己占有权利

首先,占有权利可以产生于限制物权,比如土地承包经营权、建设用地使用权、宅基地使用权、动产质权、留置权等;其次,占有权利可以产生于某些债权合同,即相对占有权,主要产生于所有权人将物之用益在一段时间内交给相对方的合同关系中,比如租赁、用益租赁、借用、保管、以物的使用为出资的。但一般在以实物出资的情况下,该物归合伙人共同所有,出资人并无相对占有权。基于借贷以及无偿保管也不能产生相对占有权,因为这里的占有人获得了所有权,不再需要根据占有权利进行抗辩。

在买卖合同情况下,如果出卖人已经将物交付给买受人,但在还没有让与所有权或者附延迟条件的让与所有权的情况下,买受人也享有一种相对占有权。在买受人迟延付款、破产或者违反合同约定处理该物的情况下,该占有权并不消灭;但在出卖人因此而解除合同的情况下,该占有权消灭。③

① MünchKomm/Medicus, § 986 Rn. 1.

② Wieling, Sachenrecht, § 12 I 3 a, S. 541.

③ MünchKomm/Medicus, § 986 Rn. 14.

应注意的是，在所有权保留的情况下，只有在保留卖主解除合同后，保留买主的占有权才消灭。如果在所有权保留买卖中特别规定：在迟延支付价金的情况下，保留卖主可以单方取回保留标的物，则保留买主的占有权自迟延发生时消灭。

对于同时履行抗辩权，并不能成为占有的权利基础，因为该规则不可以适用于原物返还请求权，而且也没有必要适用该规则。在移转物的合同（如买卖）情况下，只要合同存在，就没有产生所有物返还请求权的余地。在暂时以使用为目的的合同中（如租赁、借用），虽然可能同时存在所有物返还请求权以及债权请求权，但通常不存在双务合同关系，即不存在与返还请求权相对的给付。①

如甲将一不动产出卖给乙，并办理移转登记，但尚未移转占有，乙可否对甲主张所有物返还请求权？有观点认为，出卖人并非无权占有，此时，如果价款未交清，甲可以暂不交物，以为对抗。② 另有学者认为，根据我国台湾地区“民法”第 373 条的规定，在交付前，标的物之利益及危险尚在出卖人处，买受人尚无收益权，故出卖人并非无权占有③，可以对抗买受人。

甲将土地出卖给乙，已转移占有但未登记，乙的移转登记请求权经过诉讼时效，甲之继承人丙、丁得否请求其返还原物。此时乙为有权占有，丙、丁不得请求返还土地，时效完成后，债务人仅得拒绝给付，甲、乙之间买卖关系依然存在，基于公平法则，丙、丁亦不得请求返还土地。④

占有权还可以基于法律规定而产生，比如无因管理、配偶对于属于另一方所有的家庭设施上享有占有权利，共同财产管理人的占有权，属于这类的还有破产管理人的占有权、公法上的没收人的占有权等。

---

① Sosnitza, Besitz und Besitzschutz, 2003, S. 113.

② 参见王泽鉴：《基于债之关系占有权的相对性及物权化》，载《民法学说与判例研究》（第 7 卷），北京大学出版社 2009 年版，第 41 页。

③ 参见李太正：《物上请求权与物权请求权名称之辨正》，载苏永钦主编：《民法物权争议问题研究》，清华大学出版社 2004 年版，第 39 页以下。

④ 参见王泽鉴：《基于债之关系占有权的相对性及物权化》，载《民法学说与判例研究》（第 7 卷），北京大学出版社 2009 年版，第 42 页。

2. 权利移转情况下的占有权利

如果作为占有权利的物权被让与，权利的继受人仍然享有该抗辩权。如果所有权人通过让与返还请求权的方式移转其所有权，享有占有物权者亦可针对所有权人的权利继受人主张无须主张的抗辩，该物权针对任何第三人均有其效力。第三人不得善意取得无负担的所有权。[①]

如果让与债权性占有权利，权利继受人享有抗辩权；但如果所有权人让与其所有权时，债权性占有权利人不得对抗之。[②]

但在租赁情况下则比较特殊，根据买卖不破租赁原则，权利继受人此时加入了租赁关系(《合同法》第 229 条)。在其他情况下，比如在不动产买卖合同情况下，出卖人移转了占有，但没有登记，此时，出卖人将不动产让与第三人，买受人是否可以其买卖合同的存在，对第三人主张有权占有呢？基于债的相对性，对此应作否定回答，从利益衡量上，享有占有的买受人的权利要弱于承租人的权利。固然基于对承租人居住利益的保护，可以通过买卖不破租赁这一特殊规则进行，但对于其他相对占有权人是否一概不加以保护，而不赋予相对权利占有人以抗辩权呢？

在比较法上，根据《德国民法典》第 986 条第 2 款的规定，享有相对占有权(relatives Besitzrecht)(比如基于合同)的占有人，相对于物的取得人，享有特别的保护。在物是通过让与返还请求权的方式进行让与的情况下(《德国民法典》第 931 条)，物的直接占有人可以其对“被让与的返还请求权”的抗辩权对抗新的所有权人。比如建筑企业 A 将其出租的建筑吊车按照《德国民法典》第 931 条规定的方式让给银行，用作担保，即将基于第 546 条第 1 款的租赁法上的返还请求权让给了银行，此时，只要租赁关系没有结束，承租人就有对抗银行的抗辩权。[③] 由此，债权性的占有具有了物权的效力。[④]

---

① Wieling, Sachenrecht, § 12 I 3 a aa, S. 543.

② Wieling, Sachenrecht, § 12 I 3 a aa, S. 544.

③ 该结构类似于债权让与情况下，抗辩权随主债权移转规则(《德国民法典》第 404 条)；在不动产情况下，与第 986 条第 2 款功能类似的还有“买卖不破租赁”规则等。

④ Wieling, Sachenrecht, § 12 I 3 a aa, S. 544.

《德国民法典》第936条第3款①对该条进行了补充,对于被出让之物,如果第三人在占有上比取得人更接近,其权利应该受到保护;该保护规则之规范目的在于保护让与担保提供人以及保留买主的利益(在让与担保权人以及保留卖主已经让与所有权的情况下),在这里,虽然抗辩权在所有权移转时尚未产生,但其法律原因已经产生了(在不动产情况下,占有是否可以产生如此效力,即占有与登记分离的情况下,不可以)。

《德国民法典》第986条第2款可以扩展适用于占有改定以及短手交付的情况,但不能扩展适用于不动产的情况,因为在不动产情况下,占有对于所有权取得不具有意义,而且也没有《德国民法典》第936条第3款规则(善意取得的法律效果)适用之余地。

3. 占有人从第三人处继受占有权

在占有人从第三人处继受占有权的情况下,该占有权也具有排除原物返还请求权的效力,但必须满足三个条件:其一,占有人与第三人之间的法律关系是有效的;其二,相对于所有权人,第三人有权占有;其三,占有人有权移转占有,概括来讲,在占有人与所有权人之间要存在一个"没有漏洞的占有权桥梁"②,此即所谓的占有链条规则。其典型适例为经过允许的转租。比如,在V将E的所有物出租给M时,单单通过M与V之间由此产生的占有权还不能阻止作为所有权人的第三人(E)请求所有物返还。与此不同的是,V自己也是从所有权人E处租赁来的,并有权进行转租赁:即在M与E之间存在两段占有权桥梁(Besitzrechtsbrücke),即M-V、V-E。也就是说,只有在两段都"完好无损"且V有权转租的情况下,M才受保护。

为什么要对继受取得占有人进行保护,在立法理由上有两方面的原因:其一,在占有权利人有权将物交给他人(如转租)的情况下,此时的占有状况也是一种为原物返还请求权所妨害的法律情形,所以应该排除原物返还请求权。其二,继受占有人基于占有权之链条而对所有权人享有占有权

---

① 在《德国民法典》第931条(返还请求权之让与)的情况下,如果作为占有人的第三人享有权利,相对于善意取得人该权利并不消灭。

② Schreiber, Jura 1992, S. 359. MünchKomm/Medicus, § 986 Rn. 4.

利。[①] 继受占有人并不能以其占有权利对抗任意第三人，而只是可以对抗其占有权来源的那一方当事人。

在该规则上，要求存在一个进行间接占有的中间人，所以，直接占有人必须为该中间人以及所有权人进行占有媒介；但此规则存有例外，比如在链条买卖中，甲将物出卖给乙，乙再出卖给丙，而在甲请求所有物返还时，尽管这里没有占有媒介人，丙还是可以根据该规则对抗甲，因为在这些情况下，占有状态是符合实体权利的。[②] 有学者还从占有链条理论入手予以解释，认为乙对甲有权占有，丙对乙有权占有，且乙作为买受人，得将其占有移转给第三人，符合占有链条之规则，故丙可以对抗甲。[③]

甲将一块不动产卖给乙，已办理不动产过户登记，但尚未移转占有，如果甲再将该不动产出卖予丙并交付时，乙可否对丙主张所有物返还请求权。此时，乙已经是所有权人，根据占有链条理论，乙可以请求其返还。

甲将不动产出卖给乙，已转移占有但未登记，后又将该不动产出卖给丙，并办理了过户登记，丙可否对乙主张原物返还请求权？可以，因为乙对于甲虽然是有权占有，但对于丙而言，则为无权占有，缺乏占有之链条。

在不动产买卖情况下，在不动产让与合意已经达成但尚未进行登记时，买受人一般有权继续出让，第三买受人与所有权人没有法律关系，也没有为第一买受人媒介间接占有，但此时，符合占有链条之规则，故所有权人对第三买受人不可以主张所有物返还请求权。

变化上述转租的例子，假设在 E 与 V 的租赁合同结束的情况下，占有人对所有权人的占有权利消灭，E 也可以向 M 请求所有物返还（而且除此之外还有基于租赁合同法的返还请求权）。如果只有 V 与 M 之间的租赁合同结束了，占有人的占有权利也即消灭，V 只能享有债法上的返还请求权。

---

① Wieling, Sachenrecht, § 12 I 3 a bb, S. 545.

② Erman/Hefermehl, § 986, Rn. 4; Palandt/Bassenge, Rn. 8; MünchKomm/Medicus, § 986 Rn. 18.

③ 参见王泽鉴：《基于债之关系占有权的相对性及物权化》，载《民法学说与判例研究》（第 7 卷），北京大学出版社 2009 年版，第 46 页。

4. 间接占有的情况

在中间人相对于所有权人有权占有，但无权将物交给第三人，即使在物转交（如转租）给第三人的情况下，第三人相对于所有权人也无占有权利。也就是说，在间接占有人无权而将占有让与给他人的，所有权人可以要求直接占有人将物返还给间接占有人，在间接占有人不能或者不愿意接受占有的情况下，所有权人可以要求直接占有人向自己返还。

如果 V 没有转租的权利，M 相对于 V 而言是有权占有，而相对于 E 则为无权占有，根据该规则，E 可以主张所有物返还请求权，但通常只可以向 M 请求将物返还给 V；只有在 V 不愿意接受租赁物的时候，才可以请求将租赁物返还给自己。①

5. 举证责任

原物返还请求权相对人要对其抗辩的存在举证，但只要证明有占有权利即可，比如租赁。就占有权利的丧失等，则需要请求权人举证。如果被请求人主张自己是以所有权人身份占有的，此时并不是在进行抗辩，而是在争议所有权的归属，此时法律推定自主占有人为所有权人。

## （二）抗辩权的效力及性质

值得思考的是，占有权利具有排除原物返还请求权的效力，还是仅具有赋予有权占有人以拒绝返还的效力呢？也就是说，占有权利是需主张的抗辩权（Einrede），还是无须主张的抗辩权（Einwendung）？该争议的实质是债权与物权的划分问题。

根据《德国民法典》第 986 条的文义，在占有人享有占有权利的时候，占有人可以拒绝返还。虽然这看起来似乎是需主张的抗辩（“可以拒绝”），但从体系上看，《德国民法典》第 985 条与第 1004 条同属于物上请求权，在第 1004 条明文规定是无须主张的抗辩，所以，与其在功能上一致的第 985 条应该也是无须主张的抗辩权。从目的解释上看，如果在被告缺席的情况下，即使在原告陈述中已经表明了被告有占有权，还是判决被告负有返还义

① Medicus, Grundwissen des BGB, Rn. 295.

务,是不公正的。[①] 所以,德国通说认为,第 986 条中的“可以拒绝”的意思是请求权的排除(Anspruchsausschluss):诉讼被立即驳回(在缺席判决情况下也是如此,《德国民事诉讼法》第 331 条)。[②] 该争议的实践意义主要是在缺席审判程序中。如果认为是需主张的抗辩,在被告没有出庭的情况下,法官可以不考虑该抗辩权的存在,而判被告败诉。如果认为是无须主张的抗辩,法院则应依职权主动驳回起诉。[③] 在实体法上,即使当事人没有主张自己的占有权,该占有权也排除了所有物返还请求权。

尽管德国通说认为占有权利为无须主张抗辩权,但对于债权性占有权利具有排除所有物返还请求权的效力,以及在某些债权经过诉讼时效时,仍然可以作为占有之权利进行抗辩,有不同的解释。

Scherk 认为,所有权人向非所有权人移转占有时,丧失了其占有权利,债权性占有权利之法律地位被加强,在这里,他并没有严格区分债权行为与物权行为。[④] Raape 则认为,在占有移转上有一个处分行为,将占有移转与债权性占有允诺分离开[⑤],其观点与《德国民法典》第 185 条的思想是一致的,严格区分了债权行为与物权行为,但将事实行为的占有移转拟制为法律行为,是该学说的缺点。

赖泽尔开创了所谓的相对支配权学说(Relatives Herrschaftsrecht),他认为占有之权利为相对支配权,但赖泽尔并未从加强占有的权利地位出发,而是从所有权内容出发,将占有的权利包括其中,但这样一来,所有权就不仅仅是抽象与绝对的所有权了,这一观点也模糊了所有权与他物权以及债权

---

① MünchKomm/Medicus, § 986 Rn. 26.

② Medicus, Grundwissen des BGB, Rn. 293.

③ Baur/Stürner, a. a. O., §11, Rn. 26.

④ Scherk, Die Einrede aus dem Recht zum Besitz gegenueber dem Eigentumsanspruch auf Herausgabe der Sache ( § 986 I BGB) JherJb 67 (1917), 301 ff., zitiert aus Sosnitza, Besitz und Besitzschutz, 2003, S. 85.

⑤ Raape, Gebrauchs- und Beseitzüberlassung, JherJb 71 (1922), 97 ff., zitiert aus Sosnitza, Besitz und Besitzschutz, 2003, S. 86.

之间的界限。[1] 按照赖泽尔的学说，在所有权人将物交给承租人的时候，不仅确立了一个债的关系，而且改变了所有权人的法律地位。拉伦茨称其为权利的物权化(Dinglichkeit)，即赋予权利人对物以任何一种方式进行作用的权能，在这里，拉伦茨对物权的理解比较广泛，与一般认为物权是对抗任何人的支配权的观点不同。在拉伦茨的概念下，债权性占有权利在其存续期间可以排除所有权人的返还请求权，就是物权化。[2]

Diederichsen 接受了拉伦茨的观点，但认为基于债权关系不能产生物权效果，在物上有一个含有占有权能的支配权，与对所有权人的创设占有权的请求权相对，按照他的理解，占有之权利是与债权合同相对立的独立的主观权利，不是债权排除了所有物返还请求权，而是该对物的支配权排除了所有物返还请求权。他将债权性占有之权利构造为限制物权，该占有权利是从完全权利中分离出来的，并独立化了，但其又不同于限制物权，因为其没有绝对性，只能对抗所有权人，所以是介于债权与物权间的中间状态，即没有绝对保护的物权，更准确地讲，是一种相对的对物支配权。基于这种构造，Diederichsen 认为，该权利变动也需要基于处分而发生，而该处分不存在于交付标的物上，而存在于债权合同中。[3]

对于上述诸多解释，对德国法上既有的物权债权分离结构都有所触及，无论如何解释，无须主张抗辩权学说(Einwendungslehre)都有些背离债权要素与物权要素分离原则。[4]

基于上述学说的逻辑缺陷，有学者认为，债权性的占有之权利的根据在于：对所有权人权能一部分行使之权利的请求权，所以，债权性的占有权利是债权性负担行为的一部分，其范围与内容取决于该负担行为。所有权人

---

① L. Raiser, Eigentumsanspruch und Recht zum Besitz, in FS M. Wolff, 1952 S. 123 ff. zitiert aus Sosnitza, Besitz und Besitzschutz, 2003, S. 88.

② Larenz, Methodenlehre, 1991, S. 352, zitiert aus Sosnitza, Besitz und Besitzschutz, 2003, S. 90.

③ Diederichsen, Das Recht zum Beseitz aus Schuldverhaeltnissen, 1965 S. 91 ff., zitiert aus Sosnitza, Besitz und Besitzschutz, 2003, S. 91 ff.

④ Brehm/Berger, Sachenrecht, § 7 Rn. 58.

不得自有权占有人处取回该物的原因在于不得违反信赖。[1] 该学说坚持了债权与物权的基础性区分，并且没有将债权性占有权能的授予拟制地认定为所谓的相对性处分行为，在逻辑上具有合理性，应予支持。

### 五、结论

原物返还请求权的规范基础在于《物权法》第 34 条，其与《侵权责任法》上的返还财产与恢复原状，在内容上存在重大不同，各自有独立的规范领域。

原物返还请求权在构成上具有高度的抽象性，仅以权利与占有这一事实的分离为要件，具体考察所有权或物权与占有分属于不同主体。在适用范围上，通过占有以及用益等标准，可以确定，原物返还请求权仅适用于含有占有权能的物权；在土地权利结构二元的情况下，亦从用益归属因素判定原物返还请求权归属于土地承包经营权人、建设用地使用权人以及宅基地使用权人；而在相对性物权的情况下，亦从当事人意思、占有等多种因素确定原物返还请求权的归属。

占有权利存在与否，本身并非原物返还请求权的构成要件，而是抗辩权，在性质上属于无须主张的抗辩，具有排除原物返还请求权的效力，自己占有人以及继受占有人均可以基于物权、债权等占有权利对抗原物返还请求权人，在所有权等物权移转的情况下，亦承认债权性占有权利的抗辩效力。在整体上，赋予了债权性占有权利物权效力，其原因在于有权占有人对于占有状况的信赖。

## 第二节　原物返还请求权的功能与效力

### 一、原物返还请求权的制度功能

原物返还请求权的构成十分抽象，独具特色。而在如此抽象的构成下，

---

① Olaf Sosnitza, Besitz und Besitzschutz, 2003, S. 103.

原物返还请求权的制度功能何在,具有哪些特点呢?

### (一) 绝对所有权的保护

要分析原物返还请求权的制度功能,首先要从其制度原形所有物返还请求权入手。从所有物返还请求权的构成要件,即所有权与占有的分离状态,就可以判断出,原物返还请求权的目的在于恢复所有权的圆满状态,其制度目标在于保护所有权。而这里的所有权是一种自由、绝对的所有权。

在古典罗马法时期,才出现了绝对、自由的所有权,其特点是完全性(Totalität)与排他性(Ausschließlichkeit)。[①] 对于自由、绝对所有权的理念,《德国民法典》第903条给予了经典表述,即所有权人可以任意处置其物,并排除他人的一切干涉。我国《民法通则》第71条虽然未对所有权作如此全面、概括的表述,但中国法上的所有权亦具有绝对所有权的一切特征,所有权人依法对自己的财产享有占有、使用、收益和处分的权利。

私法具有权利分配秩序(Rechtszuweisungsordnung)的任务,在所有权或物权等主观权利上,私法将占有、用益以及处分的权能分配给所有权人与物权人。第三人侵占会导致权利与占有的分离,即分属于两个主体,在此情况下,受到妨害的不仅是占有权能,更是妨害了法律分配给物权人的用益以及使用之自由[②],但处分之权能并未受到妨害。也就是说,在第三人侵占的情况下,占有与权利处于分离状态,实质上构成对法律上权属分配的违反。原物返还请求权的规范目的,即在于排除此客观违法状态,恢复所有权应有之权利归属状态。

一方面,所有物返还请求权与防御请求权是所有权绝对性、自由性的具体体现;另一方面,所有物返还请求权与防御请求权又是自由所有权的保障措施,通过这两个请求权,对抗他人有形地侵占物以及对物实体的妨害。如果没有物上请求权,所有权就空虚了,这些请求权支持了所有权等物权成为绝对性权利、任何人都得尊重的权利。

---

① Jörs/Kunkel/Wenger, Römisches Recht, 3. Aufl., 1949, S. 121; Kaser, Das römisches Privatrecht I, 2. Aufl. (1971), S. 119 f., m. w. N.

② Picker, a. a. O., S. 699.

既有的债法上的侵权责任规则、不当得利规则固然具有保护所有权或物权的功能,但尚不充分,仍需要在构成上绝对抽象的原物请求权予以保护。可以说,如果没有原物返还请求权展开的对所有权人无过错的、独立于行为的防御权能,所有权或物权常常会被侵占,而法律对侵占人不予制裁,最终会导致归属于所有权人的主观权利地位的所有权在理论上与实践上都毫无价值。也就是说,如果没有原物返还请求权这种保护制度,即抽象的、无条件的针对妨碍第三人保障所有权人自由的制度,在结果上,主观权利或多或少就会成为一纸空文。如果允许"无过错"的占有人在事实上篡越权利地位,则私法就是放弃了在法律上分配给所有权人的权利地位。[1]

在规范目的上,原物返还请求权是物权的直接实现,直接保护或者维持物权的存续。而侵权法上的请求权并不在于绝对权的恢复,其目标在于损害赔偿。

### (二)制度功能的有限性

如上所述,所有物返还请求权起源于对物誓金之诉。而且从字面含义来看,vindicatio(所有物返还之诉)即为对物之诉(action in rem)之意,是对物本身的干预。[2] 其目的是将所有权人"引向"到物或将物"拉到"有权之人。因此占有人无须积极作为,只要不妨碍"拉到"即可。如果请求权相对人妨害该"拉到",他应承担一种"被排除"的责任。[3] 所以,在结果上,所有物返还请求权也会涉及占有人,但这种"涉及"是有限度的,即在阻止自力救济行为的必要范围内,通过国家组织的物之追索将占有人排除在法律保护客体之外。[4] 所以,所有物返还请求权的规范目的也就仅限于在占有人处"清除"所有权上权利归属的障碍,并无在所有权人处出现"给付效果"的功能。总而言之,所有物返还请求权保护权利归属的功能是基础性的,也是有限的。

---

① Picker, a. a. O. , S. 701.

② Kaser, das römische Privatrecht, I, 1971, § 32 V 2, S. 127.

③ Picker, a. a. O. , S. 695 f.

④ Picker, S. 695-696.

原物返还请求权保护权利归属的功能是有限的，还可以在与债法上的损害赔偿请求权的对比中得到印证。在债法上的损害赔偿请求权的事实构成上，需要主观归责事由，但并不考虑权益归属与实际是否继续存在分离；而对于原物返还请求权的事实构成，并不需要主观归责事由，仅考虑权利与占有的分离。在法律效果上，债法上的损害赔偿请求权以损害为构成要件，其目标是将受害人的损害转嫁给行为人；而原物返还请求权关注的并非损害，而是占有是否因违反现有法律秩序而转移了，即在所有权人处被抽走的事实支配力是否在占有人手上，如果是，即排除该权利与现实的矛盾，并不需要对所有权人进行赔偿，其目的仅在于排除那些在法律上不应占据事实地位的人的利益。[①]

原物返还请求权保护功能的有限性还体现在程序法上，自罗马法以来，追索者即不能通过对人的干预而强制其带着物出席法庭，并参与诉讼。[②]也就是说，不能强迫占有人诉讼。在原物返还请求权制度上，存在一个特殊规则，即允许占有人放弃占有，以此摆脱诉讼风险。如果占有人放弃占有，则作为唯一请求权构成基础的权利篡越之情形在相对人之处就不再存在了。无论所有权人是否能得回其占有，原物返还请求权都无其存在之基础，因为法律上与事实上利益分配的矛盾已经不存在了。[③]

但是，值得注意的是，虽然原物返还请求权的功能是有限的，但并不是说，不允许请求权人根据其他请求权基础对发生的损害、用益进行救济。我国《物权法》在“占有”一编规定了“占有恢复关系”，也即德国法上的“所有人占有人关系”，虽然其规范基础大大不同于原物返还请求权的构成基础，但其与原物返还请求权构成一个规范群，只有在（曾经）构成原物返还请求权的情况下，才可以适用占有恢复关系。在占有人抛弃占有的情况下，如果造成了所有权人的损害，恶意占有人应当承担损害赔偿责任（《物权法》第242条）。对于原物灭失或者被无权处分的情况下，我国《物权法》还规定有

---

① Picker, a. a. O., S. 702 f.

② Kaser, das römische Privatrecht, I, 1971, § 32 V 2, S. 128.

③ Picker, a. a. O., S. 704.

替代物规则(《物权法》第 244 条)。相对于侵权行为法、不当得利法等规范,占有恢复关系规范群是特别法规范,具有优先适用的地位。

## 二、"返还"内容之界定

根据《物权法》第 34 条的规定,原物返还请求权的"返还",仅指向物,并不指向孳息、用益或损害赔偿。[①] 有学者认为,在这里,返还的含义为:移转物上占有,这是返还的最窄的含义。[②] 但有疑问的是,请求权相对人负有返还占有之义务,还是仅承担容忍物权人将物取走之义务?

### (一) 返还义务抑或容忍义务

1. 给付义务说

根据《物权法》第 34 条之规定,权利人可以请求返还原物,如此能否推知占有人应当负有返还义务呢?从立法理由上来看,立法者参引的法条为《民法通则》第 117 条以及第 134 条第 1 款。[③]《民法通则》第 117 条规范的是侵权的民事责任,而第 134 条第 1 款综合规定了各种责任方式,并未明确区分物上请求权与债法上请求权。由此可以推知,立法者并没有明确区分物上请求权情况下的返还义务与侵权法上的返还责任。而根据最高人民法院对《物权法》第 34 条的理解,"物权占有人在本权人请求返还原物时,有返还的义务,并以原物本来的状态予以返还为原则"[④],在这里也没有区分开所有物返还请求权与侵权法上的返还义务。王利明教授认为,返还的效果,应当返还到侵害行为发生之前的状况[⑤],由无权占有人将其对标的物的占有移转给物权人,必须将物转移至权利人的控制范围内,才算履行完毕返

---

① 《物权法》第 243 条返还的对象包括原物及其孳息,在立法体例上类似德国普通法时期的做法,Staudinger/Gursky, § 985, Rn. 58.

② Medicus, Ansprüche auf Herausgabe, JuS, 1985 664. 参见崔建远:《关于恢复原状、返还财产的辨析》,载《当代法学》2005 年第 1 期,第 71 页以下。

③ 全国人大常委会法制工作委员会民法室编:《中华人民共和国物权法条文说明、立法理由及相关规定》,北京大学出版社 2007 年版,第 49 页。

④ 黄松有主编、最高人民法院物权法研究小组编著:《中华人民共和国物权法条文理解与适用》,人民法院出版社 2007 年版,第 138 页。

⑤ 参见王利明:《物权法研究》(上卷),中国人民大学出版社 2007 年版,第 223 页。

还义务。在特殊情况下,经权利人同意,可以由无权占有人继续占有原物,以替代占有移转。[①] 整体而言,我国通说认为,无权占有人承担的返还义务是一种给付义务。

笔者认为,上述给付义务说并不合理。原物返还请求权责任的构成前提是侵占(Besitzentziehung)这一妨害事实构成。而且,原物返还请求权只针对物,并不具有任何"人的要素",仅限于排除法律上与事实上支配力的不一致。德国民法典草案第一委员会即认为:因第三人出现在中间,而导致事实状态与权利上存在的对物支配不再一致时,对物请求权才会存在并可行使。[②] 在规则目的上,原物返还请求权所追求的并非"给予(Zuwendung)形式"的被告对原告的给付。因为其基础只是与物的关系,而非对特定他人的关系,故指向的并非是将来的合法事实状态的恢复。[③] 德国物权法草案的起草人约豪也认为,要摆脱对物请求权,无须积极给付,只要不再侵占(保留不还)所有权人之物即可,也即占有人不介于物的主人与其物之间即可。[④]

综合而言,所有物返还请求权之目的只在于消除所有权与占有之间的分歧,其权利内容是受限制的,只要排除当事人之间法律上与事实上权利不一致的情况即可,也就是说,将占有人/妨害人排除在所有权人与其所有物之外即可,并不需要占有人的积极履行。[⑤]

反过来讲,将原物返还义务定位于"给付义务",也会混淆所有物返还请求权与债法上返还请求权之间的界线。

在事理上,要产生给付请求权,需存在原因或者过错因素,而所有权或

---

① 参见王利明:《物权法研究》(上卷),中国人民大学出版社 2007 年版,第 223、227 页;黄松有主编、最高人民法院物权法研究小组编著:《中华人民共和国物权法条文理解与适用》,人民法院出版社 2007 年版,第 139 页。

② Motive, Bd. III, S. 97.

③ Motive, Bd. III, S. 393.

④ Der von Johow vorgelegte Teilentwurf Sachenrehct, 1876-1879, s. Schubert (Hrsg.), Die Vorentwuerfe der Redaktoren zum BGB, Sachenrecht, Tel I, 1982, S. 1019.

⑤ Picker, Der "dingliche" Anspruch, in Im Dienste der Gerechtigkeit, FS für Bydlinski, 2002, S. 287.

物权本身不能产生任何针对占有人的给付请求权。客观妨害的事实构成，本质为不取决于原因的、事实的权利与利益归属的变动，并不具有可归责性，因此不会导致义务人的赔偿责任（Wiedergutmachungshaftung）。

在不以占有人过错为构成要件的原物返还请求权情况下，要求占有人承担给付义务，在利益上有失平衡，尤其在无权占有人并无主观过错的情况下，让其承担过错基础上的损害赔偿责任，实有不公。

2. 容忍义务说

鉴于给付义务说的重大瑕疵，不同意见认为，原物返还之责任本质上主要是一种不作为的、容忍他人行使绝对权利的义务。[①] 占有人应承担类似于《德国民法典》第 867 条以及第 1005 条所谓的展示义务（Exhibitionspflicht）[②]，如同占有物脱离管领而进入他人占有土地内，土地占有人容忍该物占有人进入其土地、寻找取回的情况。此种观点并不符合所有物返还请求权之规范目的。

3. 修正的返还义务说

修正意见者认为，请求权相对人承担的义务要"大于"容忍义务，除了容忍以外，尚需为一定的积极行为。[③]

就个人主观权利保护目标来看，原物返还请求权之目标在于结束所有权人权能的事实篡越；但从超越个人的客观关键点来看，权利之追索不能破坏法律和平。具体而言，一方面，要保障占有人不能因为原物返还请求权而成为财产牺牲者；另一方面，还要阻止所有权人自力救济，以禁止其私力取回所有权。[④]

基于上述目标，原物返还义务并不是往复、送交或者其他置办义务，而是不作为或者容忍之义务；但同时，并不意味着占有人消极即可实现该目

---

① von Tuhr, Der allgemeine Teil des dt. Buergerlichen Rechts, Bd. I, 1912, S.

② Staudinger/Gursky, § 985, Rn. 56; Wolff/Raiser, Sachenrecht, 10. Bearb. 1957, § 84 III 1, S. 321, Fn. 8. H. Westermann, Sachenrecht, 5. Aufl. 1966, § 30 III 1, S. 133; Wieling, Sachenrecht, Bd. I, S. 521.

③ Staudinger/Gursky, § 985, Rn. 59.

④ Picker, Der vindikatorische Herausgabeanspruch, S. 708.

的,其应承担一定的协助义务。为什么要让占有人承担一定的协助义务呢?如上所述,其原因在于维护法律和平之需要。如果占有人不承担协助义务,所有权人会自己从占有人处取回该物,在结果上,必然会进行自力救济、行使私力。所有权人甚至会在债务人领域使用私力或者侵入相对人的私人领域。比如甲是某本书的所有权人,后该书为乙无权占有,并纳入乙的私人图书馆,在甲基于原物返还请求权请求返还时,如乙不负有协助义务,则甲必然要进入乙的房屋甚或私人空间,自己寻找、取回,由此必会有侵害请求权相对人私人空间之虞。另外,如果允许所有权人自力救济,所有权人就会最大限度地追求自己的利益,而不顾及占有人之利益,由此又会导致新的争议。[①] 所以,基于保障法律和平之需要,请求权相对人应承担协助义务(Mitwirkungspflicht)。协助义务的本质并不是占有人之权利的加强,而是一种减弱,占有人要承担法律赋予他的、为保护其相对人利益的照顾义务。

根据返还义务的协助义务之性质,返还之含义应为交出(Abgabe, Auskehrung)请求权相对人所拥有的占有之意,其内容为:将物从自己的支配领域分离、排除来实现返还,是与债法给付义务相对的、特别限制的单纯协助义务。在这里,请求权相对人具体要进行哪些协助行为,要具体情况具体分析。通常来讲,请求权相对人负有在自己支配范围内将物找出来、使所有权人可能接触到物并容忍其取走的义务;为避免权利人自力救济并因而避免引发争议,占有人作为其领域的主人,应自己将物带到其权利范围之边界;在物与其他物附合的情况下,占有人还负有将其分离的义务。[②]

---

① Picker, Der vindikatorische Herausgabeanspruch, S. 708 f.

② Staudinger/Gursky, §985, Rn. 61. 如果与其他物附合,并作为其非重要成分,亦可成为原物返还请求权的标的,但在租赁情况下,德国法上赋予承租人取回权(Wegnahmerecht),出租人负有容忍其取回的义务,但承租人承担取回的费用,此时并无适用原物返还请求权之余地;如果承租人自己导致自己之物成为他人之物的非重要成分,亦需以自己费用分离并取回之,否则无权占有人可能通过成分的共同返还,而将分离费用转嫁给主物的所有权人;但如果相反,附合是因为主物所有权人或第三人造成的,则可以就非重要成分主张原物返还请求权。在其他领域,只要物的成分具有"被占有能力",原物返还请求权人即负有分离义务,因为分离是占有移转的必要条件。参见 Staudinger/Gursky, §985, Rn. 88.

在不动产、住宅等情况下，人们习惯以“腾房”或腾空（Räumung）[①]这一术语取代返还，但二者的含义并不相同。如在租赁情况下，腾空包括将家具等设施搬走等内容，某些情况下还要复原房屋的变动；而返还只是交出的含义，即将物以其现有的状态返还到其现在所处的位置，承租人对于其携入租赁房屋中的物，并不负有搬走的义务，只要放弃这些物的占有即可，当然，债务人必须积极设法使债权人获得物的直接占有。[②] 所以，腾空的请求权基础在于合同法的规定以及排除妨害请求权，并非原物返还请求权。

如果承租人在他人土地上建筑，土地物权人亦不能基于原物返还请求权请求拆除、搬走该建筑，只能依据租赁合同法上的请求权或者排除妨碍请求权，将建筑物从土地中“清除”出去；承租人搬出时落下某物时，出租人（所有权人）亦不得请求其“清除”，也只能根据租赁合同法上的请求权或者排除妨碍请求权请求其搬走。[③]

如果是单独、直接占有人，由其决定是直接交付还是通过合意交付交出直接单独占有。如果占有人相对于所有权人仅享有共同占有的权利，但却单独占有该物，就应将共同占有“交出”，使所有权人获得共同占有。[④]

在请求权相对人是间接占有人的情况下，所有权人亦可以向其请求返还。但有疑问的是，请求返还的是什么？在原理上，所有权人既可以向间接占有人请求让与其对直接占有人的返还请求权，也即向其移转间接占有；也可以直接要求返还原物。如果主张前者观点[⑤]，在被告在判决后获得直接占有的情况下，请求返还间接占有的所有权人不能对其强制执行，因为此时缺乏执行“返还直接占有”的名义，此时，所有权人只能再次起诉。为解决此诉讼法问题，可以对间接占有人的返还予以广义上的理解，被告所返还的

---

① 最高人民法院于《关于审理城镇房屋租赁合同纠纷案件具体应用法律若干问题的解释》第18条中，即使用了“腾房”之术语，并没有区分腾房与返还。

② Berg, JuS 1971, 12; Westermann/Pinger § 30 III 1; MünchKomm/Medicus, § 985 Rn. 18.

③ Staudinger/Gursky, §985, Rn. 65.

④ Staudinger/Gursky, §985, Rn. 71.

⑤ Baur/Stürner, Sachenrecht, §11, Rn. 41.

就是其所拥有的,直接或间接的占有都在其内,判决书中无须言明返还直接占有还是间接占有,由此就可避免上述二次起诉的问题。[①]

最后,值得注意的是,有学者认为,占有人通过放弃占有,从而使权利人有重新获得占有之可能,即为履行了返还义务。[②] 但依照事理,在请求权占有人放弃占有的情况下,虽然给付义务之前提不存在了,原物返还请求权也消灭了,但放弃之行为并没有达到使所有权人恢复获得占有的效果[③],其目的并非在履行返还义务。

### (二) 返还义务地

接下来的问题是,请求权相对人返还义务地何在呢? 如果准用我国《合同法》第62条,在履行地点不明确的情况下,给付货币的,在接受货币一方所在地履行;交付不动产的,在不动产所在地履行;其他标的,在履行义务一方所在地履行。也就是说,一般情况下,返还义务地为请求权相对人处,是一种往取之债。

从原理上看,原物返还之义务并非给付义务,而是一种协助义务,故并无使用债法规则之余地,也就是说,不应准用《合同法》第62条的规定。但按照协助义务之本质,返还履行地也应在请求权相对人处。

但问题是,"原物"可能已经发生了多次位置的移动,比如,某物本来位于无权占有人所在地A市,但无权占有人事后又将其移至B市,两地相隔千里,往返运费甚巨。对此,德国通说认为,返还履行地是无权占有人责任加重出现那一刻所确定的地点(BS 11),诉讼系属以及占有人恶意对于履行地点的确定还有决定意义。履行地是诉讼系属出现后物所在的地点[④];或有认为,在诉讼系属出现或者占有人恶意发生时物所在的地点。[⑤] 根据此观点,在物事后发生移动后,所有权人取回物而多支出的费用,应当根据不当得利或者无因管理制度而由占有人承担。在上述案例中,如果在无权占

---

① Staudinger/Gursky, §985, Rn. 71.

② Medicus, Ansprueche auf Herausgabe, JuS 1985, 657, 658.

③ Staudinger/Gursky, §985, Rn. 59.

④ Soergel/Muehl, §985, Rn. 22.

⑤ Wolf/Raiser, 84 III 1; Baur/Stuerner, 11 Rn. 45.

有人恶意的情况下,转移物之所在地,如返还履行地为 A 市,而非其目前所在地 B 市,由恶意无权占有人承担费用。但不同意见认为,责任加重涉及的只是原物返还请求权的从请求权,即所有权人占有人关系,而不涉及原物返还请求权本身。将物运回原地以及对所有权人自行取回物带来的费用,类推适用所有权人与占有人规则中的损害赔偿规则予以处理,即由恶意无权占有人承担。①

应当说,上述两种观点在费用承担上结论是一致的。但在理论基础上,存在重大不同。德国通说观点误解了原物返还请求权的功能,混淆了物上权利实现请求权与纯粹的债法属性的所有权人占有人关系中的请求权的区分。原物返还请求权仅以排除侵占这一客观违法状态为目的,无论当事人主观态度是恶意还是善意,均予以同等对待。而就占有人是否对所有权人负有照料义务的问题,交由占有恢复关系处理,在诉讼系属出现或者恶意发生之后,物的位置移动的,因此多产生的费用应由恶意占有人根据所有权人占有人关系中的损害赔偿规则承担责任(《物权法》第 242 条),而善意占有人则不承担责任。所有权人占有人关系是特别法,具有优先适用性。

但有疑问的是,位置移动带来的费用支出是否属于《物权法》第 242 条所称的损害?自文义上看,"损害"的概念并未明确包含多支出的费用,但自《物权法》第 242 条规范目的来看,对于恶意占有人不予以优待,恶意占有人导致地点产生变化,应当承担原物返还请求权人多支出的费用。而且,从该规则来源看,《德国民法典》第 989 条规定了毁损、灭失以及其他不能返还原物的情况,其基础在于占有人对物的"无权处分",处分包括侵权行为以及债法义务的违反,当然也包括物未经允许而移转的情况。②

综上所述,笔者赞同的观点如下:请求权相对人以物现有的状态、在其目前所处的位置返还原物。原物返还请求权的内容包括履行地会随着物的状态的变化以及地点的变化而变化。③

---

① Westermann. S. 194.

② Picker, a. a. O. , S. 740.

③ Staudinger/Gursky, § 985, Rn. 61.

### （三）返还费用

我国学者认为，返还的费用原则上由无权占有人负担，在无权占有之形成不可归责于双方当事人的情况下，可以按照公平原则处理，双方合理负担。[①] 也有学说认为，在妨害是第三人或自然力造成的情况下，占有人并无过错，让其承担返还费用，过于严苛，故应只有在占有人对妨害的发生有过错的情况下，才承担返还费用。[②]

在我国司法实践中，亦遵循了上述观点。在樊继功诉张应喜返还原物纠纷案中，法院在裁判主文中叙明，“第三人刘延斌在本判决生效后五日内将原借用原告樊继功现放置于被告张应喜家后院内的大石槽返还原告樊继功家中。对此被告张应喜不得加以阻止和妨害”，明确返还地是请求权人家中。其他如法院在柴小六诉高山等返还原物纠纷案中判决叙明：“被告郑州市向前弹簧有限公司于本判决书生效之日起二十日内返还给原告柴小六地毯设备一套（具体零部件以本院查明事实中所列举的零件为准），设备拆除费、装卸费、运输费由被告郑州市向前弹簧有限公司负担。”

首先，上述观点并没有区分寻找、分离费用与取回费用，一律由原物返还请求权相对人承担。这种观点有违原物返还义务的本质，返还义务本质上是一种协助义务。在协助义务范围内产生的费用应由无权占有人承担，而除此之外的取回费用应由所有权人承担。如果返还物位于请求权相对人的领域内，其通常负有寻找、交出、分离之义务，因此而支出的费用应当由其自己负担。而所有权人承担受领占有尤其是取回动产之费用。[③] 日本学者我妻荣教授也认为，如果容忍所有人自己取走标的物，在所有人目的即已达到的情况下，取回费用应由所有人承担。[④]

---

① 参见王泽鉴：《民法物权》，北京大学出版社 2009 年版，第 127 页；崔建远等：《物权法》，清华大学出版社 2008 年版，第 79 页。

② 参见〔日〕我妻荣：《新订物权法》，有泉亨补订、罗丽译，中国法制出版社 2008 年版，第 25 页。

③ Staudinger/Gursky, § 985, Rn. 63.

④ 参见〔日〕我妻荣：《新订物权法》，有泉亨补订、罗丽译，中国法制出版社 2008 年版，第 275 页。

其次，上述观点亦违背了原物返还请求权的功能，混淆了原物返还请求权与债法上的损害赔偿请求权的界限。原物返还请求权在制度目的上仅是为了排除物上“侵占”之妨害，并不考虑请求权相对人之主观状态。主观之状态仅在占有恢复关系规则中具有意义，通常情况下，善意无权占有人不承担损害赔偿责任，亦不负有返还用益之义务，亦具有费用补偿请求权；相反，恶意无权占有人需承担损害赔偿责任以及用益返还之义务，但其费用补偿请求权仅以必要费用为限。

值得特别研究的是，在土地与建筑物附合的情况下，如在无权于他人土地上建筑的情况下，土地所有权人享有何种请求权？有学者认为，土地所有权人可以妨害为由，请求建筑人以自己的费用拆除该建筑物。[①] 我国亦有学者认为，“无权占有他人土地建筑房屋者，应拆屋还地”。[②] 但自返还之本意来讲，无权占有人只要“交出”占有之物即可，至于其上的建筑物等，原物权利人只能根据合同法上的请求权或者排除妨害请求权“排除”该妨碍。依此逻辑，对于拆除建筑物的问题，并无适用原物返还请求权的余地，亦无原物返还请求权下返还费用承担的问题。

原物返还请求权与排除妨碍请求权之间的区别在于：前者是无权占有人以占有方法妨害所有权；后者则以占有以外的方法妨害其所有权之圆满行使状态。但有学者认为，二者的区分亦非完全泾渭分明，如在大风导致甲之树木倒落于乙之庭院情况下，即无法区分无权占有与妨害所有权二者。[③] 这种观点是建立在对原物返还请求权内涵误解的基础上的。原物返还请求权针对的是权利与占有分离之状态，其以排除该种状态为己任。只要占有人不再处于所有权与占有之间，即为履行其“返还义务”，而对于树木清除等问题，端赖于排除妨害请求权，在结果上，并非无权占有与妨害的区分问

---

① 参见〔日〕我妻荣：《新订物权法》，有泉亨补订、罗丽译，中国法制出版社 2008 年版，第 275、276 页。

② 王泽鉴：《民法物权》，北京大学出版社 2009 年版，第 127 页；崔建远：《物权法》，中国人民大学出版社 2009 年版，第 127 页。

③ 参见李太正：《法人占有与物上请求权》，载苏永钦主编：《民法物权争议问题研究》，清华大学出版社 2004 年版，第 62 页。

题，而是权利与占有分离这一妨害与其他类型妨害的区分。但反过来讲，处理该案时，同时运用原物返还请求权与排除妨害请求权，是否并无必要，反而导致诉讼上的繁琐？其实不然，根据新诉讼标的说，原告只需提出其诉讼请求，无论根据的请求权基础有几个，均为一个诉讼标的，并不会导致出现两个诉讼结果。

### （四）间接占有人的返还义务内容

有疑问的是，所有权人可以直接从间接占有人处请求返还直接占有，还是只能向间接占有人请求移转其间接占有呢？比如，A 在所有权保留的条件下将物出卖给了 B，B 又将物出租给了 C，后因 B 没有支付全部价款，所以 A 要求返还该物。逻辑上，B 手中没有物，无法返还物，所以，有学者主张只能向间接占有人请求移转其间接占有。[①] 在内容上，通过让与物的返还请求权（《德国民法典》第 870 条）而使所有权人获得间接占有。

按照原理，原物返还请求权仅具有排除请求权相对人与所有权矛盾的地位功能，作为间接占有人，只要让与了间接占有，亦即排除了此矛盾。但按照这种思路，会导致诉讼上的不经济。在诉讼期间，B 与 C 的占有媒介关系如果消灭了（比如 C 将物返还给了 B），A 的诉讼就失去意义了，必须重新起诉。[②] 而且，根据《德国民事诉讼法》第 886 条的规定，无论是占有媒介人直接占有还是被判决之债务人享有直接占有，都不影响判决的可强制执行性。在债务人是直接占有人的情况下，根据《德国民事诉讼法》第 883 条进行强制执行。如果债务人将物出租或出借给第三人，则可以根据《德国民事诉讼法》第 886 条进行强制执行，要对物之返还请求权进行扣押，并移交给所有权人进行“收取”。

所以，出于诉讼经济考虑，德国通说认为，所有权人可以选择请求间接占有人让与间接占有或者直接返还原物。[③] 我国亦有学者认为，所有权人

---

① Baur/Stürner, a. a. O. , § 11, Rn. 41.

② Schreiber, Jura 1992, S. 357.

③ MünchKomm/Medicus, § 985 Rn. 10; Erman/Hefemehl, § 985 Rn. 5.

可以直接从间接占有人处请求返还直接占有。[①] 但需注意的是，在间接占有人不能从直接占有人处请求返还该物时，法院不得判决返还所有物；而在间接占有人根据占有恢复关系规则需对所有权人承担损害赔偿责任的情况下，才可以进行所有物返还之判决。[②] 也就是说，在间接占有人恶意或者已经被起诉的情况下，法院可以判决间接占有人负有直接返还原物的义务。

## 第三节 原物返还请求权与其他请求权的竞合

行使所有物返还请求权的前提是，所有权人以前曾经是物的占有人，现在的占有人为无权占有人，至于占有的基础是何种行为，则无关紧要，如果无权占有人丧失了占有，所有物返还请求权也就被排除了。由此可以将其与侵权行为区分开，因为即使侵害人事后丧失了占有，也要承担损害赔偿责任。但是，在诸多情况下，就一事件可能由数个“同一给付目的”的请求权所调整，所有物返还请求权与其他债权性请求权有可能存在竞合关系。

在德国法上，除了基于《德国民法典》第 249 条第 1 款的损害赔偿规则而产生的返还效果以外，与所有物返还请求权发生竞合的请求权还有：

(1) 租赁期间届满后，出租人的返还请求权(《德国民法典》第 687 条第 2 款)。

(2) 基于《德国民法典》第 861 条或第 1007 条基于占有的返还请求权。

(3) 基于非真正的事务管理(《德国民法典》第 687 条第 2 款)的返还请求权。

(4) 基于侵害型不当得利(《德国民法典》第 812 条第 1 款第 1 句)的返还请求权。

(5) 作为继承人对于遗产占有人的返还请求权(《德国民法典》第 2018 条)。

这些请求权不排斥所有物返还请求权，所有物返还请求权也不排斥这

---

① 参见王利明：《物权法研究》(上卷)，中国人民大学出版社 2007 年版，第 225 页。

② BGHZ 53, 29, 32 ff.

些返还请求权，各种返还请求权并列存在。在实体法上，一个返还之诉有多个请求权基础，但在程序法上则是一个诉讼标的或者程序上请求权，但有多个不同的法律关键点。

对于被扣押的物之返还，不得基于所有物返还请求权请求返还，而只能根据《德国民事诉讼法》第 771 条提起异议之诉（Widerspruchsklage）。

对于分居期间与离婚后的住宅与家庭财产的争议，有特别法规定（《德国民法典》第 1361a 条、第 1361b 条），不能依据《德国民法典》第 985 条请求返还原物。

## 一、请求权竞合与请求权规范竞合及其解决出路

如果在同一或者重要部分相同的事实，根据不同的规范，只具有同一的法律效果或者请求权目标，则构成请求权竞合（Anspruchskonkurrenz）或者请求权规范/基础竞合（Anspruchsnormenkonkurrenz，Anspruchsgrundlagenkonkurrenz），二者与请求权竞合的区别在于，所有请求权或请求权基础指向的只是同一给付，只能请求一次，而不能同时、并列请求。

在民法上，请求权竞合的情况经常发生，比如基于所有物返还法、占有返还法、合同法、无因管理法、侵权法、不当得利法，都可以产生物之返还的效果。

### （一）拉伦茨的观点

请求权竞合与请求权规范竞合的区别在于，前者基于多个请求权基础产生数个独立的请求权，各个请求权可以被单独让与并在不同的程序中进行审理；而后者基于多个请求权基础只产生一个请求权，只能统一处分该请求权，并只能在一个程序中审理。[1]

发生请求权规范竞合的情况主要是在损害赔偿、价值补偿请求权的情况下，从目的上看，多个请求权基础具有保护、维持财产的共同目标，并产生

① Laranz/ Wolf, AT des BGB, 9. Aufl., 2004, § 18, Rn. 31.

于同一人身上，所以构成同一的请求权，不得分离。[①] 原告在诉讼中只能提出一个请求，当事人只根据事实问题提出请求，而由法院根据请求权基础顺序进行法律判断，并只作一个判决。

在请求权竞合的情况下，存在多个请求权且各自具有独立的功能，根据其目的，无论涉及的是一个权利人还是多个权利人，这些请求权都要保护该特定的权利及其权利人。

其主要适用情况是物上请求权，因为物上请求权针对的是物或者物权的保护，与谁是权利人无关，所以，该请求权可以与其他请求权分离而转让。[②]

由上所述，在拉伦茨的观点中，区分请求权规范竞合以及请求权竞合，尤其他认为竞合的主要情况，即合同法请求权与侵权法请求权竞合为一种请求权规范的竞合，在请求权竞合情况下，也只存在一个请求权，只不过被多个请求权基础所支持。其理论优点在于，能很好地解释请求权竞合情况下的程序上主张以及竞合请求权之间的相互影响。[③]

尽管拉伦茨主张规范竞合说，但他不否认在请求权作用不同的情况下，可以存在"请求权竞合"，即存在多个请求权，典型的情况有：物上请求权和债法上的返还请求权具有针对同一个事实发生的情况；物法上的返还请求权和依占有状态产生的返还请求权针对同一事实发生的情况。在这些情况下，请求权中即使任何一种都遵守自己的规定，这些规定在内容上也是不同的。[④]

### （二）通说观点

对于拉伦茨的观点，通说持反对意见，竞合的请求权在诉讼中不能被分

---

① 参见〔德〕拉伦茨：《德国民法通论》（上），王晓晔等译，法律出版社 2002 年版，边码 266 以下。Laranz/ Wolf, AT des BGB, 9. Aufl., 2004, § 18, Rn. 33 ff.

② Laranz/ Wolf, AT des BGB, 9. Aufl., 2004, § 18, Rn. 38 ff.

③ Georgiades, Die Anspruchskonkurrenz im Zivilrecht und Zivilprozeßrecht, 1968, S. 167 ff.

④ 参见〔德〕拉伦茨：《德国民法通论》（上），王晓晔等译，法律出版社 2002 年版，边码 268，第 355 页。

别主张的问题可以在程序法上解决，主要看诉讼标的/程序法上的请求权是否不同；至于请求权之间相互影响的问题，只能通过对存在利益的评价来解决。[①]

总的来讲，在请求权竞合的情况下，存在针对同一目的的多个请求权，在它们得到履行之前是相互独立的，对每个请求权根据其独立的权利基础进行评价，当事人可以自己选择、处分。[②] 这是德国法上的通说。

比如在租赁期满的情况下，出租人/所有权人享有所有物返还请求权，同时根据租赁合同也享有债法上的返还请求权，从请求权目的而言，二者无法构成同一的请求权，出租人/所有权人可以将其债法上的返还请求权单独让给新的承租人，其作为所有权人仍享有所有物返还请求权，其与新的承租人形成一个债权共同体，在将所有权连同所有物返还请求权单独转让给第三人的情况下，也是如此。[③]

在请求权被单独让与后，新的债权人与旧的债权人之间形成共同债权人关系，但为了保护债务人，人们一直试图限制让与及其效力，如有学者认为，让与必须经过债务人的同意或者协助才产生效力。[④]

请求权竞合中的所有请求权是针对同一给付的，而对这个给付只能要求一次。如果其中一个请求权得到了履行，则其他请求权即随之消灭[⑤]，其原因在于各相互竞合的请求权具有同样的经济目的。

## 二、物上请求权与其他请求权竞合的具体情况及其解决路径

### （一）与合同上的返还请求权

在合同（如出租或出借合同）期满时，会产生合同上的返还请求权；在

---

① Arens, AcP 170 (1970), 400.

② Medicus, Schuldrecht I, Aufl. 13, 2002, Rn. 356.

③ 参见〔德〕拉伦茨：《德国民法通论》（上），王晓晔等译，法律出版社 2002 年版，边码 268，第 355 页。

④ Staudinger/Busche, § 389, Rn. 52.

⑤ 参见〔德〕拉伦茨：《德国民法通论》（上），王晓晔等译，法律出版社 2002 年版，边码 266 页。

合同由于法定或约定而被解除的情况下,也会产生合同上的返还请求权。

在合同关系存续期间,由于占有人享有占有权(《德国民法典》第 986 条第 2 款),所以,所有权人不能享有所有物返还请求权。但在租赁合同期满的时候,所有权人的返还请求权的基础何在,理论上存在争议。有学者认为,应优先适用合同上的返还请求权规则,而不适用物的返还请求权规则,即使在承租人无权地将物交付给第三人的情况下,也不能适用物的返还请求权规则。[①] 该观点的理由主要为:从《德国民法典》第 986 条的文义上看,所有权人要受到其与占有人债法上关系的约束,所以,所有权人必须尊重基于该债权关系而发生的恢复规则。[②] 该论据的核心在于:可以通过债权上协议改变所有权人的法律地位,物上返还请求权为债权上请求权所排挤。从债权关系组织体观点出发,在作为占有基础的债权关系期满的情况下,合同上义务仍然存在,也是符合法理的。但合同上的返还请求权仅限于合同相对人之间,对于所有权人的保护,并不是很有利。

通说从解释论出发,主张请求权竞合,并认为,在存在基于契约或给付型不当得利的返还请求权情况下,也可以适用所有物返还请求权规则,但相关占有权利必须已经消灭了。因为从《德国民法典》第 986 条的文义来看,只是在他主占有权存续期间内,所有权人才不能行使所有物返还请求权,而且,根据第 986 条,在根据所有物返还请求权向占有人请求时,占有人的防御地位,与基于合同关系而被请求返还的情况下的防御地位是一样的,如果不承认二者的竞合,这样规定就没有意义了。[③] 在存在基于契约或给付型不当得利的返还请求权的情况下,也可以适用所有物返还请求权规则,只有这样,在承租人有权将物交付给第三人(如交给第三人修理)的情况下,所有权人才可以直接向第三人请求返还,这在承租人或第三人破产的情况下,

---

① Raiser, in FS Wolff, S. 123.

② Wolf/Raiser, § 84 I 2.

③ Gursky, 20 Probleme aus dem BGB, das Eigentuermer-Besitzer-Verhaeltnis, 1996, S. 5 f. Münchener-Medicus, § 985 Rn. 30.

对于所有权人利益的保护(所有权人享有取回权)尤为重要。[①] 而且,适用于物上请求权的举证规则,如《德国民法典》第 891 条(权利推定规则)、第 1006 条(有利于占有人的所有权推定)都不能适用于合同请求权,在不承认竞合的思路下,所有权人不得根据上述规则保护自己。[②]

另外,在肯定竞合的思路下,就可以适用《德国民法典》第 987 条以下的规则,对于善意无权占有人比较有利。

在法国法上,没有请求权竞合理论,基于合同的返还请求权,没有所有权证明的麻烦[③],应当优先适用。

### (二)与不当得利等其他请求权

在合同无效或者被撤销等情况下,基于物权行为理论,会产生给付型不当得利关系。

对于给付型不当得利与所有物返还请求权的关系,也存有争议。第一种观点认为,如果作为占有移转根据的债权关系无效或者事后被撤销的情况下,两种请求权可以同时并存,因为契约上返还请求权存在的基础在于有效合同的存在。第二种观点认为,在上述情况下,仅适用给付型不当得利请求权规范,因为相对于所有物返还请求权而言,它是特别规则,而且,所有物返还请求权具有侵害型不当得利的特征。[④] 第一种观点为德国主流观点。第二种观点的目的在于,在用益以及费用方面,排除《德国民法典》第 987 条以下规则的适用,从而适用《德国民法典》第 818 条以下的规则。所有物返还请求权不仅在责任以及证据负担上强化了所有权人的地位,而且在支付不能/破产情况下也具有意义,因为所有物返还请求权是物上请求权,根据《德国支付不能法》第 47 条的规定,所有物返还请求权人享有取回权。

通说认为,在所有权人出让物,而且合同行为与物权行为都无效的情况

---

① MünchKomm/Medicus, § 985 Rn. 28; Gursky, 20 Probleme aus dem BGB, das Eigentümer-Besitzer-Verhältnis, 1996, S. 5 f.

② M. Wolf, Sachenrecht, Rn. 183.

③ Ferid/Sonnenberger, Das französische Zivilrecht, Band 2, 1986, 3 C 408.

④ So von Cammerer, FS für G. Boehmer, 1954, S. 145, 154 Fn. 42; Wieling, I § 12 I 3c; Gursky, 20 Probleme aus dem BGB, das Eigentümer-Besitzer-Verhältnis, 1996, S. 3 f.

下,所有权人既享有所有物返还请求权(《德国民法典》第985条),也享有占有不当得利返还请求权(《德国民法典》第812条第1款第1句第一种情况)。[①] 在我国合同法上,由于我国通说不承认物权行为独立与无因性理论,在合同无效且物存在时,有学者认为应当适用物上请求权规范,并不认为存在与不当得利请求权竞合的可能性。[②]

在物权合同与债权合同同时无效的时候,存在所有物返还请求权与不当得利请求权竞合的问题。如果进行履行的一方或双方违反了善良风俗,未履行的一方就不得根据不当得利请求返还(《德国民法典》第817条第2句)。在这种情况下,如果物权行为也违反善良风俗,有学者认为,应适用《德国民法典》第817条第2句[③],但同时可以适用《德国民法典》第987条、第990条处理收益问题。

在所有物被他人盗窃的情况下,所有权人可以同时享有所有物返还请求权、侵权法上恢复原状请求权以及侵害型不当得利请求权。此时,可以由当事人进行选择。另外,所有物返还请求权也可能与基于占有的物上返还请求权发生竞合,所有权人行使基于占有的物上返还请求权,在举证责任上比较容易,但该请求权具有暂时性与不确定性。

尤其值得注意的是,在所有权人的物为他人(A)占有,而该他人的债权人(B)扣押了该物的情况下,所有权人对该债权人并无所有物返还请求权,而只能提起第三人异议之诉(《德国民事诉讼法》第771条),在胜诉后,根据《德国民事诉讼法》第775条第1项、第776条处理。根据《德国民事诉讼法》第771条第2款,对B的第三人异议之诉与对A的所有物返还请求权之诉可以结合在一起。

值得注意的是,虽然所有物返还请求权为第三人异议之诉所排除,但此时仍形成所有物返还请求权适状(Vindikationslage),可以适用所有物返还

---

① Staudinger/Gursky, § 985 Rn. 24; Michalski, Anwendungbereich, Funktion und dogmatische Einordnung des Eigentümer-Besitzer-Verhältnis, FS für Gitter, 577, 581.

② 参见崔建远:《关于恢复原状、返还财产的辨析》,载《当代法学》2005年第1期,第72页以下。

③ Baur/Stürner, a. a. O., § 5 Rn. 52.

请求权关系处理损害、用益以及费用等问题。

### （三）我国《物权法》中的竞合规则

中国司法实践与理论认为侵权请求权的目的是损害赔偿，是对物权请求权目标（比如所有物返还）的补充[①]，如果这样认为，侵权法上请求权与所有物返还请求权应当不发生竞合，因为二者的法律效果不同，但《物权法》第 36 条规定了侵权行为的修理、重作、更换或者恢复原状等合同法上的法律效果；第 37 条规定了侵权行为的法律效果是损害赔偿与其他民事责任。由此可以推知，侵权法上的法律效果不限于损害赔偿，可以与所有物返还请求权形成竞合。但在物毁损、灭失的情况下，产生了侵权法上请求权与所有物返还请求权从属规则竞合的问题，要优先适用所有权人占有人规则，而不应适用《物权法》第 37 条。

由于我国不当得利法规则尚不成熟，原物返还请求权与不当得利请求权竞合的问题鲜有论述。但有学说认为，原物返还请求权与合同上的请求权可以发生竞合，在两种请求权之间，权利人有权作出选择。[②]

原物返还请求权与其他返还请求权的关系具体分析如下：

如无权占有人将他人之物交予他人保管，保管人同时是原物返还请求权中的返还义务人，以及保管合同中的返还义务人。问题是，保管人需向谁返还呢？此时，占有人可以选择向谁返还，虽然向一个人返还，就意味着对另一个人履行的不能，但占有人并未违反其义务，相反，是在履行其义务，故并无损害赔偿存在之余地。[③]

也如上文所述，原物返还请求权本质上是一种特殊的债权，作为债权，并无确立顺位之必要。问题的关键并不在于请求权之间的顺位，而是损害赔偿规则。现有的侵害债权规则已经足以解决请求权竞合问题，如善意的自主占有人出卖他人之物，则其对买受人与所有权人均负有返还义务，这两

---

① 参见王利明：《物权法研究》，中国人民大学出版社 2004 年版，第 106 页；崔建远：《关于恢复原状、返还财产的辨析》，载《当代法学》2005 年第 1 期，第 64 页。

② 参见王利明：《物权法研究》（上卷），中国人民大学出版社 2007 年版，第 229 页。

③ Mueller-Laube, Herausgabepflicht und Rueckgewaehrschuld, AcP 183 (1983.), S. 240 ff.

个请求权是同顺位的，占有人向其中一人履行其义务后，也即免责，并无损害赔偿责任。相反，如果一个小偷出卖他人之物，那么他应知道，他就侵犯了所有权人的所有权或者侵害了买受人的权利，无论其向哪个债权人返还，对于另一个债权人其均要根据所有权人占有人关系承担损害赔偿责任。[①]

## 第四节 债法规则的适用问题

在构成所有物返还请求权的情况下，所有权人与负有返还义务之占有人之间存在一种类似于债法的特别关联(schuldrechtsähnliche Sonderverbindung)关系。有争议的是，债法规则是否可以适用于所有物返还请求权情况下。德国通说认为，基于《德国民法典》第 985 条的所有物返还请求权是一种物上请求权，原则上不得适用《德国民法典》第 241 条到第 432 条的一般债法规则。比如，不能适用债务承担规则；也不能让与所有物返还请求权，但可以通过诉讼代位制度(Prozessstandschaft)，授权第三人在程序上行使请求权。[②] 在“让与”所有物返还请求权时，也可以通过意思表示转化制度，解释其为根据让与返还请求权(《德国民法典》第 931 条)方式进行的物之所有权让与合意。通常，在此也不能进行“债务免除”，但在这种情况下，可以解释是否存在根据《德国民法典》第 929 条第 2 句向占有人让与所有权的意思。

对于债法规则能否适用于物上请求权的问题，在我国鲜有讨论，应从理论继受的角度对德国法的理论进行考察。我国《合同法》基本上继受了德国法上的履行障碍法规则，并确立了与德国债法改革后的德国履行障碍法类似的规则。[③]

### 一、给付不能(《德国民法典》第 275 条、第 281 条、第 283 条)

一般来讲，履行不能规则是不能适用于所有物返还请求权的，因为所有

---

① Wieling, S. 554.

② Brehm/Berger, Sachenrecht, § 7 Rn. 68.

③ 参见韩世远：《合同法总论》，法律出版社 2004 年版，第 676 页以下。

物返还请求权的前提是债务人占有该物,如果债务人因为不再占有该物而陷入不能,则就不存在所有物返还请求权了,也就谈不上债法规则适用性的问题了。随之而来的损害赔偿问题,在所有物返还请求权的次请求权规则中(《德国民法典》第987条以下、中国《物权法》第242条以下)也被特别规定了。进一步而言,在给付不能情况下,通常适用《德国民法典》第989条以下的规定,即所有权人占有人关系,该制度中存有独立的价值衡量,如果适用债法中的给付不能制度,就会使《德国民法典》第989条以下的规则被规避。

但是,德国学说认为,如果占有之丧失是因为其他原因(如行政机关的禁令),则可以适用《德国民法典》第275条规则。[①]

## 二、赔偿请求权返还规则

根据《德国民法典》第285条第1款(与德国旧法第281条规定是一致的),债权人可以要求债务人返还其所获得的赔偿或者赔偿请求权。根据《德国民法典》第285条第2款,在债权人同时要求损害赔偿,应当将该被移转的赔偿或赔偿请求权的数额扣除,相应的减少损害赔偿数额。该条所规定的赔偿或者赔偿请求权的返还规则,在债务人出卖标的物的情况下尤其具有意义,在出让所得高于物的价值或者对待给付的情况下,债权人可以向债务人请求该出让所得(commodum ex negotiatione)。[②]

对于赔偿返还请求权规则(《德国民法典》第285条)能否适用于所有物返还请求权情况,存在争议。赫克(Heck)认为,在占有人丧失占有并因此获得赔偿的情况下,占有人必须将其返还给所有权人,比如对第三人的保险金、赔偿金请求权[③],而通说持相反态度。[④]

就出让所得而言,如果无权占有人与第三人的出让是无效的,则所有权

① MünchKomm/Medicus, § 985 Rn. 35.

② Palandt/Heinrichs, § 281 Rn. 6.

③ Heck, Sachenrecht, § 32 7, S. 127 f.

④ Staudinger/Gursky, § 985, Rn. 145; Wolff-Raiser, § 84 VI 1; Westermann/Pinger, § 31 IV 2, Baur/Stürner, § 11, Rn. 44; Palandt/Bassenge, § 985 Rn. 6.

人对于新的占有人(第三人)有所有物返还请求权,因此不得附加地对出卖所得享有请求权。该出卖所得替代的是所有权,而不是应被返还的占有。在出让有效的情况下,所有权人可以通过不当得利返还(《德国民法典》第816条第1款第1句)等规则请求出让所得;在出让无效的情况下,如果所有权人认为出让所得高于物之返还的话,也可以通过追认(《德国民法典》第185条第2款)而使出让有效。尤其值得注意的是,如果根据《德国民法典》第285条的规定,在占有人出让他人之物的情况下,根据《德国民法典》第285条而将出卖所得返还给所有权人,会导致占有人丧失对买受人的瑕疵担保请求权。[①]

在物毁损、灭失的情况下,对占有人的损害赔偿给付,可以根据不当得利规则处理(《德国民法典》第816条、第851条)。[②] 首先根据《德国民法典》第851条决定损害赔偿人对占有人的给付是否有效,即是否能使其免责,这要看赔偿义务人是否知道或者因重大过失而不知道存在第三人的权利。如果该清偿是无效的,所有权人对赔偿义务人仍享有损害赔偿请求权,所以,不需要适用《德国民法典》第285条的规范。如果该清偿是有效的,则可以根据《德国民法典》第816条第2款的规则,由这里的无权占有人返还不当得利。

对于保险赔偿金,德国通说也认为是不能进行让与的,因为是占有人签订的保险合同,即为了占有人利益而签订的,但是占有人没有所有权利益,而占有利益是不能被保险的,也不能用数字估量。所以保险合同是无效的,只能根据《德国保险合同法》第68条第1款进行恢复清算。而在结果上,占有人没有什么可以让与给所有权人的。即使保险合同有效,保险的内容也只能是占有人的所有权利益。另外,如果不赔偿占有人支出的保险金而使其承担让与义务,也是不公正的。[③]

我国台湾法部分继受了赫克的学说(台湾"民法"第953条),但限定于

---

① Medicus, a. a. O., § 23 Rn. 599.

② Brehm/Berger, a. a. O., § 7 Rn. 70.

③ MünchKomm/Medicus, § 985 Rn. 42.

善意无权占有人返还的情况下，以防止其不当得利，根据该条，善意占有人应对因可归责于自己的事由而造成的损害，以所受利益为限，负有不当得利返还的义务，其立法意旨在于保护善意之无权占有人[①]；而对于恶意无权占有人则不适用该规则，因为恶意无权占有人对于物之损害负完全赔偿责任，不存在不当得利问题。而我国大陆《物权法》第 244 条却没有区别善意与恶意情况，笼统规定了无权占有人的赔偿请求权之返还义务。根据《物权法》第 242 条的规定，善意占有人对物的毁损不承担责任，但根据第 244 条的规定，善意占有人应当将因毁损、灭失取得的保险金、赔偿金或者补偿金等返还给权利人，这两条规定在价值上存在着冲突。

## 三、债务人迟延规则

《德国民法典》第 990 条规定，对于恶意占有人之迟延，可以适用债法中的迟延规则，比如迟延责任规则（《德国民法典》第 286 条、第 287 条），而对于善意占有人，根据所有权人占有人关系规则之目的，则不能适用。也就是说，在适用迟延规则时，不能违反所有权人占有人规则。

## 四、积极违反债权规则（**Positive Forderungsverletzung**）

在返还所有物时，是有可能存在积极违反债权的，比如在返还物时，对在此期间出现的危险性“有过错地”没有披露，或者所有权人遭受了伴随性损害（如被返还的汽车的刹车失灵了，或者被返还的牛有病而传染给所有权人的健康的牛）。有疑问的是，此时，占有人是否因“有过错地”不完全履行而承担损害赔偿责任。从规范目的上，所有权人占有人关系规则并不排斥在占有人返还时知道是无权占有情况下适用过错的不完全履行责任。[②]对于上述“积极违反债权”情况，也有主张通过侵权法来解决者[③]，但这并不完全可行。比如在履行辅助人责任方面，《德国民法典》第 831 条规定的雇

---

① 参见王泽鉴：《民法物权 · 用益物权 · 占有》，中国政法大学出版社 2001 年版，第 323 页。

② MünchKomm/Medicus, § 985 Rn. 38; Wieling, § 12 I 2 e.

③ Staudinger/Gursky, § 985 Rn. 12.

主责任是过错责任，而在债的履行上，根据《德国民法典》第278条，对于履行辅助人的过错，由债务人承担责任，适用无过错责任，如果通过侵权法来解决，对所有权人不利。

## 五、债权人迟延

德国通说认为，《德国民法典》第293条以下关于债权人迟延的规则原则上可以适用于所有物返还请求权情况。① 由于返还之债务是往取之债，所以只要债务人在言语上提出即为已足(《德国民法典》第295条)。如果债权人已经去取物了，但不愿赔偿债务人的费用，可以适用第298条，即债权人陷入迟延。在法律效果上，《德国民法典》第300条第2款(种类物之债情况下，风险移转给债权人)、第302条(无须支付利息规则)不能适用于所有物返还之债，因为所有物返还是特定物之债，而且也没有利息存在。其他关于法律效果之规则均能适用。首先，在债权人迟延情况下，债务人(占有人)对于轻过失或者没有收取之用益无须负责；其次，在土地或船舶等情况下，占有人放弃占有时不负损害赔偿责任，但应事先向债权人发出警告；最后，债务人可以请求偿还其为无结果的提出给付以及为保管返还之物而支出的额外费用，此费用请求权可以与《德国民法典》第994条以下的费用请求权并存。

## 六、损害赔偿规则

所有物返还义务本身并非损害赔偿义务，与其在法律上也无相似性，所以，《德国民法典》第249条到第254条的规则是不能适用于所有物返还请求权的，对于价值贬损之物并不能根据《德国民法典》第251条请求金钱赔偿，也没有共同过错规则的适用。② 但应注意的是，《德国民法典》第249条以下是可以适用于所有权人占有人关系情况下的，因为所有权人占有人关系规则在本质上是一种债法上的规则。

---

① Baur/Stürner, § 11, Rn 45; Erman/Hefermehl, § 1003 Rn. 1; Palandt/Bassenge, § 1003 Rn. 1.

② MünchKomm/Medicus, § 985 Rn. 45.

最后值得注意的是,《德国民法典》第 242 条规定的是诚实信用原则,虽然其被规定在债法之中,但其具有一般条款之功能,所以,也应适用于所有物返还请求权之上。

## 七、诉讼时效

《德国民法典》第 197 条规定,基于所有权(如依据第 985 条的返还请求权)或其他物权的请求权(如依据第 1251 条担保物权人的返还请求权)适用特别诉讼时效规则,为 30 年,起算点为所有权返还关系/状况(Vindikationslage)出现之时。但需要注意的是,该特别诉讼时效不适用于妨害排除与防止请求权(第 1004 条),对于它们,适用规则诉讼时效(《德国民法典》第 195 条、第 199 条)。因为占有在德国法上不是物权,所以该特别诉讼时效也不适用于占有保护上的返还请求权。

在动产情况下,构成时效取得时,动产所有权经过 10 年即消灭(《德国民法典》第 937 条)。但应当注意的是,消灭时效并不具有消灭实体权利的效果,只是赋予占有人一项抗辩权。所以在占有人还没有时效取得的期间内,所有权与占有可能归属于两个人。[1]

根据《德国民法典》第 902 条的规定,对于基于登记或者为异议登记所担保的土地所有权而产生的请求权,不适用诉讼时效,所以,对于涉及登记的所有物返还请求权,应不适用诉讼时效。[2]

梁慧星教授也认为,就物的返还请求权而言,如果该物是被登记的,则不适用诉讼时效,反之,对不登记之物,适用诉讼时效。"因为诉讼时效期满而允许无权占有人拒绝返还,势必与登记制度的效力发生冲突。而登记的公示效力、对抗效力、权利推定的效力,是不应该因时间的经过而消灭的,否则就将否定登记制度本身。"[3]

---

① Baur/Stürner, § 10, Rn. 47.

② MünchKomm/Medicus, § 985 Rn. 26.

③ 梁慧星:《物权法草案(第二次审议稿)若干条文的解释与批判》(第八部分),载 www.civillaw.com.cn,访问时间:2005 年 7 月 29 日。崔建远教授亦赞同该观点,参见崔建远等:《物权法》,清华大学出版社 2008 年版,第 79 页。

# 第三章 占有恢复关系的功能与理论归属

## 第一节 占有恢复关系的构成前提

### 一、占有恢复关系的规范基础

原物返还请求权调整所有权人与无权占有人之间的物权归属关系，但并不能解决损害赔偿、用益返还以及费用补偿等问题。从立法政策上，立法者面对两种选择：或者根据既有的侵权行为法、无因管理、不当得利等规则处理损害、用益以及费用等问题；或者根据原物返还请求权的功能，重新构建其次位请求权，处理损害赔偿、用益返还以及费用补偿等问题，并作为侵权行为法、无因管理、不当得利等规则的特别法。而选择的根据则在于是否承认原物返还请求权的特殊的保护所有权之功能。

德国法从完全所有权保护的思想出发，认为单纯通过所有物的返还，并不能完全恢复所有权的圆满状态。物可能在占有人处发生了毁损，占有人也可能从物中获得了收益，或者因物而支出了费用。对于这些问题，德国法上规定了单独的请求权规范（《德国民法典》第987条以下），被称为所有权人占有人关系规则（Eigentümer-Besitzer-Verhältnis）[①]，是所有物返还请求权的次位性、结果性请求权，所以被称为从请求权（Nebenansprüche）。

在法国法上，就物上请求权保护方法，并没有像德国法那样体系化，对动产的保护与不动产的保护并没有统一规定。仅在不动产情况下，法国法才规定有物的返还请求权规则，而就动产上的物上请求权以及其他物上请求权，基本上根据一般性规则、侵权法上规则以及不当得利规则进行处理。[②]

我国物权法继受了德国法上的所有物返还请求权制度，称为原物返还请求权制度，同时继受了德国法上的所有权人占有人关系规则（《物权法》

---

① Schreiber, Das Eigentuemer-Besitzer-Verhältnis, Jura 1992, S. 356.

② Ferid/Sonnenberger, Das französische Zivilrecht, Band 2, 3 B144, S. 581.

第241条以下),称为占有恢复关系规则或占有恢复关系[①],规范了所有权人或物权人的损害赔偿请求权、用益返还请求权以及无权占有人的费用返还请求权。

我国《物权法》第十九章规定了占有制度,共计5条,其中4条(第241—244条)涉及的是无权占有情形下的损害赔偿责任、原物及孳息、费用的返还等问题[②],从条文所占比例来看,足见立法者对于该问题的重视。从规则体系上看,第241条旨在确定本章规定所调整的占有的范围[③],统领第242条到第244条的规范群以及第245条占有保护规则。第242条解决的是无权占有情形下的损害赔偿责任问题,第243条解决的是无权占有情形下的原物、孳息、费用返还问题,第244条处理的是占有物毁损、灭失情况下的问题,与第242条有实质性关联。

我国大陆《物权法》第241条以下规定的无权占有情形下的损害赔偿责任、孳息、费用返还等问题,在德国法上被称为所有权人占有人关系规则(《德国民法典》第987—1003条),瑞士法简称为无权占有人责任(《瑞士民法典》第938—940条),而我国台湾地区称为占有人与恢复请求人的权利义务(台湾地区"民法"第952—959条)[④],称呼的差别,皆因体系、构成、效果上存在不同。德国法之所以称为所有权人占有人关系,系因为其规则被规定在所有权一章,紧随所有物返还请求权之后,强调所有权自由与所有权保护之思想。我国《物权法》并未将其规定在所有权规则之中,与原物返还请求权规则亦相距甚远,且其权利人亦不限于所有权人,不宜将其称为所有权人占有人关系规则。而瑞士法从占有人角度进行规范,将该规范群置于占有编之中,紧随善意取得之后。从规则内容上看,其中涉及的不仅是无权占有人责任,尚涉及无权占有人之费用返还权利,称为占有人责任,并不完全准确;而且,我国大陆《物权法》并没有仅从无权占有人角度进行规定,第

---

① 参见崔建远:《物权法》,中国人民大学出版社2009年版,第160页以下。

② 参见全国人大常委会法工委民法室编:《中华人民共和国物权法:条文说明、立法理由及相关规定》,北京大学出版社2007年版,第241条以下释义前言。

③ 同上书,第428页。

④ 参见王泽鉴:《民法物权》,北京大学出版社2009年版,第501页。

243 条是从“权利人”的角度进行规定的，所以，也不宜称为无权占有人责任。我国台湾地区“民法”之所以称为占有人与恢复请求人的权利义务，主要是因为恢复请求人不仅包括所有权人，尚包括特定物权人。从我国大陆《物权法》第 241 条以下的规则内容来看，请求权主体也不限于所有权人，故宜采用台湾的术语，即占有人与恢复请求人的权利义务，简称占有恢复关系。

## 二、占有恢复关系以原物返还请求权的构成为前提

### （一）原物返还请求权之适状

我国《物权法》第 242 条以下的规则处理的是无权占有情形下损害赔偿、孳息、费用返还等问题，但其适用前提是构成原物返还请求权且“物权人”请求返还。如果不构成原物返还请求权，或者虽构成原物返还请求权，但物权人不请求返还，在当事人之间就无从围绕损害赔偿、孳息以及费用等问题发生现实的请求权关系，也就不能适用《物权法》第 241 条以下规则群。

从占有恢复关系与所有物返还请求权的主从关系来看，占有恢复关系的出现应以原物返还请求权状态（Vindikationslage）出现为前提。而原物返还请求权状态的构成有两个前提：一是成立原物返还请求权；二是无权占有人没有抗辩权。对此，前文已有论述。

基于上述理解，《德国民法典》将所有物返还请求权规定在物权编的第二章所有权（《德国民法典》第 985 条及其以下）部分，《德国民法典》第 985 条规定的是所有物返还请求权，第 987 条以下规定的是所有权人与占有人关系，即在物毁损的情况下的损害赔偿请求权、收益返还请求权以及费用补偿请求权。在位置上，所有权人与占有人关系紧随所有物返还请求权之后。相对于所有物返还请求权，这些特别规则被称为从请求权（Nebenansprüche）[①]，又被称为结果性请求权（Folgeansprüche）、次请求权（Sekundäransprüche）。

我国占有恢复关系规则并未被规定在原物返还请求权之后，而是规定

---

① Schreiber, Das Eigentümer-Besitzer-Verhältnis, Jura 1992, S. 356.

在“占有”一章中，效仿的是瑞士法体例。瑞士立法例是考虑到次请求权在本质上与善意取得制度的一致性，以及与占有推定效力的关联性，所以将从属规则规定在占有部分。在笔者看来，这样的安排，只注意到次请求权保护善意且未被起诉之无权占有人的功能，既不符合请求权基础思维，也不利于法律适用中的找法。

值得注意的是，费用返还请求权是无权占有人的权利，而且瑞士法还赋予了善意无权占有人以用益权。[①] 从次请求权基础来看，善意无权占有人享有了一种权利，如此规定，方为其在占有制度中落足提供了些许根据。但占有只是一种事实，还是权利，是有争议的。而且，如果将次请求权放在占有部分，给人的错觉是，次请求权规则适用于所有无权占有情况。实际上，在基于占有的返还请求权的规定中，并没有上述附属规则（《德国民法典》第 861 条）。但基于本权的妨害排除（包括登记簿的更正，《德国民法典》第 894 条）与妨害防止请求权得不到实现的时候，则可准用《德国民法典》第 987 条以下的规则。[②]

根据物权法的安排，占有恢复关系与原物返还请求权规则相距甚远。但并不能因此否定二者之间的前提关系。《瑞士民法典》第 938—940 条规定的“无权占有人责任”规则，亦被规定在占有一章中，但学理上仍然称为返还请求权的附从结果。[③]

值得注意的是，我国《物权法》第 36 条、第 37 条又规定了损害赔偿规则，有学者将这两条解释为所有权人占有人关系规则中的损害赔偿规则[④]，在司法实践中，也大都以这两条规则处理损害赔偿关系。如果按照这样的理解，《物权法》第 36 条、第 37 条就与第 242 条以下的规则产生了重叠。这种理解并无根据，第 36 条、第 37 条规则不过是一般性的侵权责任，并非以调整所有权人与无权占有人关系为目标，而第 241 条以下则以此为目标。

---

① 《日本民法典》第 189 条第 1 款也赋予了善意占有人享有用益权。

② Medicus, a. a. O., Rn. 454.

③ E. W. Stark, Berner Kommentar, Band IV, Besitz und Grundbuch, 3 Aufl. 2001, Vorb. Zu Art. 938-940, Nr. 2 ff., S. 409f.

④ 参见王利明：《中国物权法教程》，人民法院出版社 2007 年版，第 557、558 页。

从《物权法》本身的规定来看，第 241 条以下的规则针对的是无权占有人。查第 241 条以下逐条的文字，损害赔偿以及返还孳息、费用的构成要件比较简单，即存在占有人以及有权要求返还的“权利人”，并没有过错、违法性、因果关系或者得利、管理等要件。

从《物权法》第 241 条的立法意图上看，其目的是想将有权占有排除在占有规则之外。[①]《物权法》采纳我国理论界之通说，认为占有是一种事实或事实关系，与抽象的权利或权利关系相分离，占有关系的成立与存续并不依赖于占有人对占有物是否具有权利关系，但是权利关系对占有关系以及占有人的权利义务会产生重大影响。根据占有是否有实体法上的权利基础，可以将占有区分为有权占有与无权占有，该区分主要意义在于所有物返还请求权以及所有权人占有人规则领域。[②]

《物权法》第 241 条选取了“合同关系”作为典型的有权占有类型[③]，将有权占有排除在占有规则之外，但第 245 条规定的占有保护请求权，无论有权占有人还是无权占有人都可以主张，所以，第 241 条应当只适用于占有恢复关系规则情况下。

根据《物权法》第 241 条，该法第 242—244 条中的占有人均应是无权占有人，从第 242—244 条的内容来看，出现了“恶意占有人”与“善意占有人”的术语，而二者正是无权占有人的子类型[④]，从这一点也可以证明第 242—

---

① 在物权法起草过程中，全国人大常委会法工委民法室编著的《物权法（草案）参考》一书，对于将有权占有排除在占有编以外表示了疑虑：我们目前的困惑是如果把基于债权关系的占有、有关不动产或者动产等的合法占有排除在规范的占有制度之外，规定此类合法占有产生的使用、收益、争议的解决办法等，依照法律规定和合同约定，这样的规定是否妥当？法律是否只规范非法占有（无权占有），而将合法占有如所有权人的占有、他物权人的占有、基于债权关系的占有、先占、拾得遗失物、丢弃物、漂流物、埋藏物的占有排除在外？我们认为这种安排存在很多问题，因为它将本应由物权法规范的社会关系排除在外，使这部分社会关系的调整无可遵循的法律规范，使法律对占有的规定沦为仅仅适用于盗赃物、抢劫物、抢夺物的处理规范。

② Sosnitza, Besitz und Besitzschutz, 2003, S. 49.

③ 有权占有的权利基础不限于“合同关系”，尚有物权关系、亲权关系、夫妻关系等。

④ 参见梁慧星主编：《中国物权法研究》（下册），法律出版社 1998 年版，第 1104 页以下。

244 条中的占有人应为无权占有人。从立法者意图来看,《物权法》第 241 条以下旨在解决无权占有情形下的损害赔偿责任、原物及孳息、费用的返还等问题。[①] 所以,法条中的“占有人”,应为无权占有人。

从《物权法》第 243 条来看,立法者也承认原物返还请求权与孳息及费用返还请求权之间的附随关系。第 243 条的返还客体不仅包括孳息,而且还包括原物,而在《物权法》第 34 条亦规定了原物返还请求权,二者性质相同。[②] 我国立法上有一种倾向,即在一个法条内将所有可能的法律效果规定在一起,如《合同法》第 58 条,其优点是便于法官找法与法律适用,缺点是体系上往往有冲突。暂且抛开《物权法》第 243 条与第 34 条之间的冲突不谈,从第 243 条同时规定原物与孳息返还这一点来看,我们可以发现二者的依附关系,当物被无权占有人占有时,权利人(如所有权人)可以请求返还,但单单返还原物往往并不能完全恢复物权的圆满状态。物可能在占有人处发生了毁损,无权占有人也可能从物中获得了收益,而且从无权占有人角度思考,无权占有人可能因物而支出了某些费用,对此法律亦应予以回应。所以,《物权法》第 243 条自然地规定了原物返还请求权以及随之而来的孳息返还请求权以及与孳息返还请求权相对的费用返还请求权。

### (二)占有恢复关系与善意取得

所有权人虽然取得了所有权,但在某些情况下可能又丧失了所有权,第三人善意取得是其典型适例。我国《物权法》第 106 条一并规定了动产与不动产的善意取得规则。在第三人善意取得的情况下,原所有权人即丧失所有权,此时并无适用所有物返还请求权之余地。但在遗失物情况下,如果遗失物因转让而被他人占有的,权利人自知道或应当知道受让人之日起满两年未向受让人请求返还原物的,受让人有权拒绝返还遗失物(《物权法》第 107 条),自此刻起,其取得所有权,在此之前,遗失物所有权人享有原物

---

① 参见全国人大常委会法工委民法室编:《中华人民共和国物权法:条文说明、立法理由及相关规定》,北京大学出版社 2007 年版,第 241 条以下释义前言。

② 参见孙宪忠主编、张双根执笔:《中国物权法:原理释义和立法解读》,经济管理出版社 2008 年版,第 571 页。

返还请求权。[①] 在第三人受让遗失物到两年期间届满，成为了占有恢复关系的主要适用领域，其减轻善意占有人的责任甚或加重恶意占有人的责任或义务。

## 三、占有恢复关系的体系归属

### （一）占有恢复关系为原物返还请求权的次请求权规则群

在体系归属上，有学者认为，孳息返还、损害赔偿及占有人的费用求偿属于原物返还请求权的效力[②]；而有学者则认为，占有恢复关系属于占有的效力问题，与占有推定效力以及动产的善意取得等并列[③]，但该学者并不否认占有恢复关系与原物返还请求权（《物权法》第 34 条）之间的关系，反而认为二者具有主从关系，但该主从关系并不影响占有恢复关系中的请求权为独立请求权。[④]

有学者不仅将孳息返还、损害赔偿及占有人的费用求偿请求权作为原物返还请求权的效力[⑤]，而且将损害赔偿责任归属为占有的效力问题，即占有人的义务与责任[⑥]，在谈及恶意占有与善意占有的分类时，又从二者区别的角度论述了占有恢复关系。[⑦]

---

① 参见崔建远：《物权法》，中国人民大学出版社 2009 年版，第 101 页。

② 参见梁慧星主编：《中国物权法研究》（上），法律出版社 1998 年版，第 110 页；辜明安：《物权请求权制度研究》，法律出版社 2009 年版，第 229 页；汤勇：《物权请求权制度研究》，中国检察出版社 2009 年版，第 212 页以下，但其认为损害赔偿属于侵权之债问题，不在返还请求权的法律效果问题。

③ 参见崔建远：《物权法》，中国人民大学出版社 2009 年版，第 157 页以下。另参见梁慧星、陈华彬：《物权法》（第 3 版），法律出版社 2004 年版，第 426 页以下；刘智慧：《占有制度原理》，中国人民大学出版社 2007 年版，第 302 页以下。

④ 参见崔建远：《物权法》，中国人民大学出版社 2009 年版，第 160 页。

⑤ 参见王利明：《物权法研究》（修订版）（上卷），中国人民大学出版社 2007 年版，第 228 页。

⑥ 同上书，第 740 页以下。

⑦ 参见王利明：《物权法研究》（修订版）（下卷），中国人民大学出版社 2007 年版，第 723 页。从善意、恶意占有区分的角度论述占有恢复关系者，参见宁红丽：《物权法占有编》，中国人民大学出版社 2007 年版，第 83 页以下。

有学者还将孳息偿还、损害赔偿及占有人的费用求偿请求权分别归类，孳息返还与原物返还请求权合而为一，作为（原物）返还请求权的效力内容[①]，而占有人的费用偿还请求权被理解为对原物返还请求权的抗辩权。[②]

在物权法起草阶段，梁慧星教授撰写的《中国物权法草案建议稿》采德国立法例，在返还请求权之后规定了孳息返还、费用返还、部分损害赔偿等规则[③]，在占有一章中又重复规定了占有恢复关系[④]；王利明教授主持的《中国物权法草案建议稿》亦是如此。[⑤]

在此，值得思考的是，占有恢复关系到底是原物返还请求权的效力问题还是占有效力问题，占有恢复关系与原物返还请求权的关系如何，体系归属理解上的不同，直接决定法律适用的不同。对此问题的回答，离不开对其功能与本质的界定。

德国法上的所有物返还请求权（rei vindicatio，Herausgabeanspruch），是物上请求权的一种，即在无权占有人侵夺或者扣留占有（Besitzentziehung und-vorenthaltung）的情况下，所有权人得向无权占有人要求返还原物/占有的请求权，从而保障所有权人保持对物的占有（Sachbesitz）[⑥]，以实现绝对自由所有权中的用益。

在结构上，二者的关系可以与债法上的给付、给付障碍或者原给付义务、次给付义务的关系相类比，原物请求权是原请求权层次的请求权，而占有恢复关系规则是次位请求权。[⑦] 在不当得利法上也有类似的结构，主请求权是物的返还请求权，而用益返还请求权（《德国民法典》第 818 条第 1 款）则是伴随性的。

---

① 参见孙宪忠：《中国物权法总论》（第 2 版），法律出版社 2009 年版，第 402 页以下。

② 同上书，第 404 页以下。

③ 参见梁慧星：《中国物权法草案建议稿——条文、说明、理由与参考立法例》，社会科学文献出版社 2000 年版，第 13 页、第 14 页、第 200 页以下。

④ 同上书，第 86 页、第 805 页以下。

⑤ 参见王利明：《中国物权法草案建议稿及说明》，法制出版社 2001 年版，第 143 页、第 144 页、第 540 页以下。

⑥ 这是《德国民法典》第 903 条规定的绝对所有权的一种权能。

⑦ Medicus, Bürgerliches Recht, 17 Aufl. Rn. 436.

有学者认为，与其称占有恢复关系与原物返还请求权之间的关系为主从关系，不如称为相关关系，所谓相关者，不过是说此种请求权只是“因”所有物返还请求权存在而起，不需始终“附立”于返还请求权。[①] 此种理解并没有错误，但不够全面，因为不论谈及哪种主从关系，都意味着二者在逻辑构成上具有前提关系，比如在论及违约责任时，一定要考察原给付义务是否构成，也即合同是否存在，而在考察占有恢复关系时，首要的是考察原物返还请求权是否构成。

### （二）占有恢复关系的一体性

进一步值得思考的是，占有恢复关系是一体性规则还是单一规则。

一般认为，占有人与恢复请求权人之间的权利义务，性质上属于一种法定关系，占有恢复关系请求权为债权性质的请求权。[②] 但这些规则是否是一个具有同一性质的规范群，有不同意见。有学者就认为，孳息返还请求权与费用偿付请求权不以过错为要件，而《物权法》第 242 条规定的占有人的赔偿责任则以过错为要件，《物权法》第 244 条规则性质为一般的侵权损害赔偿责任。[③] 这样一来，似乎占有恢复关系规则群并非同一性质之规则群。但这一结论不能仅从构成要件上轻易得出，应在背后的制度价值中寻找其规则的一体性。

## 四、占有恢复关系中的利益状况

从《物权法》第 241 条以下规则调整的内容来看，可以发现其调整的主要是物权人（以所有权人为典型）与占有人之间的利益冲突。就损害而言，占有人造成的所有权人之物的损害，所有权人有获得赔偿的利益，而占有人对于相信为自己之物的损害不必然承担责任的利益，两种利益相对立；就孳息而言，所有权人从自己的物中获得孳息的利益与占有人保有通过自己的

---

① 参见辜明安：《物权请求权制度研究》，法律出版社 2009 年版，第 231 页。

② 参见王泽鉴：《民法物权》，北京大学出版社 2009 年版，第 502 页；崔建远：《物权法》，中国人民大学出版社 2009 年版，第 160 页。

③ 参见崔建远：《物权法》，中国人民大学出版社 2009 年版，第 165、166 页。

劳动从他人之物中获得的孳息的利益相对立[①]；就费用而言，占有人对于相信为自己之物上支出的费用应当获得赔偿的利益与所有权人对于没有请求支出的物上费用应当不予赔偿的利益相对立。[②]

从立法论角度来看，法律可以完全作出有利于物权人的规定，也可以作出完全有利于占有人的规定，当然也可以就损害赔偿、孳息返还、费用赔偿分别规定，并根据各自情况作出有利于占有人或所有权人的规定，在路径上，还可以区分善意与恶意占有人作出不同的利益衡量。但无论选择哪种路径，当法律作出有利于物权人的规定时，就会对占有人不利，反之，亦然。

就《物权法》第 241 条以下的规则来看，首先《物权法》第 242 条规定了恶意占有人的损害赔偿责任，从反面理解，善意占有人应不承担损害赔偿责任；第 243 条规定了用益返还请求权以及善意无权占有人的费用返还请求权；第 244 条处理的是占有物受损时产生之替代物问题，本质上为损害赔偿的特别规则。

立法者是统一规定了有利于物权人的规则或有利于占有人的规则，还是没有统一规定，需分别考察后，方能确定结论。

在逻辑上，从利益衡量上考察判断有利于哪一方，需与适用不当得利、侵权等一般规则情况下的利益状况相比较，所以，在下文，笔者分别就损害赔偿规则、孳息返还以及费用赔偿规则比较利益状况，最终确定规范之目的。

在论述顺序上，本章首先论述物权人之损害赔偿请求权，其次论述用益返还请求权，最后论述占有人之费用返还请求权。

## 第二节　损害赔偿请求权之规范目的

就占有恢复关系中诸多请求权的规范目的而言，一般认为，其旨在优惠

---

① Wieling AcP 169, S. 137 ff.

② W. Wolf, AcP 166, S. 188 ff.

善意占有人[①]，有学者进一步认为，其还具有加重恶意占有人责任之规范目的。[②] 但少有学者分别对恢复请求权人孳息偿还、损害赔偿请求权及占有人的费用求偿请求权中的利益状况进行分析[③]，最终从利益衡量的角度确定占有恢复关系中诸多请求权的规范目的。在是否优惠善意占有人的问题上，应从占有恢复关系中请求权与不当得利、侵权行为、无因管理中请求权的关系中予以论证，我国立法上并没有规定占有恢复关系规则的排他适用性，在理论上也少有主张占有恢复关系绝对优先使用者，一般主张应当斟酌立法目的，个别决定。[④]

在占有恢复关系规则的规范目的上，值得思考的是，其旨在优惠善意占有人还是物权人，如何确定占有恢复关系中请求权与不当得利、侵权行为、无因管理中请求权的竞合关系，也是一个关键问题，而规范目的的基础何在，也需进一步深入论述。

我国物权法区分了善意占有人与恶意占有人，规定了不同之损害赔偿责任。下面分别论述善意占有人损害赔偿责任的规范目的以及恶意占有人损害赔偿责任的规范目的。

## 一、对恶意占有人的损害赔偿请求权

### （一）基于《物权法》第242条的请求权之构成

所谓恶意无权占有人，是指无权占有人在取得占有的时候就知道或者由于重大过失不知道其没有占有的权利，或者无权占有人在取得占有后知道其没有占有的权利的情况。对不返还物以及物的毁损、灭失及其他返还不能原因造成的损害，负损害赔偿责任，在性质上是过错推定责任（《德国

---

① 参见王泽鉴：《民法物权》，北京大学出版社2009年版，第502页；崔建远：《物权法》，中国人民大学出版社2009年版，第161页；张双根：《占有人与恢复请求人关系规则的基本问题——以大陆物权法规定为中心》，载《法令月刊》2007年12月号，第23页以下。

② 参见张双根：《占有人与恢复请求人关系规则的基本问题——以大陆物权法规定为中心》，载《法令月刊》2007年12月号，第31页以下。

③ 同上注，第27页以下。

④ 参见谢在全：《民法物权论》（下册），中国政法大学出版社1999年版，第989页以下；崔建远：《物权法》，中国人民大学出版社2009年版，第161页。

民法典》第990条第1款第1句)。在我国物权法上,恶意无权占有人承担的是无过错责任。

在通过占有辅助人取得占有的情况下,以占有人的恶意为准,在占有主人放任占有辅助人独立为其行为的情况下,占有辅助人恶意也是决定性的。如被告是电器商,其女婿为其监控购货,后被告通过其女婿取得原告丢失的电器,并再次出卖,此时,虽然被告是善意的,但其女婿是恶意的,此时可以准用《德国民法典》第166条,由被告按照所有权人与占有人关系规则承担损害赔偿责任。[①]

在返还之诉的诉讼系属发生后,善意无权占有人也要对物的毁损/恶化、灭失以及其他返还不能原因造成的损害,负损害赔偿责任(《德国民法典》第989条),其责任基础在于事务管理。准用《德国民法典》第280条第1款第1句,这里的过错是被推定的,由占有人举证,而且只要轻过失即可(《德国民法典》第276条),对于辅助人的过失,由占有人根据《德国民法典》第278条承担责任。

根据《物权法》第242条之文义,恶意之无权占有人应赔偿占有物所遭受的损害。但该条强调物的损害是由于占有人"使用"所造成。立法者是否意图将损害赔偿情况限定于"因使用"这一情况呢?

所谓使用,指按照物的物理性能及正常用途加以利用。[②] 使用损害应是指使用造成的效用或价值的减损。但依照事理,使用关系与物之损害并无必然关联,在无权占有人未使用物的情况下、第三人毁损该物的、无权占有人将物处分给第三人的,或者在其上设定担保物权等情况,亦会造成物之损害。

遵循立法理由之文字脉络,其主要目的在于比较有权占有情况下的使用与无权占有情况下的使用,前者之使用不属于占有恢复关系处理的范畴,而后者则属于占有恢复关系处理的范畴。在说明有权占有情况时,立法者

---

① K. Schellhammer, Sachenrecht nach Anspruchsgrundlagen, 2. Aufl. 2005, Rn. 172.

② 参见梁慧星:《中国物权法草案建议稿》,社会科学文献出版社2000年版,第806页。

以租赁或借用法律关系为例，谈及了使用关系。因此，在本条上亦以使用关系为例，规定了无权占有人的损害赔偿义务。[①]

本条规范的目的在于调整所有导致物的损害的情况，故本条文义过窄，应当进行扩张解释，扩张到所有导致损害发生的情况，此时，会超出文义之射程，故应为目的性扩张，但在立法技术上，与其列举所有导致损害发生情况，不如删去“因使用占有的不动产或者动产”，但如此解释，已经跃入法律补充之领域。

所谓损害，应包括对物实体的不良影响、正常使用带来的损耗、没有履行通常保养、修理义务、在物上设定权利负担等（比较《德国民法典》第 989 条），此并非价值判断问题，而是技术问题。

虽然在恶意无权占有人损害赔偿的构成上并不要求过错这一要件，但占有人的使用行为与占有物的损害之间应存在因果关系。[②]

通过上文解释，我们可以确定，《物权法》第 242 条之含义为：恶意之无权占有人应赔偿占有物所遭受的损害，该责任为无过错责任。

### （二）代位物返还请求权

根据《物权法》第 244 条之文义，无权占有人应返还因占有物之毁损、灭失而取得之保险金、赔偿金或补偿金等替代物。对于保险金、赔偿金或补偿金等替代物，善意占有人与恶意占有人均应负返还义务。

从损害的含义来看，既然应当包括因占有物之毁损、灭失而取得之保险金、赔偿金或补偿金等情况，但为什么还要单独规定一条呢？

从立法理由中我们可以发现，立法者试图借鉴《日本民法典》第 191 条以及我国台湾地区“民法”第 953 条之规定。[③] 但在表述上，与母法之原意相距甚远，虽然令人遗憾，但仍可遵循立法者之意图，予以解释。

---

① 参见全国人民代表大会常务委员会法制工作委员会民法室编：《中华人民共和国物权法条文说明、立法理由及相关规定》，北京大学出版社 2007 年版，第 429 页。

② 参见黄松有主编、最高人民法院物权法研究小组编著：《中华人民共和国物权法条文理解与适用》，人民法院出版社 2007 年版，第 702 页。

③ 参见胡康生主编：《中华人民共和国物权法释义》，法律出版社 2007 年版，第 518 页。

我国台湾地区"民法"第953条规定:善意占有人,于可归责于自己之事由,致占有物灭失或毁损者,对于恢复请求人,仅以因灭失或毁损所受之利益为限,负赔偿责任。在体系上,与此条关联者为第956条,应在体系上作统一观察。第956条规定,恶意占有人,或无所有意思之占有人,因可归责于自己之事由,致占有物灭失或毁损者,对于恢复请求权人,负损害赔偿之责。

我国台湾地区"民法"第953条来自《日本民法典》第191条,对于善意无权占有人,日本民法并没有采取完全免责主义,而是规定其对可归责于自己的事由而造成之损害,应负赔偿责任,并以所受之利益为限,与《德国民法典》第993条第1款以及《瑞士民法典》第938条第1款并不相同,依后者,善意无权占有人对占有物之灭失或毁损,不承担任何赔偿责任。[①]

值得注意的是,我国台湾地区"民法"第956条来自于《德国民法典》,即在恶意无权占有人因可归责于自己的事由而造成物之损害的,其应承担损害赔偿责任,但并不以所受利益为限。《日本民法典》第191条规定的恶意无权占有人规则亦是如此。但《瑞士民法典》第940条第1款规定的恶意无权占有人之责任,为无过失责任。[②]

根据《德国民法典》第991条第2款的规定,善意他主占有人,就占有物毁损、灭失,应在其对间接占有人(即上级占有人)应负责任的范围内,承担损害赔偿责任。[③] 依照瑞士法通说,无权他主占有人,无论善意与否,均因就损害承担无过失责任。[④] 依据《日本民法典》第191条的规定,即使善意之他主占有人,亦应承担全部赔偿责任。

如果说大陆立法者意图通过《物权法》第244条移植《日本民法典》第

---

① 参见游进发:《民法物权修正草案无权占有人占有物灭失或毁损损害赔偿义务——反思性分析》,载《法令月刊》2007年12月号,第51页以下。

② 同上注。

③ Jauernig/Jauernig, § 991, Rn. 3.

④ BaslerKomm/Stark, ZGB II § 940 Rn. 8. 转引自游进发:《民法物权修正草案无权占有人占有物灭失或毁损损害赔偿义务——反思性分析》,载《法令月刊》2007年12月号,第55页。

191 条以及我国台湾地区“民法”第 953 条之规定，那么，规则重心应在于是否规定“可归责于自己”以及是否以“所受之利益为限”，在立法理由上，立法者认为：“善意占有人的责任既然可以限定在以其所受之利益为限，则造成毁损、灭失的原因可不必追问，无论是否可以归责于占有人，只要其对被占有物的毁损、灭失受有利益，则都应在所受利益范围内对权利人承担责任。”[①]由此可知，立法者意图通过本条将善意占有人的损害赔偿责任限定于“所受之利益”范围内，但并不限于可归责于占有人的情况，立法者理解上的偏差，在结果上会导致善意占有人无过错情况下，亦应以所受之利益为限承担责任。

在表述上，《物权法》第 242 条并无所受之利益为限或所受之利益字眼，让人如何知晓立法者的上述意图呢？对此还需参照立法本意，根据立法理由，所谓“因物的毁损、灭失而受有利益，指占有人所受积极利益，如当物的毁损灭失由第三人造成时，占有人取得的赔偿金或者替代物”[②]。这里对所受利益的解释与我国台湾法上的所受利益的解释相同。[③]

从体系上来看，《物权法》第 244 条与第 242 条调整的都是无权占有人损害赔偿义务的问题。《物权法》第 242 条区别对待了恶意无权占有人与善意无权占有人，《物权法》第 244 条亦应区别对待恶意无权占有人与善意无权占有人。按照立法者的意图亦是如此，本条前段旨在规定善意无权占有人返还替代物之义务，后段旨在规定恶意无权占有人的返还义务，善意无权占有人承担的损害赔偿责任应轻于恶意无权占有人所承担的损害赔偿责任。[④]

根据《物权法》第 244 条后段，恶意无权占有人之损害赔偿责任，不应以所受利益为限，而应按照一般侵权损害赔偿原则，承担赔偿责任，而且，无

---

① 胡康生主编：《中华人民共和国物权法释义》，法律出版社 2007 年版，第 518 页。

② 同上注。

③ 参见王泽鉴：《民法物权》，北京大学出版社 2009 年，第 508 页。

④ 参见胡康生主编：《中华人民共和国物权法释义》，法律出版社 2007 年版，第 518 页。

论恶意无权占有人是否可归责，均应承担损害赔偿责任[①]，在立法例上借鉴的是瑞士法规则。

对于他主占有人之损害赔偿责任，并不在立法者考虑之内。

综上所述，《物权法》第244条前段之意旨在于规定善意无权占有人之损害赔偿责任应以所受利益为限；第244条后段之意旨在于恶意无权占有人对于物之损害承担损害赔偿责任。但这样的解释结果与《物权法》第242条的解释结果是相矛盾的，按照《物权法》第242条的解释结果，善意无权占有人是不承担损害赔偿责任的，如此一来，从立法原意上解释，出现了价值冲突。

善意无权占有人造成物的毁损、灭失的，其行为性质应为侵权行为，侵权行为法上的损害赔偿责任要具有正当性，必须具备一定的可归责要素，在一般侵权上，归责要素为过错。但立法者脱离损害赔偿责任，而改采不当得利，进行利益衡量，将善意无权占有人之责任限定于"所受利益"之上，以图借此减轻善意无权占有人之责任。[②] 但不当得利规则处理的是财产损益变动问题，其正当性基础在于"有无法律上原因"。在这里，立法者将损害赔偿的本质，强改为不当得利[③]，规则正当性基础上，存有价值冲突。其立法意图固然在于"优待"善意无权占有人，但又不愿意如德国法那样完全免除善意无权占有人之损害赔偿责任，故予以重新衡量，缩减其优待范围。

实际上，立法者在《物权法》第242条规定了善意无权占有人免责之规定后，并无必要规定第244条前段，从本质上讲，第244条前段之内容完全可以让诸于不当得利法调整。

根据《物权法》第244条前段，善意无权占有人并无损害赔偿法上的损

---

① 参见胡康生主编：《中华人民共和国物权法释义》，法律出版社2007年版，第519页。

② 对此，可比较我国台湾"民法"第953条立法理由书：占有物灭失毁损，其事由应归责于占有人者，若其占有人系善意占有人，又为自主占有人时，应依不当得利之原则，将受益额悉数清还恢复占有物人，否则必令其负全部赔偿义务，未免过苛，故设本条，以保护善意自主占有人之利益。

③ 参见游进发：《民法物权修正草案无权占有人占有物灭失或毁损损害赔偿义务——反思性分析》，载《法令月刊》2007年12月号，第57页。

害赔偿责任，但却须根据不当得利规则返还所受利益，有学者认为，该返还保险金、赔偿金或者补偿金的义务并非损害赔偿责任，而是不当得利责任。[①] 而恶意占有人对于占有物的毁损、灭失，不仅要承担占有物本身价值的赔偿，还要承担权利人因不动产或者动产毁损、灭失所受到的利益损害。[②] 在《物权法》第244条但书部分还包含了一个请求权并存时的处理规则，第三人毁损、灭失占有物的，所有权人/物权人需先向第三人请求侵权损害赔偿责任，当第三人的赔偿不足以弥补权利人的损害时，再向恶意占有人请求损害赔偿。[③] 这里的规则违反了损害赔偿法的基本原理，有学者建议删掉但书部分。[④]

在无权让与而使第三人善意取得的情况下，在德国法上，由《德国民法典》第816条进行调整，而不适用所有权人占有人规则，我国不存在相类似的条款，所以有学者将《物权法》第244条的“灭失”扩大解释到法律灭失，即包括无权让与而使第三人善意取得的情况。[⑤]

### （三）恶意无权占有人责任规则的规范目的

恶意无权占有人责任规则的规范目的何在，可以从其与侵权责任之比较中确认。

根据《民法通则》第106条第2款、《侵权责任法》第6条第1款，行为人因过错侵害他人民事权益的，应当承担侵权责任。

从构成要件上看，构成《物权法》第242条的情况大部分都构成侵权行为。如果占有人有过错地造成物毁损或灭失，所有权就会被侵害，构成侵权责任；在占有人将物有效地出让给或处分给第三人的情况下，也构成对所有

---

① 关于其不当得利性质，参见黄松有主编、最高人民法院物权法研究小组编著：《中华人民共和国物权法条文理解与适用》，人民法院出版社2007年版，第707页。

② 参见黄松有主编、最高人民法院物权法研究小组编著：《中华人民共和国物权法条文理解与适用》，人民法院出版社2007年版，第708页。

③ 同上书，第709页。

④ 参见孙宪忠主编、张双根执笔：《中国物权法：原理释义和立法解读》，经济管理出版社2008年版，第584页。

⑤ 参见黄松有主编、最高人民法院物权法研究小组编著：《中华人民共和国物权法条文理解与适用》，人民法院出版社2007年版，第708页。

权的侵害,在其有过错的情况下,也可以构成侵权行为。

但是,也有些情况仅构成《物权法》第 242 条的情况,并不构成侵权行为。在占有人将物交给第三人的情况下,所有权并没有受到侵害。但此时,所有权人的原物返还请求权处于不能状态,只能根据《物权法》第 242 条进行损害赔偿,所有权人是否尝试对第三人、即现有的占有人请求返还以及能否证明无法自第三人处获得原物,并非构成要素。

在合同无效或可撤销的情况下,占有人造成物毁损或灭失,可能是没有过错的,因为其是在使用自己物的状态下,除非其明知合同无效,故通常不构成侵权行为。

在占有人不作为的情况下,侵权责任构成与占有恢复关系中损害赔偿构成大不相同,在前者,只有占有人具有行为义务的情况下,才有可能构成侵权责任;而在后者,占有人负有一般的行为义务,只要有过错而不能履行原物返还义务,即应依据《物权法》第 242 条承担损害赔偿责任。①

根据上述规定,行为人在无故意或过失的情况下,应不承担侵权责任,而在恶意无权占有情况下,根据《物权法》第 242 条,就占有物毁损、灭失,即使没有过错,亦应负赔偿责任,恶意无权占有人承担较一般侵权人为重的责任。

尤其值得注意的是,在德国法上,侵权性的无权占有人的过错责任有一定例外,即对意外事故承担责任(《德国民法典》第 992 条、第 823 条、第 249 条、第 848 条)。损害赔偿范围不仅包括因为毁损、灭失、履行不能造成的损害,而且包括不返还所有物而造成的损害以及只有所有权人才能收取的用益。所谓侵权占有人,一般是指通过偷盗、抢、欺骗、敲诈以及窝藏等方式获得占有的人。

但在中国法上,不仅均承担无过错责任,而且并不区分恶意无权占有人及侵权无权占有人,无权占有人均应承担无过错的损害赔偿责任。

从比较法上来看,德国法加重了迟延无权占有人的损害赔偿责任,根据

---

① Pinger, Funktion und dogmatische Einordnung des Eigentümer-Besitzer-Verhältnisses, 1973, S. 60.

《德国民法典》第 990 条第 2 款的规定，在构成迟延情况下，恶意无权占有人承担加重责任，对扣留物不还而产生的损害，包括只有所有权人才能收取的用益的补偿，都需承担损害赔偿责任。赔偿所有侵占的损害，包括所失利润。

从利益比较而言，在履行迟延情况下，债权人可以请求债务人赔偿迟延损害，如金钱债务场合的“逾期利息”（《合同法》第 207 条）[①]，故在恶意无权占有人迟延返还情况下，其赔偿责任亦应加重。

从利益比较上，履行迟延者还需对意外造成的损害承担责任（《德国民法典》第 287 条第 2 句）。[②] 迟延无权占有人亦应对意外造成的损害承担责任。对于这种情况，并不属于侵权法的调整范围。

综上所述，恶意无权占有人之责任有所加重，所有权人受到了优待。

## 二、对善意无权占有人的损害赔偿请求权

根据对《物权法》第 242 条、第 244 条的反面解释，善意占有人对占有物的损害，不承担损害赔偿责任。[③] 根据立法者的本意，其参照的是瑞士立法，根据瑞士法，善意无权占有人并无损害赔偿责任。[④] 从立法理由来看，善意占有人对物的损害不承担责任。[⑤] 但对于非正常的、破坏性的使用则应为法律所禁止[⑥]，这里所指的“使用”类似于“过度用益”的概念。

在物灭失或毁损时，善意占有人即使对损害有过错，也不负责任（《德国民法典》第 993 条第 1 款后半句）。对此规则，存有例外，如根据《德国民

---

① 参见韩世远：《合同法总论》（第 2 版），法律出版社 2009 年版，第 352 页。

② Jauernig, BGB, 287, Rn. 1.

③ 采同样解释论者，参见张双根：《占有人与恢复请求人关系规则的基本问题——以大陆物权法规定为中心》，载《法令月刊》2007 年 12 月号，第 16 页。

④ 参见胡康生主编：《中华人民共和国物权法释义》，法律出版社 2007 年版，第 515 页。

⑤ 参见全国人民代表大会常务委员会法制工作委员会民法室编：《中华人民共和国物权法条文说明、立法理由及相关规定》，北京大学出版社 2007 年版，第 429 页。

⑥ 参见黄松有主编、最高人民法院物权法研究小组编著：《中华人民共和国物权法条文理解与适用》，人民法院出版社 2007 年版，第 700 页。

法典》第991条第2款的规定，在存在间接占有关系的情况下，直接占有人虽然对所有权人而言是善意的，按照逻辑不应承担损害赔偿责任，但如果其对于间接占有人应承担损害赔偿责任，则直接占有人对所有权人也要自始承担损害赔偿责任，其主要是指在直接占有人与有过错地违反了基于占有媒介关系中的义务的情况。在有法定或合同上减轻责任的情况下，以及在合同上允许侵害的情况下，直接占有人可不承担损害赔偿责任。该规则在效果上比较类似第三人损害清算规则（Drittschadenliquidation，《德国民法典》第285条），但不同的是，这里的所有权人作为第三人享有一个自己的赔偿请求权，所以，直接占有人与间接占有人之间的法律关系对所有权人有保护作用。①

之所以给予善意占有人以“特权”，立法理由上的论点在于根据占有推定权利的规则②，由于推定的权利是可以被推翻的，在占有人已经被确定为无权占有人的场合，并无适用权利推定规则的余地；而事实状态的推定更不同于权利的推定，即使无权占有人被推定为善意占有人，也不能成为有权占有人，所以，其根据不能是占有推定规则③，应在保护善意占有人对占有权利的信赖上。

在立法上，给予善意占有人以“特权”还有一个理由，《物权法》并没有赋予善意无权占有人以用益保有权，根据所谓的“权利义务一致”原则，善意无权占有人也不应当承担赔偿责任。④ 首先，用益返还的根据类似于不当得利请求权，而损害赔偿请求权类似于损害赔偿请求权，互不相干，无法构成权利义务关系。其次，恶意占有人也无用益返还权利，按照“权利义

---

① MünchKomm/Medicus, § 991, Rn. 11.

② 参见全国人民代表大会常务委员会法制工作委员会民法室编：《中华人民共和国物权法条文说明、立法理由及相关规定》，北京大学出版社2007年版，第429页。

③ 参见孙宪忠主编、张双根执笔：《中国物权法：原理释义和立法解读》，经济管理出版社2008年版，第580页以下。

④ 参见黄松有主编、最高人民法院物权法研究小组编著：《中华人民共和国物权法条文理解与适用》，人民法院出版社2007年版，第703页。之所以如此思维，是因为日本、瑞士以及我国台湾都规定善意占有人以占有物灭失、毁损所受的利益为限。这里的利益被理解为用益。

务”一致的逻辑，恶意的无权占有人是否也不负损害赔偿责任呢？[①]

## 三、对无权占有人的损害赔偿请求权与侵权法上请求权的关系

### （一）无权占有人损害赔偿规则的排他适用性上的问题

如上所述，恶意占有人承担加重责任；根据《物权法》第242条的规定，善意占有人对物的毁损不承担责任，对于保险金、赔偿金或补偿金等替代物，善意占有人与恶意占有人均应负返还义务。可以认定占有人损害赔偿规则为特别法，对此是否可以认为该规则具有排他适用性呢，也就是说，排除侵权法的适用呢？

如果采取肯定学说，则善意占有人在所有情况下，都无须承担侵权责任（间接占有的情况除外），对于恶意占有人，其仅根据《物权法》第242条、第244条承担责任，而不同时根据侵权责任法承担责任。

但是，完全排除侵权法的适用，会导致恶意侵权人也受优待，因为相对于占有恢复关系规则，侵权法规范群尚包含责任加重规则。

而同时允许适用侵权法规则或者排除侵权法规则的情况，可能导致在有利或者不利所有权人之间摇摆。在占有恢复关系规定的情况下，占有人承担加重责任；但在未规定的情况下，适用侵权责任法，占有人受优待。

所以，只有解决请求权规范竞合的问题，才能最终确定占有恢复关系中是所有权人还是占有人受到了优待。

### （二）与侵权法上请求权的关系

在德国法上，侵权法与给付障碍法共同构成一般的损害赔偿法，《德国民法典》第989条及其以下优先于并排除一般给付障碍法的适用，其理由在于，如果允许适用给付障碍法，第989条及其以下就失去其规范意义了。[②]

如上所述，所有物返还请求权的次请求权中蕴含的利益衡量，明显不同

---

① 参见孙宪忠主编、张双根执笔：《中国物权法：原理释义和立法解读》，经济管理出版社2008年版，第577页。

② Staudinger/Gursky, vor §987 Rn. 37.

于侵权法规则中的利益衡量，次请求权有其独立的调整领域。如果无权占有人是善意的话，根据《德国民法典》第 992 条的规定，他对损害以及正常经营范围内的用益不承担责任，而在恶意情况下，无权占有人的责任构成也不同于侵权占有人。比如，基于轻过失而自一窝主那里买得一辆被窃的汽车，汽车后来发生了损害。若依据《德国民法典》第 823 条第 1 款，并用《德国民法典》第 249 条之规定，则占有人需负全部赔偿之义务；反过来，若根据《德国民法典》第 990 条第 1 款第 1 句的规定，只有在其是恶意（至少是重大过失）的情况下，才有损害赔偿的义务。但是，侵权法上请求权与所有物返还请求权之间还是可能存在竞合关系的。

在德国法上，侵夺、侵占、妨害他人所有权、对物之实体的不利影响，或者其他的阻碍物的使用、对所有权人的处分权能产生妨害等行为，都可以构成《德国民法典》第 823 条第 1 款意义上的侵害所有权。《德国民法典》第 823 条第 2 款调整的是保护性法律中对侵害所有权规范的情况，《德国民法典》第 826 条保护所有权免受故意违反善良风俗之侵害。

根据《德国民法典》第 989 条以下的规定，占有人不仅要对导致他人所有物损害的积极行为负责，而且要为所有的导致他人所有物损害的不作为负责。[①] 所以，第 989 条以下为占有人规定了广泛的保护所有权免受损害、毁灭或者其他妨害的义务。而在占有人负有避免损害或妨害所有权的义务的时候，占有人也负有侵权法上的责任。虽然没有一般的保护他人所有权的义务，但是，基于法律、合同、习惯以及法官法，可以产生作为的特别义务，也就是基于过去的（预期产生危险的）作为而产生的一种社会安全义务。根据该义务，通过自己的作为或者违反义务的不作为而造成损害后果出现危险者，负有避免将要发生的损害产生的义务。[②]

在《德国民法典》第 989 条、第 990 条的情况下，占有人违反的是基于《德国民法典》第 985 条而负有的义务，即向所有权人返还物的义务，由此产生一种危险，即所有权人已经能够避免的损害有被实现的危险。由此产

---

① Staudinger/Gursky, vor § 987 Rn. 4 ff.

② Gursky, a. a. O., S. 65 f.

生了占有人“基于预期产生危险的行为”的作为义务，在结果上，占有人可以满足因不作为而侵害所有权的构成要件。[①]

不仅侵夺所有物是对所有权的侵害，对用益可能性的侵害也是对所有权的侵害，只要占有人没有收取用益，即使所有权人自己不可能进行用益，负有作为义务的占有人也造成了所有权的损害；但从侵权法角度来看，在所有权人自己不可能进行用益的情况下，则没有产生损害。

基于《德国民法典》第 990 条的请求权常常与第 992 条的请求权（侵权占有人责任）或者第 993 条的请求权（可能会构成第 826 条的侵权责任）构成竞合，在《德国民法典》诉讼时效制度统一后，不存在第 990 条的请求权或者侵权请求权哪个更优的问题了。

### （三）无权占有人损害赔偿规则的排他适用性

既然次请求权的构成要件与侵权上请求权的构成要件存在着竞合的可能性，那么，需要进一步思考的是，如何解决该竞合关系，应优先适用哪种请求权规范。

通过对次请求权内容的分析，可以知道，无权占有人对所有权人负有特别的物权法上的信托义务，即有限制的返还、照料义务，同时享有费用返还请求权。[②] 但法律对善意的、没有被诉讼的无权占有人给予了特别保护，根据《德国民法典》第 993 条第 1 款第 2 句的规定，善意之无权占有人享有一个特权，即一般情况下，不负有返还用益以及损害赔偿的义务。为了保障这一立法目标不至于落空，立法者确立了次请求权的优先排他适用性。所以，通说认为，相对于侵权法规则，要优先排他地适用《德国民法典》第 987 条以下的规则，对于单纯善意的并未被起诉的占有人，不适用侵权法规则，但对于侵权占有人，既可以适用侵权法规则，也可以适用所有权人与占有人关系规则。[③]

---

① Michalski, in FS für Gitter, 1994, 577, 601.

② Fikentscher, Schuldrecht, Rn. 1197.

③ Michalski, in FS für Gitter, 1994, 577, 609.

### （四）排他适用性的例外

通说认为，在无权他主占有人臆想自己享有占有权，但实际上超越了其臆想的占有权界限，有过错而造成物的毁损的情况下（Fremdbesitzerexzeß），应适用侵权法规则，在其占有权来自于第三人，但其相对于所有权人也是无权占有的情况下，也是如此。比如，承租人有过错地损害了房屋，他要根据履行障碍以及侵权责任承担损害赔偿责任，但如果此时发现，租赁合同因为未合意而未成立，如果根据次请求权（《德国民法典》第 987 条以下）规则处理，根据《德国民法典》第 990 条的规定，在他对于合同未合意是善意的情况下，就不必为损害承担责任了。在结果上，由于合同无效而使成为无权占有人的人要比有权占有人的处境更好。所以，此时不能适用所有权人与占有人关系规则。[①]

最后，值得注意的是，故意以违反善良风俗方法侵害他人之规则（《德国民法典》第 826 条）可以适用于所有类型的无权占有人的情况。

## 第三节　用益返还请求权的规范目的

《物权法》第 243 条前段规定了权利人的返还请求权。从文义上看，返还的客体为原物与孳息，返还请求权人为权利人，请求权相对人为占有动产或不动产者。此条文不仅有诸多不明确之处，且规范目的如何，亦颇值思量。下文拟先解释或补充其规范内容后，再行明确其规范目的。

### 一、规范内容

根据《物权法》第 243 条前段的规定，不动产或者动产被占有人占有的，权利人可以请求返还原物及孳息。此条将原物返还请求权与孳息返还请求权并列规定，其目的主要在于明确孳息返还请求权与原物返还请求权之间的关系，前者以后者的构成为前提。

如本书第二章所述，这里的权利人，应解释为物权人，其享有的物权应

---

① Jauernig, BGB, § 987 Rn. 6 ff; Baur/Stürner, a. a. O., § 11, Rn. 36.

具有占有权能。

根据《物权法》第 116 条的规定，本条中的孳息应包括天然孳息与法定孳息，前者是指依物的自然属性所产生的物，如果实、子畜与奶产品等；后者是指依一定法律关系由原物所生的物，是原物的所有权人进行租赁、投资等特定民事法律活动而应当获得的合法收益，如租金、股息等。[①]

依照事理，与天然孳息、法定孳息同类者为对物的使用，如对房屋的居住使用，依照平等原则，在法律上应对之作相同处理。依类推适用之规则，权利人可根据本条规定，请求返还物之使用利益。在德国法上，孳息与使用利益被统称为用益（Nutzung，《德国民法典》第 100 条）。用益包括孳息与所谓的使用利益（《德国民法典》第 100 条）。孳息首先是直接的物的孳息，如粮食、葡萄等（《德国民法典》第 99 条第 1 款）；其次是间接孳息，包括租金等（《德国民法典》第 99 条第 3 款）。而使用利益是指在房屋中居住、仓库的使用等。在德国法上，通常认为企业或者自由职业中的利润不是孳息，因为其取决于企业主的业绩。但是可以将次请求权规则准用于无效的企业租赁的情况下。[②]

进一步来看，本条所指的孳息指向的应是基于物的天然孳息，而非基于法律关系的法定孳息，因为本条针对的是有体物，而且，法定孳息的取得以真实享有孳息收取权为前提。[③] 但在《德国民法典》第 292 条情况下，适用占有恢复关系规则时，法定孳息亦在返还之列，无权占有人兑现无记名证券时，承担的并非法定孳息返还义务，而是损害赔偿义务。就直接的物之孳息，只有在其成为争议标的物，即是否属于无权占有人的所有权时（《德国民法典》第 955 条、第 957 条），才是本条意义上的孳息，否则，只能根据原物返还请求权，请求返还。

由于所有物返还请求权（《德国民法典》第 985 条）只针对有体物，所以《德国民法典》第 987 条以下只指向物之用益。劳动或企业经营带来的收

---

① 参见胡康生主编：《中华人民共和国物权法释义》，法律出版社 2007 年版，第 254、255 页。

② BGHZ 63, 365.

③ Staudinger/Gursky, Rn. 987, S. 10.

益并不属于这里的用益,通过占有人自己的投资带来的收益也不属于这里的用益。需要返还的只是物之用益的市场价值。但在故意无权用益他人之物的情况下,适用无因管理规则,返还全部实际收益。[①]

通过上述解释,可以确定,无权占有人得向物权人返还物之用益。

## 二、善意占有人与恶意占有人的区别对待

《物权法》第 243 条前段并没有区分善意占有人与恶意占有人,均负有同样的返还义务。由此,在其规范目的上,无从判断优待善意占有人之目的。与第 242 条相比,形成重大的不平衡,在损害赔偿情况下,第 242 条兼具加重恶意无权占有人的功能以及优待善意无权占有人的功能,而在第 243 条前段,无权占有人,无论善意与恶意、有偿或无偿以及是否被起诉,均应负返还孳息的义务。[②]

在立法例上,对于善意无权占有人是否返还用益的问题上,基本上是一致的,即未被起诉的善意之无权占有人并不负有返还已收取用益之义务,德国法、瑞士法以及我国台湾地区立法均是如此。台湾"民法"第 952 条立法理由称:……盖历年取得之孳息,若令其悉数返还,善意之占有人,必蒙受不测之损害,非保护善意占有人利益之道。[③]

但存有区别的是,德国法上,善意之无权占有人虽然没有用益返还请求权,但其对所有权人享有费用返还请求权。我国台湾地区继受德国法时,对此予以特殊考量,台湾"民法"第 954 条规定,善意之无权占有人虽然可以请求偿还必要费用,但已就占有物取得孳息者,不得请求偿还。其立法理由为:占有物所必要之费用,为保存其物所不可或缺者,应使善意占有人,得向恢复占有物人请求偿还。然通常所必要之费用,例如小修缮费,大抵皆由所收取孳息中支用,若善意占有人已取得孳息者,此项费用,即归其担负,不使

---

① MünchKomm/Medicus, § 987, Rn. 12 ff.

② 参见全国人民代表大会常务委员会法制工作委员会民法室编:《中华人民共和国物权法条文说明、立法理由及相关规定》,北京大学出版社 2007 年版,第 430 页。

③ 参见王泽鉴:《民法物权 · 用益物权 · 占有》,中国政法大学出版社 2001 年版,第 318、319 页。

请求清偿,以照公允。[①]

从立法理由上看,立法者亦认同善意占有人可以保留用益之规则,但在用益保留与费用偿还的关系上,立法者认为,我国台湾地区乃至瑞士的规则更为可取。故《物权法》第 243 条之规则目的在于解决用益保留与费用偿还关系问题,在规则上属于费用偿还请求权中的例外规则。[②] 在表述上,却将特别之情况转为一般情况予以规定,遂失去母法中立法之本意,在规则继受中,应承认人类法律文化的共同性,如无本地的特殊价值考量,不应予以修改。

有鉴于此,本文主张仍需区分善意与恶意无权占有人分别规定其用益返还规则。

### (一) 未被起诉、善意占有人无须返还用益

未被起诉、善意占有人不需返还已收取之收益,但在占有人无偿取得其占有(比较《德国民法典》第 988 条)[③]或收取过度用益(比较《德国民法典》第 993 条第 1 款前半句)时,负有依不当得利的规定,将物之孳息(Sachfrüchte,比较《德国民法典》第 99 条第 1 款、第 3 款)返还给所有权人的义务。在过度孳息情况下,物之孳息已经超过了通常的经营中产生的收益(Ertrag),而涉及了物的实体。

### (二) 恶意无权占有人

1. 恶意无权占有人

无权占有人的恶意涉及的只是自己的有瑕疵的占有权,而与他人之所有权无关。在多层占有的情况下,只要其对其层次的占有媒介关系以及移转权能是恶意的,即可。[④]

在取得占有之前,知道有重大过失而不知道都构成恶意(《德国民法

---

① 参见王泽鉴:《民法物权·用益物权·占有》,中国政法大学出版社 2001 年版,第 328、329 页。

② 参见胡康生主编:《中华人民共和国物权法释义》,法律出版社 2007 年版,第 516 页。

③ 该规则的基本思想与《德国民法典》第 816 条第 1 款第 2 句的思想是一致的。

④ MünchKomm/Medicus, § 990, Rn. 3.

典》第990条第1款第1句)。所谓重大过失,是指在交易中异常严重违反了一定的注意义务(Sorgfalt),而且毫不顾及一般人都会有的疑虑(参见《德国民法典》第932条第2款)。判断恶意的时点是获得事实上物之支配力的时点。

但在无权占有人已经取得占有后,此时,只有在其事后知道没有占有权的情况下,才是恶意无权占有人,也就是说,此时,只有明知才构成恶意(《德国民法典》第990条第1款第2句)。

在通过占有辅助人取得占有的情况下,以占有人的恶意为准,在占有主人放任占有辅助人独立为其行为的情况下,占有辅助人恶意也是决定性的。[①]

恶意占有人需要返还已收取的用益,由于其恶意已经构成了《德国民法典》第987条第2款、第989条意义上的过失,所以,恶意占有人对于未收取的用益也负有返还义务,并就物之损毁负损害赔偿责任。

2. 迟延、恶意无权占有人

《德国民法典》第990条第2款还规定了所谓的迟延占有人(Verzugsbesitzer),即迟延履行返还义务的无权占有人,根据债法上的迟延履行规则,其要赔偿所有权人所能收取的用益,并承担风险责任。但要注意的是,占有人承担迟延责任的前提是,知道自己没有权利进行占有,也就是恶意的。[②]此时,恶意、迟延无权占有人承担加重责任。

对于是否陷入迟延,适用债法规则,比如要进行催告或者提起诉讼(《德国民法典》第286条)。

3. 间接占有的情况

《德国民法典》第991条第1款限制了直接占有人的用益返还责任(比如承租人),只有在间接占有人(出租人)自己也构成了《德国民法典》第990条以及第987条的要件的情况下,直接占有人才承担责任,否则,恶意

① MünchKomm/Medicus, § 990, Rn. 11.

② Brehm/Berger, Sachenrecht, § 8 Rn. 40.

的直接占有人要在善意的间接占有人处获得补偿。[①] 该规范的目的在于，使善意的、未被起诉的间接占有人不受直接占有人的追偿。[②] 但有些情况下，直接占有人未必对间接占有人有追偿请求权，如在租赁合同签订时对瑕疵是明知的情况。所以，在这里要进行目的限缩解释，即只有在直接占有人对间接占有人有追偿请求权的情况下，才可以适用上述规则。

### （三）被诉无权占有人

自诉状被送达之时起，即诉讼系属发生后，该无权占有人被称为被诉、善意无权占有人（Verklagter redlicher Besitzer,《德国民法典》第 989 条）。如果在诉讼系属发生前，诉讼占有人是恶意占有人，则当然适用恶意占有人规则。如果他是善意的，应当自被起诉时起承担他人之物的管理人责任。[③] 其理由在于，所有物返还请求权诉讼足以使无权占有人从善意中“惊醒”并警告其会受到返还的判决。

在诉讼系属发生后，无权占有人必须承担返还诉讼系属发生后的用益（《德国民法典》第 987 条第 1 款）。如果该用益存在但无法被区别出来（如出租他人之物而收取的收益），则返还相应价值，如果该价值不再存在了，也不能适用《德国民法典》第 818 条第 3 款而免除无权占有人的责任，此时根据《德国民法典》第 987 条第 2 款过错责任思想，在无权占有人有过错的情况下，即使价值不存在，也要承担赔偿责任。[④]

如果无权占有人有过错地不收取按照通常经营本可收取的用益，无论所有权人是否已经收取了该用益或者能否收取用益，都对所有权人有赔偿义务，但此为过错责任（《德国民法典》第 987 条第 2 款）。在占有人无过错地假定存在法律关系（如保管）并基于此法律关系而占有，如果此保管关系没有授予他用益之权利，他也就没有收取用益，此时，就没有赔偿义务。

在德国法上，《德国民法典》第 953 条以下规定了出产物以及其他物之

---

① K. Schellhammer, Sachenrecht nach Anspruchsgrundlagen, 2. Aufl. 2005, Rn. 163.

② MünchKomm/Medicus, § 991, Rn. 1.

③ Mugdan III, S. 978.

④ MünchKomm/Medicus, § 987, Rn. 15 ff.

成分的所有权取得问题，在与母物分离前，出产物是物的重要成分，不能作为独立的物存在（《德国民法典》第93条），在分离后，其可以成为独立物，通常情况下也属于母物的所有权人（《德国民法典》第953条）。但此规则也存有若干例外：首先，存在物权性收取出产物权利（如用益物权）或者在善意相信自己有物权的情况下，物权人以及善意第三人取得出产物所有权；其次，在存在债权性权利的情况下（《德国民法典》第956条），或者在善意相信自己有债权的情况下（《德国民法典》第957条），债权人以及善意第三人取得出产物所有权，既优先于所有权人，也优先于物权人与表见物权人。[①] 最后要注意的是，善意第三人一般优先于真实权利人取得出产物所有权。

综合来讲，恶意第三人（无权占有人）不能取得出产物的所有权，而善意第三人能取得出产物的所有权。[②] 值得注意的是，《德国民法典》第953条规则不适用于租金等孳息，对于租金等间接孳息，无论占有人是否为善意，都可以取得（《德国民法典》第99条第3款）。第987条基于"管理人责任"理论，对上述规则进行了修改，善意无权占有人也需要返还自诉讼系属发生时的用益以及有过错而没有收取的孳息。此时，母物所有权人有返还请求权。[③]

诉讼系属发生的时点为提起诉讼之时（《德国民事诉讼法》第261条第1款），准确来讲，是起诉书被送达给被告的时候（《德国民事诉讼法》第253条第1款）。而且，诉讼必须根据的是所有权或者是土地簿册更正请求权。

### （四）无偿无权占有人

在善意未被起诉的无权占有人无偿取得占有的情况下，其承担加重责任，要返还其在所有物返还之诉的法律系属之前收取的收益，但只根据不当得利返还的规定返还（《德国民法典》第988条）。所谓无偿，即没有对价的

---

① Jauernig/Jauernig, vor § § 953, Rn. 1 ff.

② 至于最终占有人是否有权保留用益的问题，是侵害性不当得利所解决的问题。值得注意的是，《德国民法典》第953条规则不适用于租金等孳息，对于租金等间接孳息，无论占有人是否为善意，都可以取得（《德国民法典》第99条第3款）。

③ MünchKomm/Medicus, § 987, Rn. 2 ff.

移转,如赠与。这里的无权占有人既可以是自主占有人,也可以是他主占有人,在他主占有人的情况下,需误信自己有物权性或债权性占有权。

该规则是对《德国民法典》第 955 条、第 957 条的善意取得出产物规则的一个修改。[①] 该规则的基本思想与《德国民法典》第 816 条第 2 款的思想是一致的,在无偿取得情况下,取得人也直接向所有权人返还,因为这里不存在需要被补偿的受害者。在合同无效,而一方没有为对待给付的情况下,也准用第 988 条。[②]

在适用不当得利规则时,尤其注意,在得利不存在的情况下,需适用《德国民法典》第 818 条第 3 款的规定,即无须进行不当得利返还。

## 三、规范目的

恶意无权占有人责任规则的规范目的何在,可以从其与侵权责任之比较中确认。

不当得利责任本质上也是状态责任,所以,有学者主张,所有物返还请求权是一种不当得利责任,是占有返还不当得利的特殊情况。[③] 但不当得利请求权的构成前提是:从所有权人处取得占有,而且其性质是人的责任,而物上返还请求权是一种物上责任。另外,从请求权的构成前提是所有物返还请求权的构成要件已经被满足,所以,在性质上,从请求权并非不当得利请求权。

在法律效果上,二者存在重大差异,善意无权占有人并不负有返还孳息之义务;而恶意占有人之返还义务并不以既存利益为限(比较《德国民法典》第 818 条第 3 款之规则),在被收取的用益不存在的情况下,要以金钱价值补偿。非善意占有人与诉讼占有人,需返还全部已收取之收益(包括使用利益),补偿已不存在孳息之价值,并补偿因其过错而未收取之收益(《德国民法典》第 990 条、第 987 条);侵权占有人需赔偿所有的——属于所有权

---

① MünchKomm/Medicus, § 988, Rn. 2.

② MünchKomm/Medicus, § 987, Rn. 6.

③ Bälz, Eingriffsschutz im Haftungssystem des Zivilrechts (I), 1970, S. 43.

收益归属内容的——为所有权人可能收取之收益,同时他还需返还那些对所有权人来说可能无法收取,而他却已收取的收益。

从比较上来看,用益返还请求权规则优待了善意无权占有人,加重了恶意无权占有人之责任,而加重恶意无权占有人责任之目的又在于保护所有权人。

## 四、用益返还规则的排他适用性

由于用益返还规则中,贯穿着独特的优待善意无权占有人以及保护所有权人的目的,故在与不当得利请求权的关系上,其为特别规则,应优先适用。

## 五、用益返还请求权与其他请求权的关系

### (一) 与不当得利请求权的关系

特别法律关系以外的不当得利请求权,就是非给付型不当得利,或称侵害型不当得利。在不当得利规范下,主请求权是物的返还或者价值赔偿,从请求权是用益返还请求权。

1. 占有人对他人之物进行利用而产生的请求权

要注意的是,如果涉及的是消费、加工或者有效出让(如善意取得)的情况,原物已经不能被返还,只能就物的价值进行不当得利返还,此时适用《德国民法典》第 812 条、第 816 条(第三人善意取得时的不当得利返还规则)、第 951 条之规定(附合情况下,对不当得利返还规则的适用)。在这些情况下,不存在竞合问题,因为《德国民法典》第 987 条不解决这些问题,只解决用益与损害赔偿问题。在对于善意之无权处分人的保护上,尤其值得注意。而就用益的返还问题,则适用《德国民法典》第 987 条以下的所有权人与占有人关系规则。[①]

在中国法上,由于不存在类似于《德国民法典》第 816 条的规则,在处理上,只能依据所有物返还请求权及次请求权进行返还以及赔偿。

---

① Jauernig, BGB, § 987, Rn. 14.

2. 所有权人对占有人的用益返还请求权

一种观点认为,在用益返还问题上,要排他地适用《德国民法典》第987条以下的规则。[①]

相反的观点是,次请求权与不当得利请求权可以同时存在[②],不论该不当得利是给付型的,还是非给付型的。

另一种观点认为,在涉及基于有瑕疵之合同关系(如合同无效、物权行为无效)的返还关系情况下,适用给付型不当得利规则,在不涉及基于有瑕疵之合同关系的返还关系的情况下,可以排他地适用第987条以下的规则。[③]

笔者赞同最后一种观点。

根据《德国民法典》第993条第1款的规定,善意无权占有人仅负有义务返还那些"不是正常经营所带来的物之所得",而《德国民法典》第818条第1款赋予了不当得利人广泛的用益返还义务。[④] 只要不符合《德国民法典》第987条到第993条第1款前半句的构成要件,也就是说,即使善意占有人过度收取了用益(《德国民法典》第993条第1款前半句意义上的),也不负有根据不当得利返还用益的义务,在这里,《德国民法典》第993条第1款前半句再次规定引致不当得利规则。但在善意占有人无偿取得(《德国民法典》第988条)或从第三人处有偿取得的情况下,或者通过有过错之禁止私力行为,取得占有以及在他主占有人越权情况下,只适用《德国民法典》第812条以下规则,善意占有人负有返还用益之义务。

恶意或被起诉的占有人用益返还义务的基础在于《德国民法典》第987条第1款、第990条第1款、第991条第1款,所有权人不得根据不当得利请求权请求用益返还。

---

① Gursky, a. a. O., S. 53.

② Baur/Stürner, a. a. O., § 11, Rn. 34.

③ Medicus, Bügerliches Recht, Rn. 600; Larenz/Canaris, Schuldrecht II 2, § 74 I a, 2b; Palandt/Bassenge, §988 Rn. 5.

④ Gursky, a. a. O., S. 52.

3. 所有权移转合意无效的情况下

在德国法上，在对所有权人的给付有瑕疵的情况下，比如，所有权移转合意无效，或者买卖与所有权移转都无效的情况下[①]，此时，只能适用《德国民法典》第 987 条以下的规则，未被起诉的、善意、有偿之占有人没有损害赔偿义务，原则上还可以保有用益。如果只有买卖合同无效，按照德国法，要适用不当得利法，则占有人（同时也是所有权人！）必须返还用益（《德国民法典》第 812 条第 1 款、第 818 条）。这里，存在着价值冲突，无法律原因取得占有者的地位优于无法律原因取得所有权者的地位。对此有很多争议，尤其在占有人从无权处分的第三人处买得该物，但因为是赃物，而未能善意取得时，该争议具有一定的实践意义。

德国判例认为，应将该占有人等同为无偿占有人（《德国民法典》第 988 条），不得保有该用益。[②] 在二人关系情况下，多数学者赞同该判例的观点。[③] 在三人关系情况下，问题有点复杂，如第三人作为所有权人无法律原因地将占有给付给占有人。B 从 A 处购买一台机器，又将该机器卖给 C，指示 A 直接将机器交付给 C，A 进行了交付，但 B 与 A 之间的让与合意（物权行为）无效，此时如果适用《德国民法典》第 988 条，所有权人 A 不仅能向占有人 C 要求返还物，而且能要求返还用益，但对于其合同相对人，所有权人则只能与其就无法律原因而进行对等给付的问题进行争议，由于占有人已将物返还给所有权人，就所有权问题，所有权人与合同相对人之间无须再次争议，这对占有人不是很有利，而对所有权人则很有利。[④] 为了解决其中的价值矛盾，有学者主张，应根据给付不当得利法处理该问题[⑤]，在三人关系中，也分别在相对的合同关系中处理用益问题，如上述案例，C 与 B 之间存

---

① 即在部分裁决适用瑕疵一致理论的情况下，如在违反法律或者违背善良风俗的情况下，不仅债权行为无效，物权行为也无效，Medicus, Bürgerliches Recht, Rn. 385 S. 223.

② BGH NJW 1995, 2628.

③ Köbl, Eigentümer-Besitzer-Verhältnis, S. 228 ff.; Pinger, a. a. O., S. 50 f.; MünchKomm/Medicus, § 988, Rn. 8.

④ MünchKomm/Medicus, § 988, Rn. 8.

⑤ Baur/Stürner, a. a. O., § 11, Rn. 38.

在合同关系，可根据不当得利规则就用益以及C进行的对等给付等进行清算。该观点的依据在于，《德国民法典》第993条第1款句尾的规则并未排除给付不当得利的适用。

还有观点认为，在这里不能适用《德国民法典》第988条处理用益问题，而且所有权人与占有人之间亦不存在给付关系，所以，也不能适用给付型不当得利规则，所有权人只能向第三人请求所有物之返还。①

由于无权占有人对物之用益侵害了他人所有权的归属内容，所以也可以考虑是否构成侵害型不当得利。通说否认侵害型不当得利的适用，因为，如果适用侵害型不当得利，则作为次请求权规范目的的善意无权取得人的特权就不复存在了。② 对于物以及代位物，则可以适用侵害型不当得利。在物被消费、无权处分以及添附的情况下，都有适用侵害型不当得利的余地。

在无权处分情况下，一般适用《德国民法典》第816条请求返还处分所得或者向回让与所有权，可以同时适用《德国民法典》第990条请求损害赔偿。在无权处分行为被追认而有效的情况下（《德国民法典》第185条），也有《德国民法典》第990条损害赔偿规则适用的余地。因为追认不具有溯及既往的效力，《德国民法典》第816条也不调整无权处分前物的毁损以及用益灭失的情况，所以可以适用《德国民法典》第990条处理用益以及损害问题。

### （二）与无因管理上请求权之竞合

在事务管理符合事务主人的利益及其真正或可推知的意思的情况下，为正当的无因管理（berechtigte Geschaeftsfuehrung），相反为不正当的无因管理（unberechtigte Geschaeftsfuehrung）；如果误信他人事务为自己之事务而管理，为误信管理；但明知是他人事务，仍作为自己的事务而管理，则是不法管

---

① Jauernig, BGB, § 987, Rn. 13.

② Köbl, Eigentümer-Beseitzer-Verhältnis, S. 297 ff.; MünchKomm/Medicus, § 988, Rn. 9.

理(Geschaeftsanmassung)。[①]

在正当的无因管理情况下,事务管理人为有权占有人,所以,无适用《德国民法典》第987条以下的所有权人与占有人关系规则之余地,而在不正当的无因管理,无因管理人为无权占有人,可以适用《德国民法典》第987条以下规则。根据《德国民法典》第687条第1款的规定,在误信管理情况下,不适用无因管理规则,可以适用一般规则,其中包括《德国民法典》第987条以下规则。在不法管理情况下,根据《德国民法典》第687条第2款的规定,可以适用无因管理规则,同时,无因管理人为无权占有人,所以,可以与《德国民法典》第987条以下规则形成竞合关系。[②]

在故意无权使用他人之物的情况下,占有人需根据《德国民法典》第687条第2款第1句、第681条第2句、第667条之无因管理规则承担返还用益责任。[③]

既然在不正当的无因管理以及不法管理的情况下,可以形成竞合关系,而随后的问题就是,解决竞合的规则是什么。

在不正当的无因管理情况下,就损害与用益,事务主人可以基于侵权法以及不当得利法对抗事务管理人。就费用问题,根据《德国民法典》第684条第1句,事务管理人的请求权基础也在于不当得利法,而不是《德国民法典》第683条。而如前所述,所有权人与占有人关系规则优先于侵权法与不当得利法的适用。

但要注意的是,《德国民法典》第678条规定:在无因管理人对其管理行为不正当性知道的情况下,他应对损害负无过错责任,该规定对侵权法规则是一个补充,但是其性质仍是侵权法上的责任,所以,也应为第987条以下规则所排除。[④]

就不法管理而言,只有在涉及事务主人的物、物上用益以及物上费用的时候,才优先排他适用《德国民法典》第987条以下的规定。其他的与物无

---

① Schlechtriem, Schuldrecht II, 1995, S. 273 f.

② Michalski, in FS für Gitter, 1994, 577, 628 f.

③ MünchKomm/Medicus, § 987, Rn. 6.

④ Michalski, a. a. O., 577, 631.

关的收益或所得,则要根据无因管理法进行返还。而与物无关的费用,则要根据不当得利的规定请求返还。

## 第四节 费用偿还请求权

### 一、费用返还请求权的规则内容

#### (一) 善意占有人的费用返还请求权

《物权法》第243条规定了无权占有人对于物权人的费用返还请求权。依据该条,善意占有人对返还请求人可主张必要费用之偿还,对于有益费用以及奢侈费用,善意占有人并不能依据本条主张返还。

所谓费用是指为了返还之物的利益而产生的财产花费,未必一定是有益的。有争议的是,改变物的花费是否也属于费用,如在他人土地上建筑,尤其是在空地上建筑房屋,德国联邦法院对此基本持否定态度,认为费用之目的必须是维持、恢复物的既有状态或者改良物的既有状态。[①] 但如果不根据费用偿还规则处理,而是根据不当得利处理的话,所有权人的赔偿费用的义务可能更广泛,而且也不会允许所有权人不返还获得的利益,同时法院也不会仅仅根据失去的取走权(Wegnahmerecht)的价值进行利益平衡。所以,有学者主张,费用返还规则也适用于物被改变的情况。[②] 但在有些情况下,对于所有权人而言,费用过高,此时,有学者主张根据强迫得利(aufgedrängte Bereicherung)制度解决。[③]

对于取得的费用(如价款、运输费用)并不是费用偿还规则意义上的费用,因为这些费用不是为了物的利益,而是为了使占有人从履行义务中解放出来。在以自己的劳动修理、管理的情况下,只有占有人丧失了其他收入或

---

① BGHZ 10, 171, 177 f. = NJW 1953, 1466.

② Köbl, Eigentümer-Besitzer-Verhältnis S. 305 ff., 355; Baur/Stürner, § 11 Rn. 55; Staudinger/Gursky, Vor § 994 Rn. 8.

③ MünchKomm/Medicus, Rn. 10.

者该劳务是其营业或者职业范围内付出的，才可以请求返还。[①]

1. 必要费用

根据我国《物权法》第 243 条的规定，未被起诉的善意无权占有人可以请求返还必要费用，在这里，善意是被推定的，所以，无权占有人只需证明产生费用，并且是必要的。所有权人需要证明所有物返还之诉已经发生诉讼系属或者占有人是恶意的。

所谓必要费用，是指为了维持或者正常经营该物所客观需要的费用，比如汽车修理、占有人对房屋的修理。是否为必要费用一般不取决于所有权人所追求的目的（如对需要建筑的房屋进行加固，所有权人则想推倒重建），虽然对所有权人目的的改变也类似于一种物的损害，但费用返还规范的目的在于维护善意、未被起诉的占有人特权，其特权之一就是不赔偿此类损害，而在发生诉讼系属或者恶意占有人的情况下，是否为必要费用取决于所有权人的目的。[②] 另外，是否为必要费用也不取决于费用是否产生了效果，而只取决于花费费用时的情况。

物的负担的支付也属于必要费用，比如土地税、抵押权利益等，但对于占有人使用期间产生的这些负担支付，所有权人不负赔偿责任（比较《德国民法典》第 995 条、第 994 条第 2 款第 2 句），同样道理，所有权人也不赔偿在使用期间产生的通常维持费用（比较《德国民法典》第 994 条第 1 款第 2 句），如物的保险费、动物饲养、物的保养等。

在这里，有必要对有益费用进行限制，在占有人花费的费用小于因费用而增加的价值的情况下，不得以返还之时的增加价值为准，否则，在有益费用情况下，占有人之地位比在必要费用情况下还有利。所以，总体上讲，费用补偿需以金钱方式，其额度为所有权人也必须投入的金额。

2. 有益费用

有益费用又被称为提高价值之费用。对于必要费用，其计算时点是支出费用的时点；而对于有益费用，其计算时点是所有权人取得物的时点。但

---

① MünchKomm/Medicus, Rn. 11 ff.

② Medicus, Bürgerliches Recht, Rn, 879.

在所有权人同意费用的支出的情况下（比较《德国民法典》第 1001 条第 1 句第 2 种情况），有益费用的计算时点为同意的时点。在所有权人迟延取回物的情况下，其计算时点为迟延之时点。

对于有益费用，我国学说上一般支持应当将其返还给善意占有人。[①] 司法界人士也主张为保护善意占有人的利益，应认可善意占有人对所支出的合理的用益费用有求偿权。[②]

在德国法上，未被起诉的善意无权占有人原则上也可以请求返还有益费用，但前提是在所有权人重新获得该物时物的价值有所提高（比较《德国民法典》第 996 条）。对于价值提高可以进行鉴定，法庭也可以在《德国民事诉讼法》第 287 条第 2 款范围内裁量。但是，有时虽然客观上有益费用增加了物的价值，但主观上对所有权人是不需要的，如将普通汽车改装成跑车，此时，所有权人或者承受该高额费用或者被迫出卖该汽车，所以，从利益衡量角度，有学者主张对有益费用价值的确定，应考虑所有权人使用该物的目的。[③]

有争议的还有，是否以及如何赔偿占有权期间的费用，如在合同有效期间产生的费用，按照合同或者不当得利处理，还是按照所有权人与占有人关系处理。

对支出费用以及价值增加的举证责任在占有人，而对于占有人的恶意以及费用是在占有人恶意或者发生诉讼系属后支出的，则由所有权人举证。

### （二）善意无权占有人费用偿还请求权的例外

根据上文对《物权法》第 243 条前段的限缩解释，在善意无权占有人保有用益的情况下，其费用偿还请求权也即消灭。该规则的正当性基础在于孳息与费用的相关性，而实际上，支出的费用主要是使物本身增值，而非使无权占有人获得用益。

---

① 参见梁慧星：《中国物权法草案建议稿》，社会科学文献出版社 2000 年版，第 810 页。

② 参见黄松有主编、最高人民法院物权法研究小组编著：《中华人民共和国物权法条文理解与适用》，人民法院出版社 2007 年版，第 706 页。

③ MünchKomm/Medicus, § 996, Rn. 5.

## 二、恶意无权占有人的费用偿还请求权

根据对《物权法》第 243 条的反面解释，恶意之无权占有人对于所有费用包括必要费用，都不能依据本条主张返还。

对于无权占有人的费用返还请求权，在历史上，有两种解决方式，可供选择。一种是罗马法、日耳曼法上的解决办法，只有在例外的情况下才承认占有人的费用赔偿请求权，根据占有的质量以及费用是必要还是有益的决定是否赔偿费用；另一种是法国的解决办法，即通过不当得利解决，有益的费用都能获得赔偿，就必要费用，即使物灭失了，也可以获得赔偿，因为所有权人因为节省而获益。[①] 在第一草案中，德国民法典立法者决定采取第二种方案，因为对恶意以及侵权无权占有人不赔偿费用的方法意味着一种不恰当的私人惩罚，是否返还应从得利人的整体财产状况上判断。而在第二草案中，德国立法者逐渐走向了第一种解决方案，因为所有权人不能承受恶意占有人的任意独断，该规则最终被确立为法定规则。

我国物权法的费用偿还请求权规则比第一种立法例还要激进，完全不承认恶意无权占有人的费用返还请求权。从正当性理由来看，之所以限制恶意无权占有人的费用返还请求权，无非是不能使所有权人承受恶意占有人的任意独断，但如果其行为符合无因管理的要件时，在伦理上并无可谴责性，若还不承认其返还费用请求权，则过于严苛。[②]

根据《德国民法典》第 994 条第 2 款的规定，被起诉或者恶意的无权占有人只能要求赔偿必须的费用，而且必须符合真正的无因管理要件(《德国民法典》第 677 条以下)，此时所有权人所追求的目的具有决定性意义。对于无权占有人来讲，后面的条件是非常严格的。无权占有人支出费用的行为必须符合所有权人真实的或者至少是可以推定的意思(《德国民法典》第 677 条)，此时可以获得全额赔偿；否则只能根据《德国民法典》第 684 条，通

---

① MünchKomm/Medicus, § 994, Rn. 1. Wieling I § 12 V 1.

② 多数学者主张恶意占有人也有费用返还请求权。参见刘凯湘：《论基于所有权的物权请求权》，载《法学研究》2003 年第 1 期，第 31 页；陈华彬：《物权法》，法律出版社 2004 年版，第 203 页。

过不当得利规则处理，而且其赔偿不能超过占有人所花费的费用。如果所有权人有拒绝该增加费用的意思，则只有在该必要费用有公共利益性质的情况下，才可以要求赔偿该费用。

对于其他所支出之费用，不管是使物增值或没有增值，被起诉或者恶意的无权占有人均不得请求偿还。

在举证责任上，所有权人需证明所有物返还请求权之诉已被提起，或者证明无权占有人是恶意的。如果证明成功，所有权人就享有减轻请求权的抗辩权。

## 三、规范目的

根据《物权法》第 243 条的文义，善意无权占有人只能请求赔偿必要费用，该规则的优待善意无权占有人的功能受到限制，与损害赔偿规则中的保护善意无权占有人的功能不相匹配，应扩张解释，对于有益的费用，善意无权占有人亦能请求赔偿。

对于恶意无权占有人，其规则又过于严苛，从保护所有权人不受恶意无权占有人任意干扰的规范依据来看，应在无因管理成立的范围内赋予其费用偿还请求权。

## 四、排他适用性

### （一）排他适用性

从费用返还请求权的构成与效果来看，其是对不当得利规则的修正，有其独立的规范目的。除此以外，费用返还还具有一个独特的目的，即使必要费用没有使物增值，也必须对必要费用赔偿，其根据在于所有权人有节省得利，因为他自己也必须花费该费用。①

所以，无权占有人对所有权人的费用返还请求权，具有排他的适用性。

### （二）适用的扩张

K 在 E 处以分期付款的形式购买了一辆汽车，E 保留了所有权，交付

---

① MünchKomm/Medicus, § 987, Rn. 2 ff.

后，在一次车祸情况下，K 将汽车交由 U 修理，但修理后，没有交修理费，并且未要回汽车。后来，由于 K 没有按期支付期款，E 解除了买卖合同，并向 U 要求返还汽车。U 请求返还修理费，并行使留置权。

如果从支出费用那一刻来看，U 相对于 E，是有权占有人，则不能适用次请求权规则，U 只能向 K 主张合同上的请求权，在 K 没有支付能力的情况下，对 U 不是很有利。

所以，德国判例[1]认为，只要在主张返还请求权的情况下，U 是无权占有人，就可以适用所有人与占有人关系规则。否则，有权的他主占有人的地位将比自始无权的他主占有人的地位更好。但通过这样的司法实践，扩张了次请求权规则的适用范围，无论费用是在有权占有还是在无权占有期间产生的，在所有权人主张所有物返还请求权时，都可以根据次请求权规则请求返还。对此，梅迪库斯持反对意见，认为在德国法上根本没有规定哪一种占有人地位更优，有权占有人通常必须为对等给付，在有效合同情况下，有权占有人对物的有益费用之返还被限定在合同内容之内。而且从《德国民法典》第 994 条第 2 款、第 996 条等文意上看，判断恶意以及诉讼系属的时点都是产生费用的那一刻。[2]

## 五、占有人的费用返还请求权与其他请求权的关系

根据《德国民法典》第 812 条第 1 款第 1 句第 2 种情况，不当得利债务人通过不当得利债权人的行为（并非履行行为）而获得的所得，应予以返还。所以，在没有所有权人（不当得利债务人）同意或共同作用的情况下，占有人（不当得利债权人）在该物上付出了费用，而且所有权人的财产价值因此而相应的得以增加，此时，所有权人向占有人负有返还不当得利的义务。所以，侵害型不当得利请求权与《德国民法典》第 994 条以下的费用返还请求权可能存在竞合。

---

① BGHZ 34, 122; 131 229; 相反观点参见 Baur/Stürner, Sachenrecht, § 11, Rn. 24 ff.

② MünchKomm/Medicus, vor § § 987-1003, Rn. 11.

对于竞合问题的解决，关键在于对费用概念的理解，也就是说，这里的费用是否包括对物的现状进行改变的费用，比如在一块他人的空地上进行建筑而产生的费用。判例对此进行了否定回答，占有人不能根据《德国民法典》第 994 条以下请求返还对物的现状进行改变的费用，同时根据次请求权的排他适用性，也不得根据不当得利规范要求返还，而只能根据《德国民法典》第 997 条行使取回权。[①] 有学者对判例的观点进行修正，认为此时可以根据不当得利，对改造性费用进行返还。[②] 与判例相反，通说认为，改造措施所产生的费用也是《德国民法典》第 994 条以下意义上的费用，并且第 994 条以下的规则具有排他适用性，只有这样，善意无权占有人的"特权"才不会落空。[③]

就费用问题，在德国的买卖、租赁、用益租赁、担保物权以及用益物权中，都有法定规则，所以，这些规则应优先适用。但也有一些情况，某人使他人的物增值，比如，非占有人的费用，以及不是上述法定规则中的有权占有人的费用，在这两种情况下，都没有产生物上返还请求权的状况，所以不能适用次请求权规则。如果是附合过程中产生的费用，法律规定，应根据不当得利返还（比如《德国民法典》第 951 条第 1 款）。[④]

### （一）费用返还请求权与合同请求权的竞合

在有权占有人对物支出费用的情况下，由于不存在所有物返还关系，所以没有适用《德国民法典》第 994 条的余地；在费用是无权占有人支出的情况下，一般可以适用《德国民法典》第 994 条以下的规则。典型的案例是所有权保留买卖合同被事后解除而保留所有权之物被送交修理的情况，此时，承揽人对委托人/所有权保留买受人有合同上的报酬请求权，同时根据《德国民法典》第 994 条以下的规则，承揽人对所有权人还享有费用返还请求

---

① BGHZ 39, 186, 188 f.; 41, 157, 159 f.

② Eichler, JuS 1965, 479, 480; U. Huber, JuS 1970, 515, 519. zitiert aus Michalski, in FS für Gitter, 1994, 577, 621.

③ Michalski, in FS für Gitter, 1994, 577, 626.

④ Fikentscher, Schuldrecht, Rn. 1145.

权。通说认为，承揽人为支付费用人[1]，对此，梅迪库斯持相反意见，他认为，承揽人对委托人已经有一个合同法上的报酬请求权，不需要额外再有一个债法上的补偿请求权，而且，根据《德国民法典》第 994 条以下的规则，承揽人可以请求另外的甚至比报酬更高的费用补偿，如果要保护承揽人，也只能在承揽人质权上做文章。[2]

### （二）费用返还请求权与无因管理请求权的关系

一般只有在《德国民法典》第 994 条第 2 款的情况下，对于必要费用才有适用无因管理请求权的余地。对于用益费用，《德国民法典》第 996 条中没有转引到无因管理的规则，所以只有在为他人管理事务意思等要件构成的情况下，才可以适用无因管理规则。

在自主占有情况下，不符合无因管理之要件，但对于故意无权自主占有，可以适用《德国民法典》第 687 条第 2 款；对于很多他主占有人而言，都缺少为他人管理事务的意思，也不能适用无因管理规则。相反，在他主占有人进行正当无因管理的情况下，一般构成占有之权利，不构成所有物返还关系，也就无《德国民法典》第 994 条以下规则适用的余地。在不正当无因管理的情况下，适用《德国民法典》第 684 条第 1 句，该条款又在法律适用上转引到不当得利法之上。

### （三）费用返还请求权与不当得利请求权的关系

根据《德国民法典》第 994 条的规范目的，在必要费用情况下，只能适用《德国民法典》第 994 条以下规则；在有益费用情况下，善意未被起诉的无权占有人可以请求返还，但在恶意或者被起诉的情况下，无权占有人无权根据《德国民法典》第 996 条请求返还。所以，有争议的是，是否根据不当得利规则进行返还。通说认为，从立法目的上看，不当得利为《德国民法典》第 994 条以下规则所排除，不能适用不当得利规则，只有在目的丧失的情况下，如为了以后的所有权取得而支付的费用，但在后来所有权取得失败

---

① Erman/Hefermehl vor § 994 Rn. 6.

② MünchKomm/Medicus, § 994, Rn. 27 f.

的情况，才可以适用不当得利规则。[①]

对此的反对意见越来越多，其主要论点为：首先，从立法者意图来看，只有明知没有占有权的恶意占有人才没有费用返还请求权，重大过失而不知者并不在该规范范围内。其次，从利益平衡角度而言，不是占有人支出的费用可以不受《德国民法典》第 994 条限制，其地位优于无权占有人，在德国法上，附合情况下也可适用不当得利规则。所以，应当适用不当得利法，但应当予以限制。客观上使物增值但对所有权人无用的费用，可以按照强迫得利规则处理；在所有权人将其不希望之费用让占有人取走的情况下，也无须赔偿费用。而且，所有权人还可以通过行使排除妨害请求权对不当得利请求权进行抗辩。当然，所有权人可以接受该费用，但应当返还不当得利，此时，也要适当限制，即在所有权人主观有用的费用范围内返还。[②]

### （四）费用返还请求权与合同上的恢复关系

在合同被解除的情况下，《德国民法典》对费用之返还规定了特别的规则（第 347 条第 2 款），一般只有该规则不调整的费用，才有适用《德国民法典》第 994 条以下规则的余地。

## 第五节　占有人与恢复请求人关系的理论归属

应当说，对于次请求权之体系、性质等问题，德国立法者也没有很清楚地进行澄清，而是留待学说与判例加以解决。通说认为，这些次位的请求权不是物权性质的请求权，而是与违约之债以及侵权之债相类似的法定债权，可以与所有权相分离，被让与、设定质权或被扣押。[③] 所有权的让与，并不必然导致这些次请求权的让与。[④]

在体系与学说上，所有权人与占有人关系规则作为所有物返还请求权

---

① BGH, NJW 2001, 3118, 3119.

② MünchKomm/Medicus, § 996, Rn. 9 ff.

③ Medicus, Bürgerliches Recht, 17 Aufl. Rn. 452. 但在实际用语上，这些请求权也被称为物上请求权。

④ Brehm/Berger, Sachenrecht, 2000, § 8 Rn. 2.

的从请求权规则或者次请求权规则，所以，要说明所有权人占有人关系规则，要从所有物返还请求权这一起点出发。

## 一、占有恢复关系的性质

在性质上，善意且未被起诉之无权占有人的特权，或者恶意或侵权占有人的加重责任（包括限制费用赔偿范围），都属于状态责任。① 所有权作为主观权利，既有财物分配（Güterzuweisung）功能，也有负担分配（Lastenzuweisung）功能。前者包括占有以及物的用益，后者包括狭义的负担以及与物相关的费用。《德国民法典》第987条以下的目的在于：在所有权分配内容（Zuweisungsgehalt）的基础上，平衡所有权与占有分离所导致的分配障碍，但也兼顾占有人的利益。与所有权分配内容相违背的障碍状态（Störungszustand）是责任承担的原因，另外，损害赔偿规则是所有物返还请求权的履行障碍法，所以，用益返还、费用补偿以及损害赔偿责任都是一种状态责任（Zustandhaftung）。责任承担根据的并不是人的行为的违法性，而是状态上的违法性。而状态违法性的基础在于，绝对权的分配内容被阻碍了。②

## 二、所有权人与占有人关系规则的功能

规定《德国民法典》第987条以下的从请求权的动因在于：在所有权与占有相分离的情况下，只赋予所有权人对物的返还请求权是不够的，并不足以保障物权的圆满状态。

另外，立法者在《德国民法典》第987条以下规则中重新进行了利益衡量，赋予善意且未被起诉的无权占有人如下特权③：

首先，在用益的情况下，如果无权占有人在收取用益的时候是善意且未被起诉，而且不是无偿与无法律原因而取得的，该无权占有人就可以保有通

---

① Pinger, Funktion und dogmatische Einordnung des Eigentümer-Besitzer-Verhältnisses, 1973, S. 145 ff.

② Michalski, in FS für Gitter, 1994, 577, 640 f.

③ MünchKomm/Medicus, § 993, Rn. 14 ff.

常经营范围内收取的用益;如果无权占有人为善意且未被起诉的上级占有人媒介,则无权占有人也不承担返还通常经营范围内收取的用益的义务。

其次,损害赔偿情况下,在无权占有人善意且未被起诉,而且不是通过犯罪行为或者禁止私力获得占有的,并且无权占有人在表象占有权利界限内行为,该无权占有人就不承担损害赔偿责任。

善意且没有被起诉之无权占有人最受优待,其在所有权人与占有人关系规则中的法律地位优于一般债权法规则中的法律地位,这也是所有权人与占有人关系规则的目的与意义所在。另外,从请求权还具有加强所有权人相对于恶意与诉讼占有人的法律责任的功能。①

### (一) 对善意、未被起诉占有人的信赖保护功能

德国司法判例与理论界通说以《德国民法典》第993条第1款后半句为依据,认为所有权人与占有人关系规则具有排他性的效果,以保证所有权人与占有人关系规则的价值得以实现,使善意占有人免受不当得利以及侵权上请求权的追诉。②

赋予善意占有人以特权的原因在于保护交易安全。在交易中,第三人很难从外表上准确认知(所有权让与)合意上的瑕疵或者处分的限制。所以,人们不可能确定,其是否通过法律行为获得了所有权,或者相对于所有权人真正获得了有效的享有占有的权利。所以,如果没有物上请求权这些所有权人与占有人的关系规则,很多占有人都要因为轻过失承担侵权法上的损害赔偿责任,甚至要在没有任何过错的情况下,承担不当得利法上的责任。③ 如此一来,无人能够安心享有表面上似乎有权的占有了。④ 尤其在盗赃物、遗失物情况下,根据《德国民法典》第935条的规定,受让人不能善意取得,此时,由所有权人与占有人关系规则调整,有利于保护善意之占有人。基于上述,有学者认为,《德国民法典》第987条以下规则在性质上为信赖

---

① Medicus, Bürgerliches Recht, 17 Aufl. Rn. 574.

② Mot. bei Mugdan, III 219.

③ 在善意情况下,不当得利人只返还现存利益(《德国民法典》第818条第3款)。参见王泽鉴:《不当得利》,中国政法大学出版社2002年版,第215页以下。

④ Medicus, Bürgerliches Recht, 19. Aufl. Beck 2002 Rn. 574.

保护。[1]

我国台湾学者苏永钦也认为,所有权人与占有人之间的关系之本质与善意取得相同,对无权占有的保护,都是基于对占有之信赖之原因,在前者,信赖的是已取得物权,其目的在于保护静态的利用,在后者,信赖的是处分人对动产支配的外形,目的在于保护物的动态交易。[2] 保护交易安全的含义是,权利交易以及财货之交易要安全、快捷。在结果上,善意保护还有降低查询成本的功能。[3] 对于苏永钦教授的观点,大陆学者多表示赞同。[4]

在法律上,恶意占有人、越权的他主占有人、获取超常用益的善意占有人以及无偿取得占有的占有人的信赖并不值得保护,故法律上没有赋予其上述特权。

基于次请求权与善意取得功能上的关联,我们还应关注一下善意取得制度,我国《物权法》中的善意取得制度与德国法上的善意取得制度有所不同,这些不同是否会影响次请求权的制度功能呢?根据《物权法》第 107 条的规定,在遗失物的情况下,“所有权人或者其他权利人有权追回”,所以,此时的占有人应为无权占有人,仍应适用从请求权规则处理。而且,根据《物权法》第 107 条的规定,在物被转让的情况下,所有权人享有损害赔偿请求权,在两年内对第三人有返还请求权。所以,这种情况下,第三人也是无权占有人。根据上述推断,次请求权的适用范围并没有受到影响,其保护善意占有人信赖利益的功能亦未受到影响。与我国大陆法律立法不同,台湾地区民法规定盗赃物、遗失物的善意受让人可以“实时”取得,原所有权人得在两年内请求恢复,由此推断,在此两年间,善意受让人之占有为有权占有。所以,有学者认为,在结果上,从规则/次请求权主要适用的情形就被

---

① Michalski, in FS für Gitter, 1994, 577, 637.

② 参见苏永钦:《所有人与占有人关系》,载《民法物权实例问题分析》,清华大学出版社 2004 年版,第 252 页。G. Schiemann, Das Eigentümer-Besitzer Verhältnis, Jura 1981, 632.

③ 参见苏永钦:《所有人与占有人关系》,载《民法物权实例问题分析》,清华大学出版社 2004 年版,第 252 页。

④ 参见孙宪忠主编、张双根执笔:《中国物权法:原理释义和立法解读》,经济管理出版社 2008 年版,第 564 页。

排除了[①],从规则的信赖保护功能也有所减损。

## (二)对所有权人意思尊重的功能

《德国民法典》第 987 条以下不仅赋予了善意无权占有人以特权,还赋予了所有权人以特权。在向恶意或者被起诉之无权占有人请求返还用益的情况下,对于所有权人来讲,根据《德国民法典》第 987 条以下规则要比根据《德国民法典》第 812 条以下的规则进行请求更为有利;根据次请求权规则,侵权占有人需承担加重责任(《德国民法典》第 992 条),被起诉或恶意占有人费用请求权受到限制(《德国民法典》第 994 条)。虽然按照不当得利法,恶意得利人也承担相同的加重责任(《德国民法典》第 819 条第 1 款、第 818 条第 4 款、第 292 条、第 987 条以下),但其构成前提更严格,即不当得利人必须是明知的。而在从请求权的情况下,重大过失就足够了(《德国民法典》第 990 条第 1 款、第 932 条第 2 款)。

另外,对恶意或者被起诉之无权占有人的损害赔偿请求权规则,是对侵权法规则的补充,在特定情况下,无权占有人承担比侵权责任更重的责任。而恶意或者被起诉之无权占有人的费用偿还请求权,则是对所有权人的特权的平衡,所有权人也不能要求不当得利。之所以这样规定,是基于对物权的理解。物权将物归属于某人,而且法律秩序承认该人对该物的意思是决定性的,大多数情况下,善意的无权占有人是基于所有权人先前意思而获得占有的。由此保障与确定的权利是货物交换、市场经济的前提。[②] 也就是说,物权具有归属功能,而法律进行归属的根据是所有权人与物相关的意思。确定与保障物权是货物交换、市场经济以及有效的价格体系的前提。从请求权规则的功能之一,就是保证所有权人免受不正当侵害,从而确定与保障所有权。[③]

---

① 参见苏永钦:《民法制度的移植——从所有人与占有人间的特殊关系谈起》,载 2005 年《第三届罗马法 · 中国法与民法法典化国际研讨会论文集》,第 25 页。

② Michalski, in FS fuer Gitter, 1994, 577, 636.

③ Michalski, Anwendungsbereich, Funktion und dogmatische Einordnung des Eigentümer-Besitzer-Verhältnisses, in FS fuer Gitter, 1994, 577, 637.

# 第四章　妨害防止与妨害排除请求权

## 第一节　妨害防止与妨害排除请求权概述

### 一、妨害防止与妨害排除请求权规范体系

#### （一）妨害防止与妨害排除请求权的历史及其结构

1. 罗马法

妨害排除请求权来源于罗马法上的否认之诉(actio negatoria)。在古典罗马法时期,否认之诉涉及的一般是土地上的妨害,通常是在第三人主张其在土地上享有役权(servitut)时,所有权人进行否认的诉权,其主要目的是确定所有权自由以及恢复原状。其适用范围很窄,仅限于对超越特定使用、相邻权利的防御。纯粹事实上的妨害(非权利主张)往往被看做侵害占有,所有权人并不能通过该否认之诉进行防御,而只能请求占有保护。①

在优士丁尼民法大全中,否认之诉的适用范围有所扩张,对于纯粹事实行为,所有权人也可以提起否认之诉。② 在相邻关系纠纷情况下,自力救济逐渐被排挤,而对于可以对其提起否认之诉的侵害的要求也越来越宽松。但从其起源来讲,法律上对否认之诉的归类并非根据保护的客体,即所有权,而是在与役权的关联中归类的。所以,在罗马法上,否认之诉与所有物返还请求权之诉(rei vindicatio)并无制度关联,与其关联的反而是役权中役权人的返还之诉(actio confessoria)。③ 在这里,只是从所有权分裂出去的一个权能被作为制度构建的关键点。

2.《德国民法典》颁布前的发展

18 世纪到 19 世纪之交,在自由所有权以及潘德克顿法学派的影响下,

---

① Kaser, Das römische Privatrecht I, 2. Aufl. 1971, § 103 II. S. 367 f.

② Kaser II S. 215 II N. 43, 183 f; I. S. 375.

③ 在《德国民法典》颁布后,独立规定役权人的返还之诉的必要性就丧失了,因为,对于役权保护准用所有权保护请求权(如《德国民法典》第 1065 条)。

否认之诉逐渐转变为德国法意义上的所有权之诉，并扩展到动产领域。[①] 在胡果（Hugo）的《当代罗马法制度》（Institutionen des heutigen Römischen Rechts）一书中已经提到了所有权之诉以及保护所有权自由的思想，而在海瑟（Heise）的《日耳曼民法体系概要》（Grundriß eines Systems des gemeinen Civilrechts）一书则准确地提出了现代的防御请求权制度（包括妨害防止与妨害排除请求权），他认为：虽然否认之诉主要是对地役权越权的否认，但对于与地役权类似的妨害也有防御作用，因为否认之诉是针对这类侵犯的唯一的法律措施，所以是一种对所有权的完全保护。在归类上，海瑟将其与所有物返还请求权并列归入所有权之下。海瑟的学说被普赫塔（Puchta）、蒂堡、温特沙伊德（Windscheid）所接受，最终在温特沙伊德的影响下被规定在《德国民法典》之中。[②]

由役权否认之诉抽象到所有权之诉，这种转变为行为责任（Handlungshaftung）奠定了基础。作为物上请求权（actio in rem），并不需要归责原因，无论排除妨害义务人是否为损害制造者，都负有排除损害之义务。[③]

罗马法及对优士丁尼民法大全的研究者严格区分重新恢复所有权自由之义务以及损害赔偿义务，19 世纪以来，损害赔偿义务就以过错为构成前提，耶林与温特沙伊德就坚持这一点，而且认为否认之诉不能作为损害赔偿义务的基础。[④]

在《德国民法典》颁布前的司法实践中，一直将否认之诉作为损害赔偿的基础，但在《德国民法典》草案以及动议等文献中，逐渐将否认之诉定位在所有权之诉的请求权基础，并保障不受限制的所有权之上，物权编的起草人约豪还进一步认为，损害赔偿的基础在于债法，而所有权请求权是物上请求权，二者并无关联。[⑤]

值得注意的是，罗马法上的否认之诉与德国民法典上的妨害防止请求

---

① Wieling, Sachenrecht, I § 12 VI.

② 引自 Picker, Der negatorische Beseitigungsanspruch, 1972, S. 65 f.

③ Picker, Der negatorische Beseitigungsanspruch, 1972, S. 71.

④ 引自 Picker, Der negatorische Beseitigungsanspruch, 1972, S. 74.

⑤ 引自 Picker, Der negatorische Beseitigungsanspruch, 1972, S. 79.

权(又可以译为不作为请求权)并无必然关联,妨害防止请求权来自于日耳曼法,发达于 17 世纪,通过私人惩罚允诺执行,后来为强制执行程序所保障,从此不作为请求权的程序体系得以完善,《德国民事诉讼法》第 890 条就是其具体的历史成果。18 世纪的判例逐渐接受了该制度,其构成要件为对绝对权利地位的侵害以及有继续侵害权利之虞。

3.《奥地利一般民法典》(ABGB)

《奥地利一般民法典》保留的还是早期的否认之诉的形式,其第 523 条规定了役权中的否认之诉,包括所有权人对役权人越权的诉讼以及对所有权人主张权利的诉讼,但在实践以及学说中,很快承认了一般性的所有权自由之诉(Eigentumsfreiheitsklage)[①],防御性请求权与所有物返还请求权相区分,防御性请求权又被分为妨害防止请求权与妨害排除请求权,前者指向的是对将来妨害的防止,后者则是对已经产生、并持续的妨害的防御。构成防御性请求权,无须过错要件。

《奥地利一般民法典》第 1330 条第 2 款规定了对信贷以及商业名誉损害之陈述的撤销权,也具有防御请求权的性质,在实践中,也承认该撤销权的损害赔偿请求权性质,也就是说,撤销权具有双重性质。[②]

4. 瑞士法

瑞士法继受的也是罗马法以及普通法上的否认之诉,在胡贝尔(Huber)的影响下,其适用范围有所扩大。《瑞士民法典》第 641 条规定了所有权自由之诉,包含所有物返还之诉与否认之诉,除了对物的全部侵夺以外的干涉,都属于否认之诉调整的范围。《瑞士民法典》第 679 条对土地所有权情况下的否认之诉进行了单独规定。在人格权保护上,瑞士民法直接受《法国民法典》第 1382 条、第 1383 条的影响,《瑞士民法典》第 28 条规定了对人格的保护,在第 29 条第 2 款还有对姓名的保护。[③] 但排除妨害请求权并没有被一般化,对于妨害防止请求权有一般化之学说,但司法实践中并不

---

① Hohloch, Die negatorischen Ansprüche und ihre Beziehungen zum Schadensersatzrecht, 1976, S. 29.

② Hohloch, a. a. O., S. 67 f.

③ Hohloch, a. a. O., S. 30 f.

承认,其原因是其在特别法上规定了所有权、物权以外绝对权的防御请求权,如专利法,并没有特别法未规定的值得通过防御请求权保护的法益。①

《瑞士民法典》第679条规范的是排放之保护以及土地之保护,其责任基础并不在于被妨害人的所有权,而是妨害人的所有权,此点明显不同于德国法。其法律效果既有排除妨害与妨害防止,也有无过错之损害赔偿。在司法实践中,该规则被扩张适用于相邻关系中。②

5. 法国法

法国法继承了罗马法的否认之诉(actio negatoria)制度,同时在习惯法上还承认了地役权人对所有权人的现役权的诉讼(action confessoire)。在不动产情况下,否认请求权(actio negatoria)在所有权保护方面,并没有很大的意义,其适用的领域主要在于用益权以及役权上,这与罗马法上的思想是一样的。但防御请求权在相邻关系中尤其是不可量物的处理上,意义比较大。对其他的第三人妨害所有权的情况,占有上的法律救济以及侵权之诉就足够了,就这两种诉讼方式而言,其优点是,无须证明其享有所有权。③如土地自主占有人可以对占有侵夺人与占有妨害人提起占有之诉(complainte),其法律效果是重新获得占有或者排除妨害等,但其构成上比较特殊,要求妨害人必须间接或直接有意识地否定他人的占有权利,对于追逐野兽而踏入他人土地者,不能行使占有防御请求权;在围墙失修而倒塌在他人土地上的情况下,也不构成占有防御请求权。Denoniciation de nouvel oeuvre之诉是对占有之诉(complainte)的补充,相当于德国法上基于占有的妨害防止请求权。④ 法国侵权法上发展了无过错要件的妨害防止与妨害排除请求权,在功能上是对没有一般性防御请求权的替代。

在法国法上,就动产来讲,并没有妨害防止与排除请求权的规定,而是

---

① Hohloch, Die negatorischen Ansprüche und ihre Beziehungen zum Schadensersatzrecht, 1976, S. 73 ff.

② Hohloch, a. a. O., S. 75 ff.

③ Ferid/Sonnenberger, 3 C 402.

④ Hohloch, Die negatorischen Ansprüche und ihre Beziehungen zum Schadensersatzrecht, 1976, S. 107.

直接赋予权利人以侵权法救济，虽然在侵害人没有过错的情况下，侵权法上救济就会失灵，但在生活中，没有过错的侵害人是比较少的，所以，在动产上没有类似请求权，也不至于对社会生活有什么负面影响。[①]

在知识产权保护上，除了刑法上的保护以外，权利人还享有防止将来损害、损害赔偿、公开判决以及其他禁令的请求权（即 action en contrefacon），但该请求权之构成需要过错要件，性质上应为侵权请求权。[②]

法国法上没有承认一般人格权，但规定了姓名权、肖像权以及隐私权等绝对权，对其主要通过侵权法救济，并不存在系统的无过错的权利保护措施，在个别点上存在防御请求权制度，《法国民法典》第 9 条承认了对隐私权的妨害防止以及排除妨害的保护措施。[③]

6. 德国法

日耳曼法完全放弃了罗马法上的限制，通过特别法逐渐扩大了否认之诉（actio negatoria）的适用范围，德国法继受了日耳曼法上的否认之诉制度，但在部分草案中，否认之诉仍未摆脱其役权制度特征，并只规定了土地所有权人的确认土地不受限制之诉，将其规定为确认之诉，与早期学说以及特别法的实践有关。自民法典第一草案后，承认了一般性的否认之诉，其理论来源是温德沙伊德的学说，其认为否认请求权与所有物返还请求权性质是一样的，只是根据对所有权侵害方式的不同而有所不同。就此，其适用范围也扩展到动产，而且区分了排出妨害请求权与妨害防止请求权。最后，还规定了可以按照《德国民事诉讼法》第 887 条、第 888 条、第 890 条强制执行的请求权。[④]

基于上述发展，在术语上，已经不是什么否认之诉或否认请求权了，在含义上更接近于对妨害的防御之意（Störungsabwehr）。所以，本书也称妨害防止与排除妨害请求权为防御性物上请求权或防御请求权。

---

① Ferid/Sonnenberger, 3 B 153.

② Hohloch, Die negatorischen Ansprüche und ihre Beziehungen zum Schadensersatzrecht, 1976, S. 97 f.

③ Hohloch, a. a. O., S. 98 ff.

④ Hohloch, a. a. O., S. 34 f.

德国民法典从三个层次规定了所有权的保护,并通过"援引"技术辐射到其他物权。第一个层次是所有物返还请求权(《德国民法典》第 985 条)。第二个层次是排除妨害与妨害防止[①]请求权,二者又可以被合称为否认性请求权(negatorische Ansprüche)或防御性请求权(Abwehransprüche),防御性物上请求权调整的是以侵夺或者扣留占有以外的方式妨害所有权的情况。[②] 第三个层次是一般条款,根据通说,妨害防止请求权的规定还具有物权保护一般条款的功能[③],如有其他妨害之虞,所有权人可以提起不作为之诉,从而调整所有物返还请求权、排除妨害与妨害防止请求权以外的情况。通过这三个层次,所有权的绝对性得到完全的保护。

对于所有物返还请求权的抗辩规定在《德国民法典》第 986 条,即占有权利;对于防御请求权的抗辩规定在《德国民法典》第 1004 条第 2 款,即所有权人的容忍义务,对于构成要件需要权利主张人证明,而对于抗辩权则需要被请求权人证明。

在防御请求权中,最重要、最核心的概念是妨害人(Störer),妨害人被区分为行为与状态妨害人,对于防御请求权的构成意义重大。对于妨害防止请求权的构成,还需要危险反复 (Wiederholungsgefahr)发生的要件。

《德国民法典》第 1004 条不仅适用于动产,也适用于不动产,在不动产上,有相邻关系的特别规定(《德国民法典》第 904 条、第 924 条),相邻关系法与第 1004 条第 2 款一起确定了所谓的容忍义务的范围。

另外,值得注意的是,《德国民法典》在第 894 条以下规定了土地簿册更正的请求权,该请求权在性质上是一种妨害排除请求权。《德国民法典》第 12 条规定了姓名的保护请求权,在性质上也是一种防御请求权。

《德国民法典》第 1004 条具有极其重要的实践作用,可以说具有比所有物返还请求权更为重要的作用。其原因,一方面在于人类空间关系日趋

---

① 妨害防止请求权的德文表述为"Unterlassungsanspruch",字面含义为不作为请求权,但我们通常将其翻译为妨害防止请求权。

② Brehm/Berger, Sachenrecht, § 7 Rn. 8.

③ Staudinger/Gursky § 1004, Rn. 2. 其文义是:如有其他妨害之虞,所有权人可以提起不作为(Unterlassung)之诉。

紧密,科技发展及其所带来的不可量物之散布;另一方面则是因现代大众传媒(如报纸、收音机、电视)的发展,而导致对个人私生活领域干预日趋扩张。[①]

公法人的所有权也属于《德国民法典》第1004条保护的范围,反过来,公法人对他人所有权进行妨害的,被妨害人也得根据《德国民法典》第1004条进行防御。

## (二)中间结论

通过比较可以发现,各国都规定了预防性权利保护制度,法国将防御请求权并入侵权法,而德国建立了独立的物上防御请求权制度,并通过准防御请求权的概念,确立了其独立的、宽泛的领域。法国法与德国法处于解决该问题的两个极端,而瑞士法则处于中间地位,首先瑞士法在法律中完全规定了防御请求权的类型,其次通过《瑞士民法典》第679条,规定了防御请求权的典型类型,很好地平衡了当事人之间的利益。

德国法的做法是从物上防御请求权出发发展防御性法律保护,而不扩展侵权法或者不触及其自治领域,但难点是要严格区分排除妨害与损害赔偿,此外,物上防御请求权在某些领域,如土地保护上有过分扩张之危险。相比之下,法国法与瑞士法没有类似的缺点。[②] 排除妨害与损害赔偿的区分问题以及防御性请求权的一般化问题,在下文有专节论述。

## (三)我国《物权法》对妨害防止与排除妨害请求权的继受

在表述上,《物权法》第35条没有区分防御性物上请求权与所有物返还请求权调整的妨害之情形,参考《德国民法典》第1004条的规定,防御性物上请求权调整的应当是以侵夺或者扣留占有以外的方式妨害所有权的情况。比如,妨害人在他人土地上进行建筑行为时,所有权人可以同时行使所

---

① 参见〔德〕鲍尔/施蒂尔纳:《德国物权法》(上册),张双根译,法律出版社2004年版,第228页。

② Hohloch, Die negatorischen Ansprüche und ihre Beziehungen zum Schadensersatzrecht, 1976, S. 115 f.

有物返还请求权与排除妨害请求权。[①] 这里的问题是,《物权法》第 35 条不能起到一般条款的作用,这里可以考虑的是,将其改造为类似于《德国民法典》第 1004 条第 1 款第 2 句规定的一般条款,调整妨害防止与妨害排除请求权以外的情况。

《物权法》第 35 条将请求权主体定位在“权利人”上,外延不明确,有观点甚至认为包括占有人。[②]

《物权法》第 35 条没有将妨害人置于核心地位,而是将妨害作为核心概念,根据妨害是现实的还是将来的,区分妨害与危险,并依此区分妨害防止请求权以及妨害排除请求权,所以并没有明确反复发生危险的要件。

最后,在所有权人负有容忍义务的情况下,所有权人并不享有防御性物上请求权(《德国民法典》第 1004 条第 2 款),妨害人对容忍义务的存在负有证明义务,这种证明义务可以基于合同,也可以基于他物权或者法律。[③]《物权法》对此并没有规定。但在学说上,妨害必须是非法的、不正当的,如果妨害有法定事由或者约定事由,权利人有容忍义务。[④]

在法律体系上,相邻关系规则是对所有权的限制,如果相邻关系人之妨害行为在所有权人(物权人)的容忍范围内,则该妨害不具有违法性,也不会构成妨害排除与妨害防止请求权。《德国民法典》第 903 条以下还规定了相邻关系中的不作为与容忍义务。我国《物权法》在第 84 条以下规定了相邻关系。

妨害应当是已经发生并持续进行的,否则就不构成排除妨害请求权;而且,被妨害或遭受危险的物仍然存在于妨害人处。[⑤]

---

① Brehm/Berger, Sachenrecht, § 7 Rn. 11.

② 参见黄松有主编、最高人民法院物权法研究小组编著:《中华人民共和国物权法条文理解与适用》,人民法院出版社 2007 年版,第 142 页。

③ Brehm/Berger, Sachenrecht, § 7 Rn. 13.

④ 参见黄松有主编、最高人民法院物权法研究小组编著:《中华人民共和国物权法条文理解与适用》,人民法院出版社 2007 年版,第 142 页。

⑤ 同上书,第 142、143 页。

## 二、规范目的

基于所有权绝对的思想，所有权人可以随意处置其物，并排除他人的一切干涉（《德国民法典》第903条）。《德国民法典》第1004条是所有权排他权能（Ausschließungsbefugnis）这一思想的具体化，赋予所有权人排除第三人对其根据《德国民法典》第903条所归属的支配范围的干涉。根据该条，所有权人可以要求排除妨害，如果尚有继续妨害之虞，可以提起不作为之诉。[①] 从其制度目标而言，一方面排除侵害所有权之状态；另一方面是防止将来可能发生的侵害。[②]

作为物上请求权的一种，防御请求权也不具有独立的可让与性。但是可以授权第三人以其名义行使该权利。

一般来讲，妨害人（Störer）承担责任的基础是对所有权现在的妨害（Beeinträchtigung）。而侵权人承担责任的基础在于过去进行的违法、有过错的行为，在法律效果上指向的是恢复原状（Naturalresitution）与损害赔偿。[③]

## 三、适用范围

### （一）德国法

1. 通过转引方式涉及的权利保护范围

《德国民法典》第1004条之规定，通过转引（Verweisung）技术，经由《德国民法典》第1027条与《德国民法典》第1090条第2款，可适用于地役权与限制的人役权，也可以适用于地上权（《地上权法》第11条第1款第1句）、质权（《德国民法典》第1227条）、持续性住宅权利（《住宅法》第34条第2款）等。

---

① 从《德国民法典》第1004条的表述来看，当时的立法者是将其作为诉讼权利看待的，并没有将其规定为实体权利，在后来学说以及判例发展中，逐渐被承认为一种实体权利。

② Mugdan III, S. 236.

③ Brehm/Berger, Sachenrecht, § 7 Rn. 7.

2. 法律直接规定的特别防御请求权

在德国法上，还有若干规则直接规定了防御请求权规则，妨害防止与排除妨害请求权直接被适用于如下权利/权益：姓名（《德国民法典》第12条）、商号（《德国商法典》第37条第2款）、著作权（《德国著作权法》第97条）、专利权（《德国专利法》第139条）、商标权（《德国商标法》第14条第5款、第15条）。在《德国专利法》第140a条、《德国商标法》第18条还规定了建立在排除妨害请求权思想上的销毁请求权（Vernichtungsanspruch）。[①]

所有权人还可以对无权进行使用的用益权人行使妨害防止请求权（《德国民法典》第1053条）。在担保物发生危险时，不动产担保权人也可行使妨害防止请求权（《德国民法典》第1134条、第1192条、第1199条）。

有学者还认为，防御请求权（《德国民法典》第1004条）的规则还适用于用益租赁、实物负担等情况。[②]

3. 基于占有的防御请求权

《德国民法典》第862条、第1029条、第1090条第2款也规定了基于占有的防御请求权。在德国法上，虽然在文义上排除妨害请求权、妨害防止请求权（《德国民法典》第1004条第1款）只适用于所有权人，但可以准用于《德国民法典》第823条第1款保护的权利与权益，有权占有可以作为第823条第1款所称的“其他权利（sonstiges Recht）”，即《德国民法典》第1004条可以适用于占有。但通过占有的请求权（《德国民法典》第861条以下）足以保护占有人时，则不必准用防御请求权之规则，相对于防御请求权，基于占有之请求权规则为特别规则，应优先适用。

4. 准否认性请求权

在侵权法上，并没有妨害防止以及妨害排除请求权，尽管损害赔偿中的恢复原状可以在一定程度上达到妨害防止的目的，但在法律上还是产生了漏洞，所以在实践中发展出侵权法上的无过错的预防请求权。据此，《德国

---

① 我国学者多称其为废弃请求权，参见杨明：《知识产权请求权研究——兼以反不正当竞争为考察对象》，北京大学出版社2005年版，第119页以下。

② Palandt/Bassenge, § 1105 Rn. 8.

民法典》第823条所保护的权利与权益都是妨害防止与排除妨害请求权保护的范围，如一般人格权、设立并运营的营业、婚姻生活共同体等；根据通说，《德国民法典》第823条第2款意义上保护法所保护的利益也都可以受到妨害防止与排除妨害请求权的保护，人们称其为准否认性请求权（quasi-negatorischer Rechtsschutz）[①]或者预防性保护（der vorbeugende Schutz）。但鲍尔（Baur）则认为，权利的保护为否认性请求权，而权益的保护为准否认性请求权[②]这种分类的意义不大，因为权益与权利保护请求权的法律效果没有区别。[③]

所以，由于《德国民法典》第1004条一般条款的地位，不仅所有权或者物权的绝对性通过这一条得到保护，而且人格权、营业权、环境权利等都受到保护，在德国法上形成了广泛的预防性保护（vorbeugender Rechtsschutz）制度。在现代社会中，妨害防止与妨害排除请求权，被更多地运用于知识产权、人身权、环境保护以及反不正当竞争法中。[④]

## （二）中国法

我国《物权法》第35条规定了基于本权的妨害排除与妨害防止请求权；在所有权部分规定了国家所有权保护请求权（《物权法》第56条）；在建筑物区分所有权中规定了妨害排除与妨害防止请求权的内容（《物权法》第83条）；在相邻关系中也规定了妨害排除与妨害防止请求权的内容（如《物权法》第91条）；在地役权部分规定了妨害排除与妨害防止请求权的内容（《物权法》第159条）；在抵押权部分也规定了妨害排除与妨害防止请求权的内容（如《物权法》第193条）。但在土地承包经营权、建设用地使用权、宅基地使用权等规定中则没有提及妨害排除与妨害防止请求权。

我国《民法通则》中规定了知识产权受到侵害时，可以使用停止侵害与消除影响等防御性救济方式（第118条）。也就是说，在知识产权领域，无

---

① Palandt/Bassenge, § 1104 Rn. 2.

② F. Baur, JZ 1966, 381.

③ MünchKomm/Medicus, § 1004, Rn. 10.

④ Mager, Besonderheiten des dinglichen Anspruchs, AcP 193 79 f.

须通过类推适用防御请求权制度,法律已经明文规定。《中华人民共和国专利法》第60条、《中华人民共和国商标法》第39条、《中华人民共和国商标法实施条例》第45条、《中华人民共和国著作权法》第46条、第47条具体规定了防御请求权制度。

值得一提的是,虽然我国诉讼法上没有类似暂处分或假处分制度,但最高人民法院《关于贯彻执行〈中华人民共和国民法通则〉若干问题的意见(试行)》规定了先予裁定的规则,在诉讼中遇有需要停止侵害、排除妨碍、消除危险的情况时,人民法院可以根据当事人的申请或依职权先行作出裁定(第162条)。

## 四、确认之诉与妨害排除、妨害防止请求权

在德国民法典建议草案中,起草人约豪曾将防御性物上请求权塑造为确权之诉(Feststellungsklage),即确认所有权没有受到限制,与《奥地利民法典》规定一致,将防御性物上请求权称为所有权自由之诉(Eigentumsfreiheitsklage)。[①] 由于在《德国民事诉讼法》上,存在着确权之诉(第265条)的统一规定,所以,无论《德国民法典》第1004条第1款第2句的性质如何,当事人都可以提起确认之诉。但在实质区别上,如果该规定是实体请求权的话,首次发生的危险以及重复发生的危险只是诉讼是否有理由的前提,而不是允许诉讼的前提。在德国法上,通说认为,《德国民法典》第1004条第1款第2句的性质是实体权利。

基于妨害排除与妨害防止请求权诉讼,都是给付之诉,而就妨害防止请求权,法院可以作出不作为判决。而所有权人还可以根据《德国民事诉讼法》第256条起诉确认所有权或者主张负担不存在,与基于妨害排除与妨害防止请求权诉讼并行不悖。

基于《德国民法典》第1004条第1款第2句(妨害防止请求权)的判决可以按照《德国民事诉讼法》第890条被强制执行,该强制执行优先于根据

---

① Johow, Vorentwurf Sachenrecht Teil 1, S. 34. in Brehm/Berger, Sachenrecht, 2000, § 7 Rn. 8.

《德国民事诉讼法》第256条的确认之诉。但妨害防止请求权诉讼的判决并不具有确权效力，被判决不作为的当事人还可以在另外一个诉讼中主张所有权。[①] 比如，E是有名的私人艺术品收藏者，他是一幅"毕加索"真品的所有权人。而B却在收藏者圈子里宣称，该画是他在战后混乱时所丧失的。此时E虽可提起B不是所有权人的确认之诉(《德国民事诉讼法》第256条)，但该确认之诉的效果，并不能阻止B继续声称是该画的所有权人。故而，E此时有权依《德国民法典》第1004条之规定，对B提起妨害防止之诉。[②] 由该案例也可以明确，具有所有权妨害效果之权利妨碍，亦有可能存在。

## 五、妨害排除与妨害防止的区分

通常来讲，妨害排除指向的首先是被妨害所改变的物的有形状态，其次指向的是威胁该物的危险；而妨害防止指向的是将来妨害之前的行为。在这里，危险之妨害排除与妨害防止都是预防性权利保护(vorbeugende Rechtsschutz)的一种，危险之排除妨害也不以已经发生妨害为前提。[③]

## 六、人格权领域防御请求权的特殊构成

在人格权领域，防御请求权被限定在《德国民法典》第823条第2款连同《德国刑法典》第185条及其以下规则所保护的范围内，在"二战"后，由于一般人格权的承认，对人格权保护的防御请求权得以全面承认。[④] 对于妨害防止请求权，不仅无须过错要件，而且也不要求损害的产生。在人格权或者正当竞争权的保护上，虽然可以通过《德国民法典》第823条第2款，以违反保护法为由给予救济，但对于将来发生的违法性侵害，该条款是无法适用的。与物权法上的物上请求权不同，可否根据框架权利主张防御请求权，

---

① Brehm/Berger, Sachenrecht, 2000, § 7 Rn. 12.

② 参见〔德〕鲍尔、施蒂尔纳：《德国物权法》(上册)，张双根译，法律出版社2004年版，第229页。

③ Henckel, AcP 174(1974), 99.

④ BGHZ 13, 334, 338 ff.(读者来信案)

首先，需进行一定的价值衡量，从受害人角度来看，要看被侵害的客体是什么，对于内心空间的保护是绝对的，而对于私人空间的保护则存有例外；其次，要考虑妨害的程度以及理由，还需考察被害人的行为；最后，还要考察妨害人的侵害手段与目的。[①]

## 七、知识产权领域防御请求权的特殊构成

中、德两国都承认物上请求权可以适用于知识产权[②]，在妨害排除请求权的基础上，知识产权领域还存在所谓的废弃请求权，是知识产权人据以请求侵权人将侵权产品、侵权行为产生的物、用于制作侵权产品的原料和设备排除出商业渠道的权利。[③] 在日本法上，废弃请求权必须与停止侵害请求权或排除妨碍请求权同时行使。[④] 知识产权法中的获取信息请求权一般应与停止侵害请求权和废弃请求权相结合行使[⑤]，其基础仍在于防御请求权。在德国法上，妨害防止请求权具有一般条款的功能，可以涵盖废弃请求权以及获取信息请求权。

另外，值得注意的是，在德国法与日本法上，通常会通过假处分来保护知识产权，因为在妨害或侵害专利权的情况下，若等至本诉判决，专利权的垄断性会遭到破坏，权利人也很难享有权利本来内容。[⑥]

物上请求权无疑是保护知识产权有利的法律措施，但同时也可能被用于控制市场、限制竞争和谋求不当利益。在知识产权经营过程中，权利人以

---

① 参见 Fikentscher, Schuldrecht, Rn. 1225, S. 744.

② 我国通说即是如此，参见吴汉东：《试论知识产权的“物上请求权”与侵权赔偿请求权》，载《法商研究》2001 年第 5 期，第 3 页以下。

③ 参见杨明：《知识产权请求权研究——兼以反不正当竞争为考察对象》，北京大学出版社 2005 年版，第 119 页以下。

④ 参见杜颖：《日本知识产权保护中的差止请求权》，载《外国法评译》1999 年第 4 期，第 67 页。

⑤ 参见杨明：《知识产权请求权研究——兼以反不正当竞争为考察对象》，北京大学出版社 2005 年版，第 120 页。

⑥ 参见杜颖：《日本知识产权保护中的差止请求权》，载《外国法评译》1999 年第 4 期，第 68 页。

已行使或将行使知识产权请求权为由，对被其权利所能涵盖的知识产品的无过错侵权人进行要挟，以获取高于市场条件下的知识产权许可费用，此时，无过错侵权人已经投入了大量资金，往往会接受高价的许可费用。[①] 现有的物上请求权制度并不能有效制约这种滥用知识产权的情况，故在立法例以及学说上，有通过默示许可制度[②]或者懈怠制度限制物上请求权者，但对于这些限制制度，也应进行一定的限制，否则有矫枉过正之嫌。[③] 笔者认为，这里涉及的是诚实信用的问题，诚实信用是民法的基本原则，如果权利人长期不行使权利或者使妨害人信赖其已经放弃行使权利，则可以依照失权理论进行处理。相对于默示许可制度，失权理论更为妥当，更能平衡当事人之间的利益。

## 第二节　妨害排除请求权的构成要件与法律效果

### 一、概述

根据《德国民法典》第 1011 条第 1 款第 1 句，排除妨害请求权的构成要件如下：

(1) 请求权人享有所有权。

(2) 被请求权人对所有权有妨害/侵害，而且是侵夺或者不返还占有以外的妨害。

(3) 因现存的妨害源而产生的妨害在持续，如果侵害源枯竭了，就无法/无须排除了。

而根据《德国民法典》第 1011 条第 1 款第 2 句，妨害防止请求权的构成

---

① 参见梁志文：《反思知识产权请求权理论——知识产权要挟策略与知识产权请求权的限制》，载《清华法学》2008 年第 4 期，第 126 页。

② 我国《计算机软件保护条例》继受了这种制度：如果停止使用并销毁该侵权复制品将给复制品使用人造成重大损失的，复制品使用人可以在向软件著作权人支付合理费用后继续使用。

③ 参见梁志文：《反思知识产权请求权理论——知识产权要挟策略与知识产权请求权的限制》，载《清华法学》2008 年第 4 期，第 133 页以下。

要件也是三个,前两个与排除妨害请求权的构成要件相同,但第三个有所不同,其要求重复发生之危险(Wiederholungsgefahr)。对于两种请求权都没有过错要件,甚至违法性要件也不需要,只要对方不能证明自己有妨害权利或者容忍义务之存在,就推定具有违法性。

对于上述构成要件,由请求权人负担举证责任,如果请求权人被作为所有权人登记在不动产登记簿册上或者直接占有时,法律会推定其享有所有权。[①] 但请求权人一般要证明是有相当原因的、被请求权人的意思所造成的持续的所有权妨害。

妨害权利或者容忍义务之存在为抗辩权(《德国民法典》第1004条第2款),需要被请求人证明。

## 二、请求权人的所有权

防御性物上请求权的请求权人是所有权被妨害的人,根据登记推定与占有推定所有权的存在(《德国民法典》第891条、第1006条第1款)。

土地上的所有权可以延伸到空气空间,也可以延伸到地表以下(《德国民法典》第905条第1句),但不能延伸到地下水,由于其流动性,并不是《德国民法典》第90条意义上的物,其上不存在所有权,但可以产生用益物权。[②]

《德国民法典》第1004条保护任何形式的所有权,包括共同所有权(Bruchteilseigentum)与建筑物区分所有权,在共同所有权的情况下,根据《德国民法典》第1011条的规定,每一个共有人都可以就全部的排除妨害或者妨害防止请求权进行主张;在建筑物区分所有权情况下,也是如此,但如果是住宅所有权人进行的妨害,则要在《住宅所有权法》(WEG)第10条、第15条的框架内根据该法第43条以非诉程序进行裁决。

公法人的所有权也受《德国民法典》第1004条的保护。在德国法上,在海滩上,国家的所有权并不能产生防御性的物上请求权,而被授予游泳经营

---

① 对于法定推定规则,必须举出反证才能推翻(《德国民事诉讼法》第292条)。

② BVerfG NJW 82, 749; BGHZ 69, 1; OLG Nürnberg NJW 91, 299.

许可者可以享有防御性物上请求权。[①]

享有物权者,根据《德国民法典》他物权的规定,可以享有防御性物上请求权。但对于债权人(承租人等),一般只能基于占有行使物上请求权(《德国民法典》第 862 条)。

所有权取得之期待权(Anwartschaftsrecht)人也享有防御性物上请求权。在德国法上,只要他承担物之风险,他就被授予行使出让人之物上请求权的权利。[②] 如在所有权保留的情况下,保留买主是期待权人,在物交付给他的情况下,他承担物之风险,可以行使保留卖主的防御性物上请求权。但在动产情况下,期待权人完全可以行使基于占有的物上请求权以保护自己。

在德国法上存在担保性所有权让与制度(Sicherungsübereignung),即我国学术界通常所称的让与担保制度,设定担保后,担保权人可获得一种担保性所有权(Sicherungseigentum),基于担保性所有权,也可以产生防御请求权。

## 三、妨害(Beeinträchtigung/Störung)

妨害防止与排除妨害请求权的共同前提之一是对民法典所构造的所有权已经形成的妨害与即将来临的妨害。由于妨害类型甚多,在法律上无法一一列举,所以只规定妨害这一概念,其类型与内容留待学理确定。

### (一) 构成要件[③]

1. 侵夺或者扣留占有以外的方式

妨害是侵夺或者扣留占有(Entziehung oder Vorenthaltung)以外的其他妨害所有权方式。其形式可以是损害他人之物、进入他人土地或在他人土地上建筑、堆积垃圾、排放废气、制造噪声、将广告投递到信箱等情况。由此可见,妨害防止与排除妨害请求权涉及的一般是不动产,而对动产所有权,非以占有侵夺方式实施妨害之情形,极为少见。

---

① BGHZ 44, 27, 30 f. MünchKomm/Medicus, § 1004, Rn. 16.

② MünchKomm/Medicus, § 1004, Rn. 17.

③ MünchKomm/Medicus, § 1004, Rn. 20 ff.

2. 人的责任

虽然妨害并不一定是妨害负责之人造成的，但损害的发生必须是基于人的行为。纯粹因自然原因造成的妨害，是否防止与排除妨害请求权构成上的妨害？如自然的水的排放，就不是这里的妨害，但如果水被化学物品污染了，则构成妨害。

3. 持续性[①]

损害必须没有结束，而是仍在继续，对于妨害防止请求权也是如此，其构成前提要求有重复发生之危险。在判决排除妨害时，应当还存在需要被排除的妨害。

在有些情况下，在妨害行为停止时，妨害就消灭了。

### （二）具体类型

1. 涉及对所有权权能的权利方面的妨害

妨害可以是因为权利主张而产生的妨害，其原形是罗马法上的否认之诉（actio negatoria），妨害人否认所有权人的权利或者在所有权上主张享有限制物权。此时，适用《德国民法典》第1004条的规定，是给付之诉，可以进行强制执行。

在土地所有权上无效设定负担（包括异议、预告）的情况下，可以通过土地登记簿更正请求权（《德国民法典》第894条）更正；而在所有权上有效设定负担的情况下，则根据所有权人与占有人规则处理（《德国民法典》第987条以下）。[②]

2. 来自土地的妨害与相邻法律问题

如果涉及的是来自土地的妨害，一般涉及的是相邻法律问题，《德国民法典》第906条以下是对防御请求权（《德国民法典》第1004条）的具体化。第906条至第908条处理的是由于人的行为而使被妨害之土地改变的情况，由其产生的防御请求权指向的不是为特定行为的人，而是针对土地的所有权人与占有人，在学理上这是一种对土地状态的承担义务，这种妨害人被

---

① MünchKomm/Medicus, § 1004, Rn. 24; Staudinger/Gursky, § 1004, Rn. 17.

② MünchKomm/Medicus, § 1004, Rn. 29.

称为状态妨害人。

3. 涉及对所有权权能的事实方面的妨害

这里主要涉及的是土地的情况，如非相邻关系规则（《德国民法典》第906条）所允许的“当地通常”的不可量物之排放（如噪声、废气等），即构成妨害。而且该妨害不必发生在所有权人行使所有权期间，如对在土地所有权人闲置的房屋内长时间停留的孩子，所有权人也有排除妨害请求权；是否存在妨害，不取决于所有权人是否直接占有人，而且，妨害也不以是否人为造成为前提。[①]

4. 对空间、外形的妨害

对所有权的妨害也可以不涉及其实体，而是侵犯其空间等，如越界生长的枝叶、土地的出口或驶出口等被阻塞。有争议的是，对土地或建筑物的拍照是否是所有权之妨害，联邦最高法院曾经在一例判决中作出过肯定回答。[②] 为了广告而在他人墙壁上照明，也是一种妨害。所有权不仅包括其实体不受妨害的权能，也包括决定物之外观的权能。对此，有学者加以限制，认为对于公众开放之物的所有权中是不包含禁止他人拍照的权利的。[③]如果能从物之所有权中引申出禁止他人拍照的权利[④]，则也可以基于侵害型不当得利请求妨害人返还所得。

5. 消极影响/不可量物

对于妨害他人的采光、通风、地下水、远眺以及信号接收（高楼的屏蔽），是否属于《德国民法典》第1004条的调整范围，通说采有限制的否定性见解，只有切断土地重要的生活供应来源（水、电等）或者土地出口等，才是《德国民法典》第1004条所调整的妨害。[⑤]

这里的问题是，土地所有权人在用益其土地的时候，要在多大程度上照

---

① MünchKomm/Medicus, § 1004, Rn. 31.

② BGH NJW 1975, 778. 有学者认为是一种新的无形财产权，所谓自己物上的肖像权，Staudinger/Gursky, § 1004, Rn. 31.

③ MünchKomm/Medicus, § 1004, Rn. 32.

④ 在我国曾发生过就宠物狗被人拍照等纠纷。

⑤ Staudinger/Gursky, § 1004, Rn. 65 ff.

顾其他土地的用益。在上述消极影响方面,土地所有权人有在自己土地范围内行使自己所有权的自由,但如果邻居有地役权,则土地所有权人不能进行消极影响,土地所有权人也要顾及他人的土地出入口。①

我国《物权法》在相邻关系规则中,将不能妨害他人采光、通风等义务分配给了土地权利人,建造建筑物,不得违反国家有关工程建筑规范,妨碍相邻建筑物的通风、采光和日照(《物权法》第 89 条)。该条并非从所有权人容忍义务角度进行规定,而是从被干涉建筑物所有权人的权利角度进行规定的。

关于通风、采光和日照等问题,国家有相关工程建筑规范,例如,建设部《关于发布国家标准〈住宅设计规范〉的通知》(建标(1999)76 号文)中对住宅的日照、天然通风、自然采光等问题都有明确要求,应予遵守。

但这里值得思考的是,通风、采光、日照是否为不动产所有权的内容,如果作肯定回答,才可以使不动产所有权人负担容忍义务;其次,国家规定的建筑物间隔、住宅设计标准等只是公法规范,在相邻不动产权利人违反的情况下,行政机关得对其进行行政处罚,如果行政机关不处罚,相邻不动产权利人得通过行政诉讼督促行政机关处罚。②

6. 精神上的影响

通说认为,精神/审美上的影响也不构成“妨害”,比如过路人或旁观者对土地的观望,他人土地上不整洁或者乱七八糟等都不是“妨害”。③

## 四、妨害人(Störer)——消极构成要件

所谓妨害人,是指对归属于所有权人的支配空间进行干涉的人。

无行为能力人或无侵权行为能力人也可以成为妨害人。如果机关为法人行为,根据《德国民法典》第 31 条的规定,机关的行为归属于法人,机关自身也承担妨害人责任。如果破产管理人继续经营企业,并造成妨害,除了

---

① MünchKomm/Medicus, § 1004, Rn. 34.

② 参见〔德〕鲍尔、施蒂尔纳:《德国物权法》(上册),张双根译,法律出版社 2004 年版,第 562 页以下。

③ MünchKomm/Medicus, § 1004, Rn. 35.

破产财团要承担妨害人责任，破产管理人自己也要承担个人责任；但如果涉及的是状态责任，随着企业的继续经营，破产债务人的责任就消灭了。在未成年人情况下，其法定代理人承担妨害人责任与义务，法定代理人要负责使未成年人放弃其妨害行为。[①]

## （一）妨害人之类型

根据妨害产生原因的不同，妨害人被区分为行为妨害人（Handlungsstörer）与状态妨害人（Zustandsstörer），前者是以自己的行为（作为或者不作为）造成了妨害的人；后者是对物上的妨害要负责任的人，即使妨害是由于自然原因形成的，侵害人也要承担责任。所以，在性质上，与一般侵权不同，防御性物上请求权更类似于危险责任。行为妨害人与状态妨害人的界限是不确定的，如过去已经完成的行为（如建造房屋）是现在妨害的原因的情况下，就无法区分二者。

根据德国联邦法院的观点，行为妨害人是因积极的作为或者违反义务的不作为而有相当因果关系的侵害所有权人，但这样定义并不能与状态妨害人区分开，因为在状态妨害人情况下，也需要相当因果关系，其主要区别似乎在于，在状态妨害人情况下，不仅以积极的作为或者违反义务的不作为方式妨害，而且可以通过保有、支配妨害之设备的方式妨害。对于状态妨害人，联邦最高法院的观点是：妨害至少间接地可以归责于其所有权人或者占有人的意思（Willensbestätigung）的情况，所以，有学者认为，区别点主要在于，前者是直接的妨害，后者是间接的妨害，但此区分没有多大意义，只不过通过这一点可以将其与自然力妨害区分开来。[②]

1. 行为妨害人

对于行为妨害人，不论是其自己进行妨害行为或者使他人为妨害行为，都应承担责任，与他人共同造成妨害时，为共同妨害人。如甲将车库超越边界盖在他人土地之上；甲承租乙的房屋作为咖啡厅，噪声侵扰邻居，这里，不仅乙是妨害人，甲也是妨害人。有争议的是，乙的雇员是否为妨害人，在学

---

① Brehm/Berger, Sachenrecht, § 7 Rn. 26.

② K. Schellhammer, Sachenrecht nach Anspruchsgrundlagen, 2. Aufl. 2005, Rn. 222 ff.

说上多持肯定意见,也有进行区分细化者,在不作为/妨害防止请求权下,雇员也是妨害人;而在妨害排除情况下,雇员不是妨害人,雇主才是妨害人。[①]德国联邦法院却认为雇员不应承担妨害者责任,因为雇员自己在相应的责任范围内没有自己的决定空间。[②]

因为防御请求权是针对任何人的请求权,所以,对于间接妨害人或者参与人,类推适用《德国民法典》第830条。根据其第2款,教唆者以及辅助人也被视为妨害人,另外,委托进行妨害行为者也是防御请求权的被请求权人。通过租赁合同允许他人进行妨害行为(如经营酒吧而产生噪声)的出租人,也是间接的行为妨害人。[③]

而独立的企业主(Selbständiger Unternehmer)对其企业进行的妨害行为也要承担责任,即使企业主是受他人委托而行为的,也是如此;只有委托人委托的恰恰是该妨害行为而且该妨害行为不仅仅是因为委托的原因才发生的,如委托他人建筑者,对于建筑工作噪声是要承担责任的,但对于建筑工地上的汽车中的收音机噪声,则不承担排除妨害责任。[④]

对于他人造成的妨害,还可以考虑准用雇主责任规则(《德国民法典》第831条),在德国法上,对于雇员/执行辅助人的违法行为,原则上由选任监督人承担责任,此为过错责任,但在防御请求权上,行为妨害人的责任并不以过错为构成要件,也不以交往义务之违反为前提,所以,雇主对其雇员的妨害行为承担无过错的妨害排除或防止责任。值得注意的是,对于妨害防止/不作为请求权,可以针对雇员提起,自力救济也可以针对雇员行使,而对于妨害排除请求权,一般只能针对雇主提起,只有在必须由雇员排除妨害,才能充分地排除妨害的情况下,才针对雇员提起。[⑤]

对于不作为者,需要对阻止损害承担担保地位者(Garantenstellung),才是妨害人,能够阻止妨害或者是危险源的人并不一定有上述保证地位。

---

① MünchKommBGB-Medicus, § 1004, Rn. 43.

② BGHZ 106, 229, 235.

③ Larenz/Canaris II/2, 1994, § 86 III, S. 684.

④ MünchKommBGB-Medicus, § 1004, Rn. 44.

⑤ Larenz/Canaris, Schuldrecht II/2 § 86 III S. 685 f.

2. 状态妨害人

对于状态责任的确认，通说认为，如果妨害至少间接地可以归责于其所有权人或者占有人的意思（Willensbestätigung），该人就要因为妨害的状态或者妨害的设备/设施，而承担责任。[①] 能够阻止妨害或者是危险源的人并不一定是状态妨害人。比如，出卖人在享有土地所有权期间，在土地上存放了一些化学垃圾，在买主购买土地后，这些垃圾分解出臭气，影响邻居。也有认为，妨害人造就了危险源，由此产生其照料义务。[②]

在状态责任情况下，有两种特殊情况需要特别注意：在第一种情况下，妨害在一开始是有合理根据的，但后来该根据丧失了，比如，某区政府在其成员同意下，对该路基进行了疏松，但这对后来的权利人没有约束力，区政府必须重新取得权利继受人的同意。在第二种情况下，妨害是因为自然力（Naturkräfte）所导致的，如因连日暴雨，使泥土流入邻地，或者由于土地或房屋、树木的自然变化而对邻居产生妨害。对此，有人主张适用“担保人地位”（Garantenstellung）理论[③]，也有学者认为，自《德国民法典》第907条、第908条所推导出的价值判断，也要求所要承担责任之妨害，需归因于人为制造或保持的且至少有潜在危险的设施。故此，仅仅在妨害基于对土地自然性质进行人为改变而产生，并由此制造出具体危险源时，才能成立所有权人对该妨害所负的状态责任。[④] 也就是说，状态责任也是以一定的行为关联点为要件的。

需要注意的是，状态妨害人只在其可预见的范围内或者设施典型的后果范围内承担责任[⑤]，如树木被大风吹倒在邻地，此时，如果树木有抵抗通常自然力的能力时，树木所在土地所有权人不应承担妨害人责任。但如果

---

① 参见〔德〕鲍尔、施蒂尔纳：《德国物权法》（上册），张双根译，法律出版社2004年版，第233页。BGHZ 28, 110, 111.

② MünchKomm/Medicus, § 1004, Rn. 40.

③ Staudinger/Gursky, § 1004, Rn. 69-74.

④ 参见〔德〕鲍尔、施蒂尔纳：《德国物权法》（上册），张双根译，法律出版社2004年版，第233页。

⑤ Brehm/Berger, Sachenrecht, 2000, § 7 Rn. 25.

树根松动了邻地的界墙,则是通常可以预见的。

根据德国联邦法院的判例,妨害人也包括设立、经营或者维护妨害之设备/设施并且能阻止妨害的人。[①] 如此一来,不仅承租人可以是妨害人,出租人也是妨害人。

有学者解释认为,状态妨害人只能是自主占有人,而且原则上其享有间接占有即可。此外,负有维护义务的他主占有人原则上也是状态妨害人,但在其维护义务的范围之内。[②] 如果是这样,土地或房屋的承租人通常是不能成为状态责任人的,因为他既不是自主占有人,也不是维护义务人。[③] 该结论的理论根据在于对《德国民法典》第907条、第908条以及第836条到第838条进行的相互一致的解释。因为《德国民法典》第1004条防御请求权中没有规定何为状态妨害人,只能从相关规则中解释得知。[④]

《德国民法典》第907条规定的是相邻关系中的有危险之虞的设备责任,第908条规定的是相邻关系中的有倾倒危险的建筑责任。在第907条规定了承担责任人为制造或者持有该设备的人,但何为制造者或者持有/保持者,必须进行解释;第908条则直接指向了侵权法中的第836条到第838条,由此可以通过对第836条到第838条的解释来解释何为制造者或者持有/保持者。

《德国民法典》第836条规定的是土地占有人的责任,第837条规定的是建筑物占有人的责任,第838条规定的是建筑物维护义务人的责任。根据第836条,只有自主占有人才承担责任;根据第837条,虽然就土地而言,维护义务人是他主占有人,但就建筑物而言,他是自主占有人;根据第838条,一般只有自主占有人承担责任,只有在他主占有人为自主占有人承担维护建筑物义务或者其因享有的用益权利而必须维护的情况下,他主占有人才承担责任。所以,制造者或者持有/保持者只能是自主占有人。

---

① BGH NJW 2003, 2377; 2004, 1035.

② Larenz/Canaris II/2 § 86 III S. 688.

③ 该解释结论与承租人在合同法上不承担维修义务的规则也是一致的。

④ 如下解释参见 Larenz/Canaris II/2 § 86 III S. 686 f. 有反对此种解释方法者,Picker, Der negatorische Beseitigungsanspruch 1972, S. 132 f.

但在他主占有人(如承租人)在承租土地上建筑房屋等建筑物的情况下,由此建筑物产生的妨害,根据第 837 条承担责任,此与第 907 条的规定也不矛盾。另外,根据对《德国民法典》第 908 条以及第 837 条的价值评断,在他人土地上自主占有土建筑物或者其他构造物者,也是状态妨害人,对此,土地占有人则不承担状态责任。

有学者认为,与在所有物返还请求权的情况下一样,在妨害之占有人放弃占有或者妨害人放弃行使他人所有权时,妨害防止与排除妨害请求权也就消灭了。① 其理论基础在于,推定的所有权以及物之支配是防御请求权的前提,与《德国民法典》第 1006 条的推定规则是相对应的,在这里,推定自主占有人是状态妨害人,但可以通过发现真实所有权人以及放弃占有,而推翻该推定。② 反对意见者认为,至少准用《德国民法典》第 836 条第 2 款,在 1 年内还需承担责任。

通说认为,抛弃所有权没有任何法律效果,妨害人仍需承担责任。③ 因为排除妨害是所有权人的义务,不能通过抛弃所有权而摆脱自己的义务。

通说认为,在设备被出让的情况下,取得人替代出让人负有照料这些设备的义务,承担状态妨害责任。④ 但是,制造妨害者的行为责任不能因此而被免除,其与取得人是共同债务人。此时,由于其不再是设备或不动产的持有人,对于妨害之排除处于不能状态,但有学者认为,可以通过赋予其对现在所有权人容忍义务请求权的方式排除不能,此时还应类推适用《德国民法典》第 836 条第 2 款,即 1 年期间的规则。

最后,值得注意的是,还存在公法上的状态责任,如土地所有权人负有清除有可能污染地下水的垃圾的义务。⑤

---

① Picker, Der negatorische Beseitigungsanspruch 1972, S. 113 ff. Larenz/Canaris II/2 § 86 III S. 688.

② Larenz/Canaris II/2 § 86 III S. 688 f.

③ Staudinger/Gursky, § 1004 Rn. 112.

④ MünchKommBGB-Medicus, § 1004, Rn. 54.

⑤ BVerfG NJW 2000, 2573.

### （二）多数妨害人

若妨害归因于数妨害人，则每一妨害人对妨害负全部之责任，一个妨害人排除了侵害，其他妨害人就免责。而所有权人也享有就任何一个妨害人，主张其请求权之选择权，此与《德国民法典》第 840 条之法律思想是一致的。多数人妨害的情况是多种多样的，如妨害人是土地的共同所有权人、建筑商与建筑委托人、承租人与出租人等。

在妨害人格权情况下，不仅出版商须承担妨害人责任，对于含有侵害言论的新闻材料的进口商也应承担妨害人责任（BGH JZ 1976, 595）；但对于电视台的责任存有限制，如果电视台是为了中立地报道对象而发表批评意见，在该批评侵害他人荣誉/名誉时，电视台并不承担妨害人责任（BGHZ 66, 182, 188）。[①]

## 五、容忍义务以及其他抗辩权

容忍义务既可以产生于私法，也可以产生于公法，下面分别进行论述。

### （一）私法上的容忍义务

容忍义务是一种无须主张的抗辩权，此种抗辩权的效果不是拒绝对方的请求，而是有权妨害。

在私法上容忍义务之产生，可基于一般性法律规定，亦可基于所有权人与侵害人间所存在的特别法律关系，前者如相邻关系，后者如基于合同或者物权关系。

1. 基于法律行为产生的容忍义务

根据《德国民法典》第 986 条第 1 款第 1 句第 2 种情形，在占有人或者间接占有人（占有人的占有权利来自于该间接占有人）相对于所有权人享有占有权利的情况下，占有人可以拒绝返还该物。该项抗辩权为无须主张的抗辩权，可以起到阻碍或者消灭权利的作用，法官在诉讼程序中必须注意。[②] 在妨害防止与妨害排除请求权情况下，可以准用该规则。

---

① MünchKommBGB-Medicus, § 1004, Rn. 54.

② Jauernig-Jauernig, BGB, § 986, Rn. 2.

(1) 基于物权产生的容忍义务。在当事人之间约定设定物权的情况下,所有权人的容忍义务根据物权类型以及双方约定的内容确定其范围。基于物权的容忍义务对任何人都有效力,对于所有权的继受人也有效力。

可以产生容忍义务的物权类型主要是地役权以及限制人役权,一般登记在登记簿册或者记载在登记许可(Eintragungsbewilligung)中。对其范围,需按照一般人的观念进行解释,如对于一般的通行地役权,其范围并不包括为邻地的商店提供用于顾客使用的停车位的义务。

(2) 基于债权产生的容忍义务。基于租赁、用益租赁、借用以及其他债权关系都可以确立容忍义务,但承租人等只能在其使用权利范围内使用租赁物。在这里,买卖不破租赁规则(《德国民法典》第 566 条)也有适用的余地。

对所有权人的容忍请求权,可以根据债权让与(《德国民法典》第 398 条及其以下)规则进行让与。

根据《德国民法典》第 328 条(有利于第三人合同规则)的规定,也可以事前为第三人(将来的权利继受人)设定容忍请求权。

在简单的间接占有关系情况下,如所有权人允许承租人在其土地上经商,他就不能对承租人的顾客行使妨害防止请求权,以禁止其进入土地。

单方的允许(Gestattung)或者同意(Einwilligung)是否可以构成容忍义务的基础,有不同观点。通说对此是肯定的,但是该允许与同意可以被任意撤销。[①] 不同意见者认为,该结构是违反合同原则的。而且,所有权人完全可以自愿放弃行使防御请求权,也就是说,没有这种以单方允许作为基础的容忍义务构造,也完全可以达到同样效果。[②]

根据通说,对单方允许并无形式要求,口头或者默示都可以,但在口头或默示情况下,证明比较困难。

德国联邦法院认为,在零售商向一般公众开放时,就存在一个有约束力的允许,即所有权人一般性地允许所有在"通常买受人行为"范围内的顾客

---

① MünchKomm/Medicus, § 1004, Rn. 66.

② Brehm/Berger, Sachenrecht, 2000, § 7 Rn. 15.

进入。[1] 在实践中,比较常见的是,商家会发布一些秩序规则(Hausordnungen),比如"禁止吸烟"、"购物前需要存包"、"不准牵狗进入"等,只要不是过分刁难(Schikaneverbot),就是允许的。在性质上,这些秩序规则是对"一般性允许"的限制。只要顾客在他人所有权上行动,就不能基于自己的一般人格权进行对抗。[2]

值得注意的是,在土地所有权人通过合同许可承租人对物享有超出一般用益的妨害之权利时,而又将出租土地出让给第三人的情况下,根据买卖不破租赁规则(《德国民法典》第 571 条)以及准用《德国民法典》第 986 条第 1 款第 1 句第 2 种的情形,该合同上之许可对于取得人也有效力。[3] 此处,"妨害人"必须是占有人,如果不是占有人,即使所有权人许可其妨害,对权利继受人也无约束力,因为这里不存在法定或约定的债务承担。

在多层间接占有情况下,房屋所有权人许可其使用承租人,在房屋外墙上安装广告设施,则在用益承租人许可某一广告公司使用该外墙时,该公司就可以该许可主张抗辩,对抗房屋所有权人。[4]

在容忍义务终止后,妨害人是否要对继续存在的妨害进行排除,首先要对许可或者产生容忍义务的基础法律关系进行解释,如在租赁情况下,根据合同关系确定。如果没有合同等规则可以遵循,原则上所有权人可以要求排除妨害。[5]

2. 法定容忍义务

基于相邻关系产生的私法上法定容忍义务的情况有:紧急避险(《德国民法典》第 904 条)、在高度与深度上对土地的影响(《德国民法典》第 905 条第 2 句)、非重要的或者地方通常的排放(《德国民法典》第 906 条)、被谅解的越界建筑(《德国民法典》第 912 条第 2 款)、必要通行(《德国民法典》第 917 条第 1 款)。在建筑物区分所有权的情况下,也有基于相邻关系产生

---

① BGHZ 124, 39, 43.

② Brehm/Berger, a. a. O., § 7 Rn. 17.

③ MünchKomm/Medicus, § 1004, Rn. 65.

④ OLG Köln NJW 1955, 1072.

⑤ MünchKomm/Medicus, § 1004, Rn. 70.

的容忍义务。

（1）紧急避险情况下所有权人的容忍义务。紧急避险是妨害正当化之事由。是否构成紧急避险，由妨害人承担证明责任。与正当防卫不同的是，在紧急避险情况下适用利益衡量原则，在利益冲突的情况下，价值小的法益要让位于利益大的法益。《德国民法典》第 228 条规定的是防卫性紧急避险，是一般性规定，而《德国民法典》第 904 条规定的是进攻性紧急避险，是特别规则。

（2）基于相邻关系产生的所有权人的容忍义务。所谓相邻关系，是指相邻不动产权利人与他人间的利益冲突关系，在本质上是为了“人类共同生活以及组织化群体之需要”而对不动产所有权的限制。[①] 相邻关系构成对所有权的约束，该约束是容忍义务的基础，如邻居以自己之费用，加固来自他人土地但有落向自己土地危险的岩块或树木时，则他人土地之所有权人就此不得主张防御请求权。

在相邻关系上，《德国民法典》规定的事实构成在措词上是不一致的，第 906 条规定所有权人“不得禁止”，第 912 条、第 917 条规定必须容忍，但意思是相同的。相邻关系是完全性自由所有权的例外。对于相邻关系，仍要适用诚实信用原则（《德国民法典》第 242 条）。在妨害需要以不成比例的费用才能排除的情况下，有适用第 251 条第 2 款的余地。

根据《德国民法典》第 910 条第 1 款，在树根或者树枝伸展到他人土地上时，所有权人可以剪断，该妨害不会导致容忍义务。

我国《物权法》上第 84 条以下的规则，多从相邻人/干涉人的权利角度以及不动产权利人的（不作为）义务角度规定的，并没有将规则重心放置在容忍义务上。在结果上，不动产权利人的容忍义务之范围与限度往往在法律上没有明确规定，或者只能借助公法上的标准予以确定。

在相邻关系上，存在若干公法规范，公法规范与私法规范是很难截然分开的，就采光、通风以及不可量物的排放等国家都有相关标准。

---

① 参见〔德〕鲍尔、施蒂尔纳：《德国物权法》（上册），张双根译，法律出版社 2004 年版，第 516 页。

3. 准用《德国民法典》第986条第1款第1句

如果妨害人妨害权利来自于第三人,而该第三人对所有权人有妨害权利而且可以有再次许可他人妨害的权利,此时,来自于第三人的妨害权利也是容忍请求权产生的基础。如出租人不能对为承租人正常送货的司机行使排除妨害请求权。①

《德国民法典》第1004条第2款的容忍义务与所有物返还请求权情况下的第986条的抗辩权是平行的,所以,这里的容忍义务也是一种抗辩权。

### (二)公法上的容忍义务

公法上容忍义务的产生基础,可为立法亦可为具体的行政行为。比如所有权人负有义务,容忍航空线路穿过其土地,或就服务于公众使用的土地,容忍因公众使用而造成影响。但在妨害由公众企业(如发电厂)而导致时,并不因此而生容忍义务。再者,亦不因对营业经营之许可,而绝对排除侵害的违法性。②

在公众利益排除妨害防止请求权行使的情况下,如果构成特别牺牲(Sonderopfer)义务,妨害防止请求权可转换成补偿请求权。③

公法上的容忍义务,具体有如下几种情况:

1. 建筑负担(Baulast)

所谓建筑负担,是为了公共利益用于保障私人土地与公共道路连接或者为私人土地提供停车空间的公法上的土地负担。该负担被登记在建筑负担登记簿册上,而不是土地登记簿册上,并由公共机构管理。在存在建筑负担的情况下,相邻人可以对所有权人的所有物返还请求权以及防御请求权进行抗辩,理由是权利滥用(《德国民法典》第242条)。

2. 许可

在德国法上,建筑法上的许可以及营业许可(酒类)并不能作为妨害他人土地的基础,也就是不会产生容忍义务,对于防御性物上请求权的行使没

① MünchKomm/Medicus, § 1004, Rn. 69.

② Baur/Stürner, Sachenrecht, § 12 Rn. 10; MünchKomm/Medicus, § 1004, Rn. 67.

③ Baur/Stürner, Sachenrecht, § 12 Rn. 10.

有任何影响。[①]

但在排放许可以及水权许可等情况下,许可具有排除防御性物上请求权的效力。在水权被妨害的情况下,被妨害人的私法物上请求权应受公法上合法性基础的影响,只能在批准或许可的范围内主张。但在水权人为被请求人即妨害人的情况下,水权人是否可以根据许可进行抗辩呢?在这里,需区分许可是可撤回的还是不可撤回的,如果是不可撤回的许可,则具有对抗私法上物上请求权的效力。根据《德国水资源法》第 11 条的规定,许可可以排除相关人的妨害排除请求权、妨害防止请求权、设立保护设施请求权等。如果是可撤回的许可,则不具有上述效力,第三人仍可通过民事诉讼程序主张妨害排除请求权、妨害防止请求权、设立保护设施以及损害赔偿请求权。在德国,法律允许联邦或者州通过立法规定所谓的"高资质"的许可,这种许可是可以被撤回的,但具有对抗第三人的效力。[②]

根据德国《联邦不可量物排放防治法》第 14 条的规定,在对水排放进行许可后,相邻关系人也不得主张私法上排除妨害与妨害防止的请求权。[③]也就是说,当事人不得针对经过许可的设施经营提起以停止营业为内容的排除妨害与妨害防止之民事诉讼。如果当事人提起这样的诉讼,法院经过审查后应予以驳回。

为什么许可具有限制防御性物上请求权的法律效力呢?是因为政府行为不能受到民事法院判决的质疑吗?对此,答案是否定的。之所以采纳这样的规则,首先是因为在许可程序中已经考量了第三者的利益。在行政机关进行水权行政许可时,需考虑第三者的利益或者社会公共利益,许可申请人在申请书中就应全面、客观地反映取水行为可能涉及的他人的利益,解决利害冲突的措施、办法以及与第三者的协商情况或达成的协议。[④]《中华人民共和国行政许可法》第 19 条专门规定了听取意见以及说明理由制度,第

① MünchKomm/Medicus, § 1004, Rn. 56.

② Breuer, Öffentliches und privates Wasserrecht, 3. Aufl. 2004, S. 146 f

③ Peine, Privatrechtsgestaltung durch Anlagengenehmigung, NJW 1990, S. 2442.

④ 《〈取水许可和水资源费征收管理条例〉解读》,载《中国水利》2006 年第 7 期,第 20 页。

20条规定了许可事项定期评价制度，任何第三人都可以对行政许可的设定和实施提出意见和建议。[①] 而对于不可量物排放许可，也需经审查程序，该审查兼顾了公众以及邻人的利益[②]，在许可审核程序中包含了私法上相邻关系法的抗辩内容(《德国联邦不可量物排放防治法》第10条第3款、第6款、第7款，第9条)，如果邻人的私法上相邻关系的抗辩被驳回，他可以提起行政诉讼。许可主管机关以及行政法庭都需要审查被许可的营业所产生的不可量物是否超出私法上相邻关系规则确立的容忍义务的范围，如果该相邻人在许可程序中失败，即可有效地颁发许可，但相邻人还可以事后请求采取预防措施以及损害赔偿，因为，许可决定涉及的只是可期待的排放量，并不涉及事后实际上产生的重大的妨害。另外，颁发不可撤回的许可后即具有一定的财产价值，该财产价值不能因为民事法院判决而被摧毁。[③]

3. 公共使用以及特别使用权

用于公共交通的道路、空位，任何人都得使用，公法法人必须容忍，如果超出公共使用的范围，则需要经过特别许可获得特别使用权。比如，在大街建筑墙上张贴广告。

4. 生活必需的公共利益

服务于生活必需的公共利益设施，即使妨害了所有权，所有权人也必须容忍，如国道上的建筑噪声、公共汽车站等。但在严重妨害情况下，被妨害人有获得适当补偿的权利，可以根据民法(《德国民法典》第906条第2款)，也可以根据征收或者类似征收的措施规则进行处理。

5. 自然保护

根据《联邦自然保护法》以及《联邦物种保护法》，对动物需进行保护，

---

① 参见张光宏：《行政许可设定中的利害关系人权益保护》，载《行政法研究》2007年第8期，第78页。

② F. Baur, Die Privatrechtlichen Auswirkungen des Bundesimmissionsschutzgesetzes, in F, Baur, Beiträge zum materiellen Recht und Verfahrenrecht, 1986, S. 65.

③ 参见〔德〕鲍尔、施蒂尔纳：《德国物权法》(上册)，张双根译，法律出版社2004年版，第548页。

如在排除他人土地上青蛙噪声①一案中,原告/所有权人被判决有容忍义务。

对该案件,拉伦茨认为,应区分状态责任与行为责任两种情况作不同处理,如构成状态责任,《联邦自然保护法》优先于《德国民法典》第1004条的请求权,因为青蛙在该原告土地上,他得容忍其噪声;但在行为责任情况下,在上述案件中,被告一年前挖的青蛙池塘,造成了青蛙散布到周围,这是对过去之行为的排除妨害责任,此时,《联邦自然保护法》并不优先于《德国民法典》第1004条的请求权。②

### (三)基于基本权利

基于妨害人的基本权利,也可以产生容忍义务,如为了保障承租人获得信息的自由(《德国基本法》第5条第1款),出租人负有容忍承租人设立接收电视等设备的义务。③

### (四)其他抗辩权

其他一般之抗辩权也可以适用于防御请求权,比如清偿,如已经排除妨害;再比如履行不能。对于妨害排除请求权,适用一般诉讼时效(《德国民法典》第195条、第199条)。在多个妨害人共同造成妨害的情况下,可以准用共同过错规则(《德国民法典》第254条),对于共同妨害,也有建议通过补偿部分费用的方式进行处理者,即可以判决排除妨害与补偿部分费用同时履行。④

## 六、法律效果

防御性物上请求权的法律效果是妨害之排除与防止,在这里,防止妨害/不作为(Unterlassung)与恢复原状(Naturalrestitution)、损害赔偿(Schadensersatz)是比较好区分的,但区分排除妨害(Beseitigung)与恢复原

---

① BGHZ 120, 241.

② Larenz/Canaris II/2 § 86 III S. 693.

③ Larenz/Canaris II/2 § 86 III S. 694.

④ K. Schellhammer, Sachenrecht nach Anspruchsgrundlagen, 2. Aufl. 2005, Rn. 250.

状、损害赔偿则较为困难。

妨害排除与妨害防止请求权在性质上是“物上”请求权,具有物权效力,在妨害人破产时,妨害排除与妨害防止请求权并非破产债权。

### (一)排除妨害

所有权受侵害者,得向侵害人“请求排除妨害”,该请求权为物权请求权。其条件是,该妨害仍在持续,或存在任何时候都会产生新妨害之状态。

在被妨害人无过错地不知道妨害范围的情况下,可以请求妨害人披露信息,即此时产生咨询请求权(Auskunftsanspruch)。[①]

在妨害的范围内,被妨害人有权选择排除妨害之方式,但在限制或者保护措施已经足够的情况下,一般不能请求停止运行设施。[②]

排除妨害请求权与所有物返还请求权一样,是不可以独立被让与的,但所有权人可以根据《德国民法典》第 185 条授权第三人以自己的名义要求妨害人排除妨害。

一般来讲,排除妨害的费用应当由妨害人承担,如所有权人以自己的费用排除妨害的,则其可以根据不当得利或无因管理规则,请求偿还所支付的费用。[③] 但有学者对费用之分配进行了区分细化,以甲的动产移至乙的不动产形成妨害为例,根据妨害是谁或何原因造成的来分配费用负担。如果是甲的行为造成的,则由甲承担费用;如果是自然力造成的,此时甲就动产可享有所有物返还请求权,而乙则可能享有排除妨害请求权,这里产生的费用应当由二者分担。[④] 在第二种情形下,值得怀疑的是,是否构成所有物返还请求权,因为乙可能并无占有甲之动产的意思,即不形成对他人之物的无权占有,有学者认为,在这种情况下形成一种所谓的容忍领取请求权,而非

---

① MünchKomm/Medicus, § 1004, Rn. 74.

② MünchKomm/Medicus, § 1004, Rn. 75.

③ 参见〔德〕鲍尔、施蒂尔纳:《德国物权法》(上册),张双根译,法律出版社 2004 年版,第 239 页。

④ 参见杜颖:《论民事保全请求权》,北京大学 2000 年博士论文,第 23 页以下,引自辜明安:《物权请求权制度研究》,法律出版社 2008 年版,第 275 页以下。

所有物返还请求权。[1] 而在容忍领取请求权与排除妨害请求权并存的情况下，费用应由双方分担。

## （二）所有权人占有人关系的准用

《德国民法典》第 987 条以下规定了所有权人占有人关系，我国《物权法》部分地继受了该制度。该规则的一大重要内容就是未被起诉的善意无权占有人不承担损害赔偿责任。从学理上看，未被起诉的、善意无权占有人也不应承担排除妨害责任，因为可能会出现不公正的结果。比如，构成所有物返还请求权时，对于其重大过失烧毁的他人房屋，未被起诉的、善意的、自主的无权占有人无须重建；但对于他自己在他人土地上建立的房屋，构成排除妨害请求权时，即使未被起诉的、善意的、自主的无权占有人也负有拆除该房屋的义务[2]，而不能准用所有权人占有人关系规则。

对已收取之收益，未被起诉的、善意的、自主的无权占有人可以不予返还，此时可准用所有权人占有人关系规则。如果对于占有物，被起诉的、善意的、自主的无权占有人支出了费用，也可准用所有权人占有人关系规则。

## （三）诉讼规则

在妨害人以行政行为为基础进行主张妨害之合法性时，就行政行为的无效（Nichtigkeit）或者废止（Aufhebung）可以在民庭进行，但就其撤销（Anfechtung）则应在行政法庭进行。[3]

根据《德国民事诉讼法》第 3 条的规定，根据被妨害人对排除妨害以及妨害防止的利益计算诉讼标的额，也就是根据排除妨害与妨害防止的费用计算。在提起诉讼时，需要详细描述需要排除的妨害、妨害的设施以及其他妨害源。但在起诉申请中，原告一般无法确定排除妨害的方式，法院也难以确定判决，在德国实践中，原告只要在起诉书中填写被排除或者将来防止的妨害即可。在判决中只要表明：要采取必要措施防止将来的重大妨害即可。

---

① 参见杜颖：《论民事保全请求权》，北京大学 2000 年博士论文，第 23 页以下，引自辜明安：《物权请求权制度研究》，法律出版社 2008 年版，第 276 页。

② Baur, AcP 160(1961), 465, 491 ff.

③ MünchKomm/Medicus, § 1004, Rn. 99.

选择权利一般赋予妨害人。只有在强制执行时,才能确定排除或者防止妨害之措施。[①]

在诉讼上,妨害防止请求权、妨害排除请求权都是以给付之诉方式提出的,通常情况下,原告要证明其具有所有权;在妨害排除请求权情况下,要证明妨害;在妨害防止情况下,要证明妨害继续存在或者妨害重复发生的危险,还要证明产生被告责任的事实。在损害已经发生一次的情况下,被告要对再次发生妨害的危险进行排除。对被告而言,被告应证明原告是否有容忍义务或者其他妨害正当化的事由。[②] 以容忍义务进行的抗辩,是需主张的抗辩。

在我国,权利人请求消除危险或排除妨害,需要证明其享有物权的特定的物被他人妨害或遭受危险,而且需要证明该妨害与危险阻碍了权利的正常行使。[③]

在所有权人方面,其诉权不因被妨害物的出让而受到影响(《德国民事诉讼法》第 265 条)。在状态妨害人将妨害源让与第三人时,对该第三人也可以进行强制执行,在行为妨害情况下,权利让与对于强制执行没有意义。如果第三人还保持既有的妨害源,其本人也是妨害人。

对妨害之排除采取哪种方式,由妨害人自己决定。强制执行根据在于《德国民事诉讼法》第 887 条、第 888 条,所有权人可以请求判决妨害人预先支付排除妨害的费用或者强制罚款、强制拘留(Zwangsgeld,Zwangshaft)等,主要取决于第三人还是妨害人自己可以排除的妨害。

在排除妨害请求权涉及破产债务人破产财产的情况下,即排除妨害请求权防御的是源自破产财团的妨害,排除妨害请求权人可以享有取回权(Aussonderungsrecht)。[④] 这里的取回权不能理解为从破产财产中取走,而是对破产财团的对抗。

---

① MünchKomm/Medicus, § 1004, Rn. 101.

② MünchKomm/Medicus, § 1004, Rn. 103.

③ 参见黄松有主编、最高人民法院物权法研究小组编著:《中华人民共和国物权法条文理解与适用》,人民法院出版社 2007 年版,第 144 页。

④ K. Schmidt, ZZP 90(1977), 38, 41 ff.

## 七、请求权竞合

### （一）防御性物上请求权与所有物返还请求权的竞合

《德国民法典》第1004条中的妨害是指那些对第903条以下构建的所有权在内容上已经产生的妨害。除了扣留（由所有物返还请求权调整）以外的对物实体的侵害，都由防御性物上请求权解决，但二者还是可能产生竞合的。比如，妨害人在他人土地上进行建筑的情况下，所有权人可以在一个诉中同时行使所有物返还请求权与排除妨害请求权。[①] 再如，占有人将矿泉水装入他人之瓶中，并没有将瓶子返还，此时除成立所有物返还请求权外，还得成立妨害防止请求权。[②]

### （二）防御性物上请求权与基于占有的物上请求权的竞合

如果正在占有某物的所有权人被妨害了，其可以根据占有上的防御请求权排除妨害（《德国民法典》第862条）。防御性物上请求权与所有权人的自力救济权（《德国民法典》第910条）也可以并存。

如果某先行为有合同法依据，但事后由于到期或者解除而该行为成为违法行为（如在他人土地上堆放货物），此时可以根据《德国民法典》第157条解释出合同法上的排除妨害请求权。[③]

### （三）防御性物上请求权与侵权法上的请求权

防御性物上请求权与侵权法上请求权有可能构成竞合，比如将汽车停在他人车库门口，既构成排除妨害请求权，也构成侵权占有的请求权（停车堵路行为一般都是有过错并违法的）。

另外，防御性物上请求权与侵权法上请求权也可以并列存在，在妨害人有过错的情况下，所有权人基于《德国民法典》第823条第1款的损害赔偿请求权，可以就超出妨害且因该妨害而导致的损害获得赔偿。[④] 如果将《德

---

① Brehm/Berger, Sachenrecht, § 7 Rn. 11.

② BGH, LM, § 1004 Nr. 27.

③ Larenz/Canaris II/2 § 86 II b S. 678.

④ Baur/Stürner, § 13, Rn. 5; RG 160, 166.

国民法典》第1004条看做保护法，可以基于第823条第2款请求损害赔偿，但也要求过错要件。[①]

在排除妨害请求权由于法律或事实原因而无法被实现的情况下，所有权人可以获得合理的金钱补偿，但其并不是基于《德国民法典》第249条第2款、第251条而请求的金钱损害赔偿，其请求权基础在于《德国民法典》第906条第2款第2句（不可量物排放的情况），此时，该请求权会排除基于侵权的损害赔偿请求权。

值得注意的是，公法上的征收补偿请求权可以与基于职务责任（Amthaftung）的损害赔偿请求权并列。

## 八、防御性物上请求权的特别规则

### （一）土地登记簿更正请求权

对于因为不正确的登记而对土地所有权的妨害，只能适用土地登记簿册更正请求权（Grundbuchberichtigungsanspruch），即《德国民法典》第894条的规定，而不能适用第1004条。其原因在于：所有权人根本没有自己更正土地簿册的权利与能力，同样原理也适用于不能允许的强制执行（unzulässige Zwangsvollstreckung）的情况下，债务人或者相关第三人只能请求法院排除债权人不能允许之强制执行。

所谓土地登记簿更正请求权，是指因错误登记而使其权利（所有权、其他物权）受妨害之人，得针对在登记簿中被错误登记之人，提起土地登记簿更正同意之诉，故该请求权具有罗马法上的"否认之诉的特性"。

预告登记或者异议登记的情况下，在被预告或异议的对象不存在或者事后不存在的情况下，有适用《德国民法典》第1004条规定的余地。[②]

无权利一方在所有权上有效地设定负担的情况，并不是第1004条调整的情况，而是所有权人占有人关系规则（《德国民法典》第987条以下）调整

---

① Armbruster, NJW 2003, 3087.

② Erman/H. Westermann, § 894, Rn. 5; Palandt/Bassenge, Rn. 3.

的范围。[①] 在这种情况下，不是排除的问题，而是无权处分人依据《德国民法典》第816条返还处分所得的问题。

### （二）相邻法

在相邻法中，就设备或者某事件造成的所有权妨害，《德国民法典》第907条到第909条有特别规则。第910条还特别规定了自力救济权。但第907条到第910条的规则并不排除第1004条的适用。[②] 尤其被妨害人可以并列行使第910条的自力救济权以及排除妨害请求权。

### （三）强制执行法上的干涉

在债权人采取强制执行措施时，第三人往往基于其物权性地位，以自己非为执行债务人为理由，对执行行为提出异议，即第三人异议之诉（《德国民事诉讼法》第771条）。故妨害排除请求权，在这里体现为申请宣布执行行为为不允许的诉求。[③]

## 第三节　妨害防止请求权构成要件与法律效果

### 一、妨害防止请求权的特殊构成要件——重复发生的危险

《德国民法典》第12条第2句、第862条以及第1004条第1款第2句规定了妨害防止请求权，后来经由判例一般化。[④] 其思想基础在于，实现预防要优于事后补救。从法条文字表述上看，《德国民法典》第1004条第1款第2句规定的是诉讼权利，即"可以诉请不作为（Unterlassung）"，目前通说认为，《德国民法典》第1004条第1款第2句规定的是实体请求权，因此，发生妨害之虞并非诉讼的前提，而是实体请求权构成前提。[⑤] 从"Unterlas-

---

① MünchKomm/Medicus, § 1004, Rn. 7.

② Picker, JuS, 1974, 357, 359 ff.

③ Baur/Stürner, Zwangsvollstreckungs-, Konkurs- und Vergleichsrecht, Band I: Einzelvollstreckungsrecht, 12 Aufl. 1995, Rn. 46.1 ff.

④ Fritzsche, Unterlassungsanspruch und Unterlassungsklage, 2000, S. 18 ff.

⑤ Larenz/Canaris II/2 § 87 II S. 705.

sung”原意来讲，有“搁置”、“放弃”、“停止”与“不做”等含义，法律用语上有翻译为“不作为”者，也有翻译为妨害防止者[①]，称其为妨害防止，在形式上，可与妨害除去或妨害排除（Beseitigung）对应，比较整齐。20世纪50年代，我国大陆亦多称其为妨害防止[②]，在《民法通则》中，却称其为消除危险，其中称谓的变化，究竟源自何种原因，难以探究，但以危险之术语替代妨害或妨碍之术语，已失其制度本旨，在解释上，危险之含义与妨害之含义，相去甚远。[③] 所以，笔者建议，在术语上，仍应采妨害防止之术语，以免误导法学思维。

值得注意的是，我国《民法通则》中出现了与“消除危险”、“排除妨碍”并列的“停止侵害”，佟柔教授主编的教科书中认为，消除危险适用于物权，而停止侵害则适用于人格权或知识产权。[④] 如上所述，“Unterlassung”亦含有“停止”之意，《德国民法典》颁布之时，第1004条规范对象主要为物权，后其适用范围逐渐扩及人格权、知识产权乃至环境领域，德国通过所谓准物上请求权思维予以解决。而前《东德民法典》第327条、第328条、第329条分别对人格权、知识产权乃至环境保护等问题单独进行规定，采法律明文为独立类型之思路，其思路不同于西德学说的发展思路。故张谷教授认为，在停止侵害这一术语的形成上，可能受到了东德立法的影响，准以此言，我们无须单独对停止侵害进行研究，其制度内容应与妨害防止相同。[⑤]

在德国法上，还有一种所谓的阻止请求权（Verhinderungsanspruch），如

---

① 比较中国台湾地区“民法”第767条最后一段，“有妨害其所有权之虞者”，得请求防止之。此段应为《德国民法典》第1004条的移译，故台湾地区学者多称其为妨害防止请求权，参见王泽鉴：《民法物权·通则·所有权》，台北三民书局2001年版，第185页。

② 参见何勤华、李秀清、陈颐编：《新中国民法典草案总览》（上卷），法律出版社2003年版，第62、79、85、93、143、161页。

③ 参见王利明：《物权法研究》（修订版）（上卷），中国人民大学出版社2007年版，第35页。

④ 参见佟柔主编：《民法原理》（修订版），法律出版社1987年版，第48、49页。

⑤ 参见张谷：《作为救济法的侵权法，也是自由保障法——对〈中华人民共和国侵权责任法（草案）〉的几点意见》，载《北京大学法学院昌言民法论坛学术讨论会会议论文》2009年3月27日，第23页以下。

对于有倾倒之危险建筑的加固等,在学理上,可以认为阻止请求权是独立于不作为请求权以及妨害排除请求权之外的请求权,但从其功能上看,阻止请求权类似于不作为请求权,都是为了预防将来的妨害。[①]

在妨害防止请求权的构成上,除了要求所有权以及妨害要件外,还要求有重复发生之危险。第一次发生的所有权妨害并不是妨害再次发生的标志,只不过是事实推定的一个表面证据,妨害人虽然不必推翻该推定,但要动摇该推定,这样一来,主张与证据负担就落到了妨害人身上。

根据《德国民法典》第 1004 条第 1 款第 2 句,在对所有权"有继续受妨害之虞"的情况下,所有权人享有妨害防止请求权,此请求权为物权请求权。所以,从文义上,必须已经发生了妨害所有权之情形,但是在所有权人面临第一次妨害的威胁时,也可以提出妨害防止请求权,法院不会因第一次妨害尚未发生而驳回诉讼。[②] 在提起妨害防止之诉时,如果能证明妨害发生过(Erstbegehungsgefahr),由此就可以推定有再次发生的可能性(Wiederholungsgefahr)[③],即使不能证明妨害发生过,也要有一定的事实根据得以推断有重复发生的可能,仅有主观的推测是不充分的。也就是说,对于第一次妨害之危险是不能推定的,而必须由请求权人证明。妨害防止请求权在反不正当竞争法以及人格权保护上有广泛的应用。

## 二、对于妨害防止请求权的抗辩

在被妨害人有容忍义务的情况下,妨害防止请求权就会被驳回。容忍义务之有无,亦是判断妨害是否违法的根据,对于合法行为,被妨害人不能要求妨害人停止或者不作为;但在阻止请求权情况下,则容忍义务与违法性要件之间并无关联,因为阻止请求权指向的是一种状态。[④]

就重复发生之危险可以通过第一次表象推定,但被请求权人可以通过证明另一种可能性来抗辩,以阻碍该请求权。

---

① Larenz/Canaris II/2 § 87 II S. 706.

② Jauernig/Jauernig, BGB, § 1004, Rn. 11. RG JW 1931, 1191, 1192.

③ Brehm/Berger, Sachenrecht, § 7 Rn. 31.

④ Larenz/Canaris II/2 § 87 III S. 707.

在排除妨害措施需要政府批准(如防尘机器),而在该批准不能获得的情况下,也不能作出妨害防止的判决,对此,妨害人需要证明该排除妨害措施可以获得政府批准。

## 三、法律效果

妨害防止/不作为之诉在本质上是给付之诉。值得注意的是,对于妨害防止请求权是不适用诉讼时效的,因为该请求权指向的是将来的妨害。[1]

因不作为或者采取阻止措施而产生的费用,由债务人承担;在不作为带来的费用与对被妨害人造成的妨害威胁相比不成比例的情况下,可类推适用第251条第2款,如不真实陈述存在于已经印刷完毕的书中,则在书中加进一个纸条,就可以了。[2]

## 四、妨害防止请求权的诉讼规则

在诉讼请求时,所有权人必须详细叙述预测发生的妨害。在诉讼中一般不要求被告采取哪些措施阻止妨害,而是请求被告不作特定的妨害,如不得进入土地。

依据《德国民事诉讼法》第890条之规定,对妨害防止请求权判决的执行,亦即通过对违反法院禁止令行为的制裁而执行(Ordnungsgeld oder Ordnungshaft)。[3] 在实践中,常常在诉讼前,就通过假处分(einstweilige Verfügung)保障妨害防止请求权(《德国民事诉讼法》第935条、第940条)。

妨害防止请求权的内容也不一定是不作为,有时也可能是作为。即使妨害防止/不作为判决的内容是积极作为(如对于噪声之防止,妨害人要对其雇员进行指示不要发出过大噪声),也要根据《德国民事诉讼法》第890条进行强制执行。

对于噪声等不可量物,一般可以起诉不发出声音或者气味即可,不需要

---

① MünchKomm/Medicus, § 1004, Rn. 98.

② Larenz/Canaris II/2 § 87 II S. 706.

③ Baur/Stürner, Zwangsvollstreckungs-, Konkurs- und Vergleichsrecht, Band I: Einzelvollstreckungsrecht, 12 Aufl. 1995, Rn. 40.20ff.

进一步详细描述。[①] 对于设施的防御，如果只能通过基本的改变才可以阻止，被妨害人则可以请求停工。[②]

在妨害防止请求权涉及破产债务人的破产财产的情况下，妨害防止请求权人可以享有取回权(Aussonderungsrecht)。[③]

## 第四节　妨害排除与损害赔偿

### 一、引言

我国《物权法》第35条第一次明确规定了物权性质的排除妨害请求权与消除危险请求权，该术语直接来自于《民法通则》第134条第1款，在立法例上则参照了《德国民法典》第1004条。但在立法理由中，消除危险不仅同时指向作为与不作为，也同时指向了防止侵害与消除既存的危险，包含了一部分排除妨害的内容[④]，因而应对消除危险请求权加以限缩解释，即将其限定为仅指向将来妨害的不作为请求权。尽管存在这一模糊之处，但基本可以认为，我国物权法上的排除妨害请求权与消除危险请求权大体相当于《德国民法典》第1004条的排除妨害请求权与妨害防止请求权。立法之后最为急迫的当是解释论的工作，而解释论的工作又有赖于疏通其中的法理。故笔者拟对排除妨害与妨害防止请求权在民法体系中的位置进行梳理，就其中的关键问题，即其与债法上损害赔偿请求权的区分以及关系问题进行论述。

在行文思路上，本节拟从防御性物上请求权的一般化出发，提出区分排除妨害与损害赔偿所面临的新难题，然后在此基础上提出解决之道。笔者认为，区分点无非在于二者的构成要件与法律效果不同，所以，着力就妨害

---

① BGHZ 67, 252.

② BGHZ 14, 170.

③ K. Schmidt, ZZP 90(1977), 38, 41 ff.

④ 参见全国人民代表大会常务委员会法制工作委员会民法室编：《中华人民共和国物权法条文说明、立法理由及相关规定》，北京大学出版社2007年版，第53页。

与损害、妨害之排除与损害赔偿的区别等问题进行了论述。对于容忍义务与违法性要件之间的差异，笔者在第四部分作有专论。最后，德国法、中国法对损害赔偿的规定比对防御请求权的规定详细得多，防御请求权法中没有诸如诉讼时效、共同过错等规则。由此也有必要澄清，哪些损害赔偿规则可以适用于防御性请求权。

## 二、物权法上防御请求权在债法上的扩展

防御性物上请求权可以被看做是绝对权的排他性表现或者物权的效力[①]，但这是否意味着不存在债权性质的防御请求权呢？从法律发展史来看，答案是否定的。德国法出现了防御性请求权一般化的趋势，在满足侵权法客观构成要件的情况下，也会产生侵权性的妨害防止与妨害排除请求权。也就是说，对于权利与权益之侵害，不仅要事后通过损害赔偿等进行救济，而且在事前就要通过防御请求权进行预防。[②]

### （一）防御性物上请求权的一般化

先考察一下防御性物上请求权所适用的权益范围的扩张。德国法明文规定了基于占有的防御请求权（《德国民法典》第 862 条）和基于本权（主要是物权）的防御请求权（《德国民法典》第 1004 条）。除此以外，自 19 世纪起，知识产权法逐步规定了防御请求权制度，如《德国商法典》第 37 条第 2 款，《德国商标法》第 14 条第 5 款、第 15 条第 4 款，《德国实用新型法》第 24 条第 1 款，《德国实用新型法》第 139 条第 1 款，《德国专利法》第 97 条第 1 款，《德国著作权法》第 97 条第 1 款。

对于“营业权”的保护，《德国反限制竞争法》第 1 条、第 3 条、第 6a 条以下、第 13 条以及《德国反不正当竞争法》第 33 条都提供了竞争法上的妨害防止请求权保护方式。尽管如此，德国法院还是愿意运用侵权法为营业

① 我国亦是如此，参见黄松有主编、最高人民法院物权法研究小组编：《中华人民共和国物权法条文理解与适用》，人民法院出版社 2007 年版，第 148 页以下；陈华彬：《物权法原理》，国家行政学院出版社 1998 年版，第 97 页以下。

② 首次表达一般性预防的法律保护思想的是 RGZ 60, 6. MünchKomm/Wagner, § 823 Rn. 13 ff.

权提供保护，并逐渐将防御请求权扩张适用到营业权之保护上。[①]

从整体来看，民法权益体系尚缺少对人格权以及竞争关系以外的财产利益的防御请求权。为补充这两个漏洞，《德国民法典》颁布不久，司法判例首先在一般财产利益领域发展出了侵权法上的防御请求权，被称为准防御请求权(actio quasi nagatoria)，其次发展了保护一般人格权的防御请求权制度，其中主要是撤回陈述制度。

侵权性的防御请求权也是通过判例发展起来的。1901 年 4 月 11 日，德国帝国法院在处理一个不正当竞争的案件时，首次承认了侵权性的妨害防止请求权。在该案中，原告是一个运输企业，被告是一个海运企业，二者都从事海运商业活动，在使用澳大利亚海港上存在竞争关系，同时，被告还委托原告从事一定的运输活动。为了获得对海港的绝对使用权，被告对原告施加压力，要求其退出海港使用关系，并威胁将来收回对他的委托。汉堡高等法院不认为被告的行为具有违法性，驳回了起诉。在原告上诉到德国帝国法院后，帝国法院以此案为契机，作出了第一个侵权性妨害防止之诉的判决，判决被告不得从事不正当竞争行为。[②] 但帝国法院在此案中并没有类推适用物权性妨害防止请求权规则(《德国民法典》第 1004 条)，而是直接适用了《德国民法典》第 823 条、第 826 条等侵权法规范，并要求原告证明被告具有过错。[③]

德国帝国法院在 1905 年 1 月 5 日的判决[④]中进一步承认了侵权法上的妨害防止请求权，并类推适用物权性妨害防止请求权规则，称其为准妨害防止请求权。在这里，侵权法上的妨害防止请求权并不以过错为构成前提。[⑤]

---

① RGZ 60, 6, 7 f(妨害防止请求权); RGZ 148, 114, 123(妨害排除请求权); Hohloch, Die negatorischen Ansprüche und ihre Beziehungen zum Schadensersatzrecht, 1975, S. 41. ff.

② RGZ 48 114 ff.

③ Hohloch, Die negatorischen Ansprüche und ihre Beziehungen zum Schadensersatzrecht, 1975, S. 42 f.

④ RGZ 60, 6.

⑤ Hohloch, Die negatorischen Ansprüche und ihre Beziehungen zum Schadensersatzrecht, 1975, S. 44 f.

最后,德国帝国法院在1902年12月14日的判决[1]中首次承认了侵权性的妨害排除请求权,但要求过错要件,以排除继续损害的危险源。1931年,在竞争法领域,德国帝国法院承认了所谓的准排除妨害请求权。[2] 在该案中,被告发表了有损原告商誉的言论,法院判决被告需作出撤销该损害商誉陈述的声明,但法院并没有要求过错这一要件。[3] 至此,独立的侵权法上的防御请求权全部得到了承认。

上述司法判决不仅为后来的司法所遵循,而且也为学说所接受。目前,在理论上,所有侵权法保护的绝对权利、权益或者其他法律上受保护的利益被侵害或者有被侵害之虞时,被侵害人都可以提起侵权法上的防御之诉。[4] 如邻人没有注意房屋间距,建筑房屋而影响他人采光但又无过错的情况,原则上他必须拆除该建筑物。在违反交往义务(Verkehrspflichterletzung)的情况下,一般也可以行使排除妨害等防御请求权,如腐烂之树木威胁到邻居的身体安全。但在产品责任情况下,能否基于侵权法上的请求权请求生产者召回危险产品并进行修理,学者观点中尚存争议,但一般持肯定态度。[5] 防御性物上请求权在侵权法上的适用在理论上被称为防御性物上请求权的一般化。

### (二)防御性物上请求权一般化带来的新问题

在物上请求权的构成上,并不要求妨害人具有过错这一要件,其制度功能在于物权或所有权之实现。[6] 而自19世纪以来,侵权法上的损害赔偿责任则一直奉行过错原则,侵权人就其过错行为需对他人权利领域的侵害负赔偿责任。[7] 二者的区分是明显的,首先,防御性物上请求权是物权法上的

---

① RGZ, 56, 271, 286.

② MuW 1931, 276, 278.

③ Hohloch, Die negatorischen Ansprüche und ihre Beziehungen zum Schadensersatzrecht, 1975, S. 47 f.

④ Hohloch, a. a. O., S. 49.

⑤ MünchKomm/Wagner, § 823, Rn. 76.

⑥ Heck, Sachenrecht, § § 31, 32.

⑦ v. Caemmerer, Wandlungen des Deliktsrechts, 1960, S. 65 ff.

请求权,损害赔偿请求权是侵权法或债法上的请求权,而且,前者不以过错为要件,后者一般以过错为要件。其次,在此基础上,还发展出如下思想,即在侵害人没有过错(可归责性)的情况下,所有权人一般要承受损害,但不承受妨害。我国司法实践也体现了上述承受损害但不承受妨害的思想,而且过错责任也是侵权法的核心要素。[①]

但是在防御性物上请求权一般化后,即承认侵权法上防御请求权后,每一个侵权法规则都是防御性请求权的基础。[②] 如此一来,侵权法上的请求权的法律效果就不仅是损害赔偿,也包括排除妨害与妨害防止;受防御性请求权保护的不仅仅是绝对权,还包括其他法益。如有侵害《德国民法典》第823条第1款所保护的权利或者第823条第2款、第826条所保护的法益之虞,即可构成侵权法上妨害防止请求权。并且防御性请求权也可产生与侵权法上恢复原状请求权或损害赔偿请求权类似的效果。[③] 因此,如果不明确防御性请求权与损害赔偿分别适用的范围,在实践中往往会出现这样的危险,即本应该适用以过错责任为归责原则的损害赔偿规则,却适用了不以过错为要件的防御请求权规则,从而架空了侵权法上的过错原则;另外,侵权法上也有无过错责任,如危险责任等,在立法技术上,法律采取的是列举原则(Enumerationsprinzip)。[④] 因此,如果不将防御请求权与损害赔偿请求权区分开来,不仅会破坏危险责任列举、法定原则,最终也会危及危险责任等制度。

所以,在防御性物上请求权一般化后,产生了区分防御性请求权与损害赔偿请求权的特别需要,而且不能再简单地从二者所属的法域或归责原则上进行区分,因为防御请求权已经横跨物权法与债法两个领域,而且过错要素是两者区分的结果,而非前提,因为只有在区分两者的情况下,才能决定是否以过错为要件,否则,在适用上,防御性请求权特别容易侵入损害赔偿法领域。

---

① 参见陈华彬:《物权法原理》,国家行政学院出版社1998年版,第101页。

② Larenz/Canaris, Schuldrecht, 1994, II/2 S. 670.

③ Hohloch, Die negatorischen Ansprüche und ihre Beziehungen zum Schadensersatzrecht, 1975, S. 11.

④ Larenz/Canaris Schuldrecht, 1994, II/2, S. 669.

## (三)附论:从防御请求权到预防性权利保护思想

侵权法上防御请求权的形成带来了防御请求权一般化的趋势,德国法学家并没有止步于此,而是在此基础上,根据《德国民法典》第1004条及其援引规则的基本精神,进一步抽象出预防性权利保护(vorbeugender Rechtsschutz)的基本原则,即对于权利或者权益,不仅要在它们已经被损害的情况下给予损害赔偿救济,而且要在它们有被侵害之虞时,通过不作为/妨害防止请求权加以保护[①],由此将合同法上的从义务以及诉讼法上的异议之诉等制度概括在一起。预防性保护制度的本质特征是对即将发生的妨害的防御,对已经发生的改变或侵害物之状态的妨害的排除请求权不属于预防性保护制度,但对即将发生危险之排除妨害(Gefahrenbeseitigungsanspruch)则属于预防性保护措施。妨害防止请求权一般只针对将来发生的妨害,其预防性特征不容反驳。

所有物返还请求权以及土地登记簿册更正请求权都有防止无权利人处分物等危险的功能,所以也是一种预防性保护措施。暂处分的目的是对权利与权利范围的及时保护,通过暂处分也可以对债务人课以不作为等义务,但该义务不是独立的,不可以被独立起诉。而预防性保护措施中的不作为义务是独立的,预防性权利保护制度的目的在于保证义务人独立的义务得以实现。但保障妨害防止请求权以及危险排除妨害请求权的暂处分属于预防性权利保护制度,因为其目的在于权利范围保护。[②] 同理,保障异议登记的暂处分也是预防性权利保护制度。强制执行防御之诉的目的在于排除已经发生的强制执行措施以及即将发生的强制执行措施。

综合来讲,预防性权利保护制度具体包括:妨害防止之诉/请求权、危险之排除妨害、土地登记簿册更正请求权、所有物返还请求权、确保妨害防止请求权以及危险排除妨害请求权的暂处分、强制执行防御之诉、第三人异议之诉等。[③]

---

① Henckel, Vorbeugender Rechtsschutz in Zivilrecht, AcP 174(1974), 97.

② Henckel, a. a. O., 107.

③ Henckel, a. a. O., 109.

从功能上讲,侵权法与合同法上的损害赔偿请求权都是对已发生的义务违反行为的否定,而预防性权利保护措施则是对将来义务违反行为的防御。在合同法中,有主义务与从义务之分,从义务又被分为独立的从义务与非独立的从义务,非独立的从义务一般不具有可诉性,如保护义务或者包装义务等。在德国法上,积极侵害债权制度使诸多不可诉的从义务成为可诉的义务,义务违反的效果为损害赔偿;而通过预防性权利保护制度,指向妨害防止与危险之妨害排除的非独立之从义务也逐渐转变为可诉义务。在传统侵权法上,一个人通常不会因为不作为而承担责任,作为义务通常是判断过去行为的标准,即判断行为人之行为是否违反了注意义务;但在现代侵权法上,被侵害人可以诉请侵害人为一定行为或者为其不作为承担责任,这在实质上具有预防之效果,通过对防御性请求权的承认,侵权法上的作为义务也成为可诉的、独立的义务。总体上看,通过预防性权利保护的扩张,民法上的诸多义务得到加强,成为可诉的、独立的义务。[①] 所以,预防性保护所确定的义务基础在于实体法规定,并非产生于程序上权利保护之需求。

预防性权利保护的扩张并不意味着实体权利的扩张。有学者认为,预防性保护的实体法基础不在于任何绝对主观权利,而在于一个独立的不作为/妨害防止请求权。[②] 其错误之处在于,将预防性权利保护与侵权法的关联完全切断,只类推适用《德国民法典》第 1004 条。正如上文所指出的,预防性权利保护只不过是把不可诉的、非独立的义务扩展为独立义务,但这些义务的基础还在于合同法与侵权法。

如上所述,我们应将这些预防性权利保护扩展的领域放在合同法或者侵权法框架内观察,但这样一来,又会带来与过错责任混淆的问题。有鉴于此,德国的学说与判例逐渐将其放在《德国民法典》第 1004 条(防御性物上请求权)的框架内观察与解决,出现了准防御请求权的概念。虽然预防性权利保护的思想根据是对《德国民法典》第 1004 条的准用,但它保护的不仅仅是绝对权,也包括侵权法所保护的法益(《德国民法典》第 823 条第 2

---

① Henckel, Vorbeugender Rechtsschutz in Zivilrecht, AcP 174(1974), 111.

② Esser, Schuldrecht II, 1973, § 113, II 4, S. 474.

款、第826条），其典型适例为一般人格权益以及营业权益。

从诉讼的角度来看，不作为/妨害防止之诉也并非一种新的权利保护形式。一般而言，权利保护形式只限于确认之诉、给付之诉与形成之诉。不作为/妨害防止之诉的客体是不作为/妨害防止义务，是给付之诉的内容，也就是说，对于独立的从义务，也可以通过给付之诉主张。[①]

从预防性权利保护的范围来看，主要是那些对他人妨害有广泛可能性的情况，如人格权，而对于有围墙的土地，则很少采用预防性权利保护措施。

预防性权利保护并非事后的禁令，而是服务于对将来行为的激励。预防性权利保护使被告明确知道其行为的界限，并且不会再因假想的行为自由而侵害权利。[②]

需要明确的是，首先，预防性权利保护具有警告功能，可以从权利本身出发，通过法院之命令与禁令明确行为自由的界限[③]，使被告明确知道其行为之界限，并且不会再因假想的行为自由而侵害权利。[④] 其次，预防性权利保护还具有强制执行功能，根据不作为以及排除危险之判决，原告可以获得强制执行名义，有效阻止对其权利的妨害。[⑤] 意大利法由于没有赋予不作为的诉以强制执行力，其实践意义几乎丧失殆尽。[⑥]

### （四）比较法视野

与德国法相比，英国法的预防性权利保护主要是侵权法上的救济。首先发端于14、15世纪衡平法的禁令制度（injunction），即请求法院发出命令、指示，以使被告为或不为一定行为。但英国法没有区分已经发生侵害与即将发生侵害的情况，保护的只是法律上值得保护的利益免受将来的妨害。对于不动产侵害，英国侵权法上还有“trespass to land”与“nuisance”等制度，

---

① Henckel, Vorbeugender Rechtsschutz in Zivilrecht, AcP 174(1974), 115.

② Henckel, a. a. O., 113.

③ Henckel, a. a. O., 114.

④ Henckel, a. a. O., 113.

⑤ Henckel, a. a. O., 115.

⑥ Hohloch, Die negatorischen Ansprüche und ihre Beziehungen zum Schadensersatzrecht, 1975, S. 126.

动产则有“conversion”。对于人格权,美国在第一次世界大战之前就发展了隐私权(right of privacy)[①],以使人格权免受将来的妨害。英国法上没有此制度,而是通过“libel”、“slander”等(二者后来被统称为“deformation”)达到同样目的。[②]

在英美法系,只有在损害赔偿无法救济的情况下,才使用上述防御请求权。比如不可量物的排放,首先要证明构成“nuisance”,寻求损害赔偿,然后再证明损害赔偿不足以救济,即还需预防将来的妨害,以此请求禁令。在判决是否给予禁令或者是否给予隐私权救济时,需要具体衡量禁令避免的利益妨害和给对方带来的损害之间的比例,在人格权问题上,还要考虑新闻自由等因素。[③]

法国法继承了罗马法的否认之诉(actio negatoria)[④],并将该诉严格限定在其原来的意义上,只适用于他人无权主张在其土地上享有役权的情况,其他情况并不适用,只能通过侵权法获得救济(《法国民法典》第1382条)。法国法中的“faute”包括了过错与违法性两个要件,在解释上比较灵活。构成侵权一般要求中的损害要件,但在解释上,将来产生的妨害也构成损害。[⑤] 法国法之所以没有形成德国法上广泛的防御请求权结构,很大原因是由于其颁布时学理上尚未形成保护所有权的学说。

法国法、英美法虽然没有物上请求权制度,但在侵权法领域都发展出了无须过错要件的侵权类型。它们与德国法的区别主要有三个方面:第一个区别是,其“点式”发展方式,在若干重要领域发展了若干防御请求权,而德国法通过抽象规范可以解决一系列问题,表现了其法律科学之特征。第二个区别是,德国侵权法的构成要严于物上请求权,对于物上请求权,不论妨

---

① 相当于德国法上的一般人格权制度。

② Kötz, Vorbeugender Rechtsschutz in Zivilrecht, eine rechtsvergelichende Skizze, AcP, 174(1974), 149 ff.

③ Kötz, a. a. O., 154.

④ 包括妨害防止与妨害排除之诉。

⑤ Kötz, Vorbeugender Rechtsschutz in Zivilrecht, eine rechtsvergelichende Skizze, AcP, 174(1974),158; Ferid/Sonnenberger, Französisches Zivilrecht, 3 C 402.

害是否已经发生，只要已发生危险即可；但在法国与英国实践中，在上述重要领域（如在不可量物排放上）也放宽了侵权构成要件，在效果上与德国法是一致的。[①] 第三个区别是，德国法不仅发展了防御性物上请求权，而且发展了侵权法上的防御请求权，最终形成防御性权利保护体系，即所谓的防御请求权的一般化，物上请求权在构成要件、效力（尤其在强制执行、破产情况下）上不同于债法上的请求权。德国法体系是一种叠加的请求权体系，追求的是统一性、内在一致性，最终可消除体系上的漏洞。而英国法等法律在体系化方面是被动的，只有在现实问题无法解决时，才逐渐发展出相关制度，且最终也不进行体系化。

## 三、妨害排除与损害赔偿的区分

如上所述，由于防御性物上请求权的一般化，需要重新寻找其与损害赔偿的区分点。在详细论述这个问题之前，需要先限定讨论的范围。

### （一）区分对象的确定

防御性请求权包括妨害排除与妨害防止请求权两种。通常来讲，排除妨害请求权要以"因现存的妨害源而产生的妨害在持续"为要件，即针对现存的妨害；而妨害防止请求权则以存在重复发生的危险（Wiederholungsgefahr）为要件，已经发生的妨害构成"妨害可能再次发生"这一事实推定的表面证据，妨害人虽然不必推翻该推定，但需举证动摇该推定。但《德国民法典》并没有将已经发生过一次妨害作为妨害防止请求权的构成要件，判例上也不要求此要件。[②] 在所有权人面临第一次妨害威胁时，也可以提出妨害防止请求权，法院不会因第一次妨害尚未发生而驳回诉讼。[③]

妨害排除与妨害防止的区别在于：在前者，某人占据了按照所有权/物权秩序不归属于他的位置，因而阻碍了所有权的实现，也就是说，妨害已经存在并且正在持续，如有爆炸危险的物品堆放在他人土地之上；而后者只针

---

① Kötz, Vorbeugender Rechtsschutz in Zivilrecht, eine rechtsvergelichende Skizze, AcP, 174(1974), 162.

② RG JW 1931, 1191, 1192.

③ Jauernig/Jauernig, BGB, § 1004, Rn. 11.

对将来发生的妨害。[①] 在法律效果上，在前者，妨害人要让出其占据的位置，即负有排除妨害的义务；而在后者，妨害人不应占据该位置，即负有不为妨害的义务。

如此看来，妨害防止请求权与损害赔偿请求权的界限较为清楚，前者指向将来发生的妨害，而后者主要针对已经发生的损害。但是，依赖此点却仍然无法区分妨害排除与损害赔偿，因为妨害排除针对的是过去发生或现在发生的现存的妨害。有鉴于此，本书将防御性请求权与损害赔偿的区分限缩为妨害排除与损害赔偿的区分。

在德国法上，损害赔偿包括金钱赔偿与恢复原状两种情况[②]，并统领合同法、侵权法等债法领域。妨害排除与金钱损害赔偿的区分是比较明显的，因为前者一般不指向金钱，涉及金钱时，也多体现为费用，相比起来，区分排除妨害与恢复原状则较为困难。

恢复原状可以是恢复原来的法律关系、返还财产、修理、治疗等，与所有物返还及其从请求权规则的内容[③]可能是一致的[④]；另外，恢复原状与排除妨害的法律效果也可能是相同的，但在物被毁坏的时候，不适用排除妨害请求权，对超出物之损害本身以外的财产损失，如所失利益，也不能适用排除妨害请求权。[⑤] 尽管在实际效果上，恢复原状与预防性请求权存在相似之处，但不能认为其可以取代或包括排除妨害等预防性请求权，因为恢复原状一般不具有预防功能。由此，本书主要以恢复原状为例，说明（广义的）损

---

① Picker, Der negatorische Beseitgungsanspruch, 1972, S. 82.

② 根据我国《民法通则》第 134 条的规定，赔偿损失与恢复原状是两种各自独立的责任形态。《物权法》第 37 条称赔偿损失为损害赔偿，主要是金钱损害赔偿，司法实践也是如此理解的，包括折价赔偿与实物赔偿。参见黄松有主编、最高人民法院物权法研究小组编：《中华人民共和国物权法条文理解与适用》，人民法院出版社 2007 年版，第 145 页以下。

③ 关于所有权人与占有人的关系，参见王洪亮：《论所有权人与占有人关系——所有物返还请求权及其从请求权》，载王洪亮等主编：《中德私法研究》（第 1 卷），北京大学出版社 2006 年版，第 69 页以下。我国《物权法》第 242 条继受了这一制度。

④ 有学者将恢复原状视为排除妨害的一种方式，对于这种观点，笔者持否定态度。参见刘凯湘：《论基于所有权的物权请求权》，载《法学研究》2003 年第 1 期。

⑤ Picker, Der negatorische Beseitgungsanspruch, 1972, S. 20.

害赔偿与妨害排除的关系。

在实践中，法院也不是一直能准确区分恢复原状与妨害排除，如在自来水管破裂或者水坝决堤而淹没邻地的情况下，对于妨害与损害的区分，德国不同法院有不同的裁判。德国巴伐利亚州最高法院根据妨害排除请求权，判决被告承担堵上水坝缺口的责任；而哥廷根州高等法院则判决被告支付清除地窖积水的费用；根据斯图加特州法院的观点，原告甚至可以要求被告修复被淹没的土地。按照后一判决，防御性请求权就侵入了以过错为要件的损害赔偿请求权的适用范围，破坏了法律既有的利益平衡。对于上述案件，德国联邦最高法院的观点与巴伐利亚州最高法院的观点是一致的，被告只要采取阻止再次发生水灾的措施，即为排除了妨害，而清除地窖积水或者修复被淹没的土地则属于损害赔偿的内容，为过错责任。[①]

### （二）妨害与损害的区别

在学说上，学者力图在客观构成要件上区分排除妨害与损害赔偿。德国通说认为，妨害不同于损害，妨害是人需承担责任的持续的影响或继续产生影响的障碍原因。[②] 基于此点区分妨害排除与损害赔偿，也就是说，在妨害持续的情况下，构成妨害排除请求权，而在不存在妨害持续的情况下，则不构成妨害排除请求权。

从妨害来源上看，妨害可以产生于现在的行为，也可产生于过去的行为，可以产生于相邻土地，也可产生于动产或者企业。对于因正在进行的行为而产生的妨害，被妨害人可以进行正当防卫，大多数情况下还可以进行占有防御（《德国民法典》第 859 条），但基于尽量限制私人行使暴力的思想，对于现行行为产生的妨害也可以主张防御请求权，但这种情况极为少见。在妨害产生于现在行为的情况下，排除妨害与损害赔偿的界限是明确的。

如果妨害来自于土地或不动产，则根据相邻关系规则处理（《德国民法

---

① 上述判例引自 Picker, Der negatorische Beseitgungsanspruch, 1972, S. 20. 又参见 Hohloch, Die negatorischen Ansprüche und ihre Beziehungen zum Schadensersatzrecht, 1975, S. 14.

② Westermann, Sachenrecht, 2. Aufl. § 36 III 1; Erman-Peter, Kommentar zum BGB, § 1004 Anm. 2 a. 该观点也是德国立法者的观点。

典》第 906 条以下),在这里既可能存在行为责任,也可能存在状态责任,但即使是状态责任,也要求存在妨害土地的“人的行为”,即妨害至少可以间接地归责于其所有权人或者占有人的意思[①],而且还要求被妨害人是土地的所有权人或者占有人。妨害产生于动产或企业的情况与产生于不动产的情况大体类似,在此不予详述。在这种情况下,如果妨害还持续存在,即成立排除妨害请求权,否则受损害赔偿法调整。

实践中比较常见的还有对因过去行为产生的妨害主张防御请求权的情况。在妨害行为持续存在的情况下,被妨害人可以主张排除妨害;但如果在被妨害人主张排除妨害时,妨害行为已经停止了,此时是否成立排除妨害请求权,在学说上则存在争议。

皮克尔(Picker)从“篡越权利”(Rechtsusurpation)理论出发,认为排除妨害请求权需要“妨害行为持续”这一要件。[②] 所谓“篡越权利”,是指被妨害的所有权为他人的权利空间所叠加。[③] 皮克尔认为,只有妨害人以其行为或某状态作用于他人之物上,并因此阻碍了所有权人等对物的支配或者行使了所有权人在物上的权利,所有权人才可以享有防御性物上请求权。[④] 该观点突出了防御请求权的物权性质以及与所有物返还请求权的关联,很好地区分了防御请求权与损害赔偿请求权。[⑤] 根据该理论,在上述水管破裂案例中,妨害人并没有对淹没的土地主张按照所有权秩序不归属于他的支配地位,因为妨害人并没有主张对水的所有权;所以,根据妨害排除请求权,所有权人只能向妨害人请求修补水管或者关上水闸,而不能要求将水排出。只有在妨害人有过错的情况下,才能根据侵权法上的请求权要求妨害人将水排出。由此可以清楚地区分排除妨害与损害赔偿法中的恢复原状。

皮克尔的理论直接源自于罗马法。排除妨害请求权来源于罗马法上的

---

① 参见〔德〕鲍尔、施蒂尔纳:《德国物权法》(上册),张双根译,法律出版社 2004 年版,第 233 页。BGHZ 28, 110, 111.

② Picker, Der negatorische Beseitigungsanspruch, 1972, S. 86 ff., 130 ff., 175 ff.

③ Picker, Der negatorische Beseitigungsanspruch, 1972, S. 50 ff.

④ Picker, Der negatorische Beseitigungsanspruch, 1972, S. 129.

⑤ Larenz/Canaris Schuldrecht, 1994, II/2, S. 696.

否认之诉(actio negatoria)。在古典罗马法时期,否认之诉涉及的一般是土地上的妨害,往往是在第三人主张其在土地上享有役权(servitut)时,所有权人进行否认的诉讼,主要目的是确定所有权自由以及恢复原状,其适用范围很窄,仅限于对超越特定使用、相邻权利的防御。[①] 从罗马法模式出发,皮克尔将自己的理论根据建立在所有权归属范围之上,而且排除妨害请求权与所有物返还请求权的学理结构是一致的。如人们所知,如果原所有权人丧失了所有权,就不再享有所有物返还请求权。而且,在占有人抛弃妨害他人之物时,占有人在该物上不再主张所有权权能,此时,他就不再是占有人或无权占有人,该物的所有权人也就不能对其再享有所有物返还请求权或者排除妨害请求权。根据这一理论,如果妨害来自于过去完成的行为,则妨害人无须承担行为责任,而且通过放弃妨害物也可以逃避状态责任,也就是说,在妨害人放弃占有或者对物没有支配的情况下,防御请求权就不成立了。[②] 如小偷将所盗窃的汽车丢弃在他人土地上,小偷就不是妨害人,所有权人才是妨害人。[③] 在这一点上,该学说备受批评。

对于皮克尔的学说,反对意见认为:如果将垃圾倾倒在他人土地上的妨害人通过放弃对垃圾的所有权就不负有物权法上的排除妨害义务而只承担债权法上的恢复原状义务,这种结论是不符合《德国民法典》第1004条的规范目的的。《德国民法典》第1004条不仅调整所有权人之间的冲突,也调整相冲突的意思空间,所以,其构成不应取决于妨害他人之物上的物权状况。[④] 而且,皮克尔的学说无法解释撤销陈述请求权为什么具有排除妨害性质,因为需要撤销的陈述一般都是过去完成的行为。[⑤] 对不正确陈述的撤销并不以妨害行为的持续存在为前提,只要有在先行为即可,其典型适例

---

① Kaser, Röm. Privatrecht I, 2. Aufl. 1971, § 103 II. S. 367 f.

② Picker, Der negatorische Beseitigungsanspruch, 1972, S. 153.

③ Picker, Der negatorische Beseitigungsanspruch, 1972, S. 130.

④ Brehm/Berger, Sachenrecht, 2000, § § 7 Rn. 9; MünchKomm/Medicus, § 1004, Rn. 26 ff.

⑤ Larenz/Canaris Schuldrecht, 1994, II/2, S.696.

为侵害名誉与损害信誉的陈述。[①]

另外,还可以从体系上批驳皮克尔的观点。排除妨害请求权是占有防御请求权/自力救济权的对应物,二者应贯穿同样的价值。基于占有的防御请求权(《德国民法典》第 862 条)针对的是禁止之私力行为。对于发生在过去的私力行为,可以行使排除妨害请求权;对于将来的行为,可以行使妨害防止请求权;对于现在之行为,则可以行使占有防御权。在这里,基于占有的排除妨害请求权恰恰是针对过去发生的行为的,既然基于本权的排除妨害请求权在体系上是与其对应的,因而,妨害行为的持续性不能作为是否构成排除妨害请求权的要件。

最后,从客观目的性解释来讲,如果被妨害人放弃了法律允许的自力救济,则妨害人至少应该承担排除妨害的费用,即使被妨害人由于不知道妨害存在等原因事实上不能自力救济,只要该妨害还继续存在,妨害人就应该承担排除妨害的费用,不能因为纯粹时间上的原因(即妨害行为是否存续)就削弱被妨害人的地位。[②]

基于上述理由,德国学者对该理论进行了修正,提出了"风险说"。拉伦茨认为,排除妨害请求权的责任基础应在于风险责任(Risikohaftung)。[③]风险责任的学理基础在于评价法学,即对法律规范中既有的价值衡量进行评价,从评价利益衡量的角度来看,关键问题在于谁更应该承担因排除妨害而需要支出的费用。[④]

排除妨害请求权上的行为责任制度是正当防卫以及占有法上自力救济权的对应物,根据该制度,排除妨害费用的风险总体上被分配给为妨害行为之人,对于过去完成的行为,其责任基础在于基于过去行为而产生的义务,这里的利益衡量是合理的。对于状态责任,立法者将排除妨害义务的关联点置于所有权之上,而自主占有是承担排除妨害义务的推定根据,这里的防御请求权指向的不是为特定行为的人,而是土地的所有权人与占有人,在学

---

① Larenz/Canaris Schuldrecht, 1994, II/2, S. 676.

② Larenz/Canaris Schuldrecht, 1994, II/2, S. 677.

③ Larenz/Canaris Schuldrecht, 1994, II/2, S. 696.

④ Larenz/Canaris Schuldrecht, 1994, II/2, S. 677.

理上是一种对土地状态承担的义务。对此，风险分配说提出了新的责任正当性理由，认为状态责任的基础应当在于对自己权利领域的范围责任（Bereichshaftung）思想，与土地上的权利状况、占有状况并无关系。[①] 根据风险说，妨害排除与损害赔偿的区分点被前移了，即指向了危险源，从危险源的归属范围确定责任的承担。

### （三）法律效果上的不同

有学者认为，在法律效果上，排除妨害请求权解决的是为了将来而排除损害源（Schadenquelle）或妨害源（Störungsquelle）问题，而不是赔偿已经造成的损害[②]，对于后者，在妨害人有过错的情况下，由侵权法解决。也就是说，排除妨害指向的是妨害的原因，而不是妨害的结果。[③] 该区分标准首先是由鲍尔提出的，他认为，基于排除妨害这一物上请求权可以向妨害人提出的请求是，要求他对自己的妨害活动为取消行为（contrarius actus seiner stoerenden Taetigkeit），他必须在可能的范围内消除妨害行为，排除该妨害行为将来继续产生影响的可能性，即指向妨害源的排除。但是，对于那些由妨害产生的其他的阻碍、损害，则不必排除。[④] 比如，水管破裂淹没邻居的土地，根据防御性物上请求权，所有权人可以请求妨害人修补水管或者关上水闸，并将水排出，但不能要求赔偿诸如因此造成的庄稼腐烂的损害。批评意见认为，该观点违背了《德国民法典》第 1004 条第 1 款第 1 句的文义。[⑤] 但拉伦茨赞同鲍尔的观点，他认为，只有将排除妨害的法律效果限定在对初始妨害源的排除上，才能区分排除妨害与损害赔偿，过错侵权法以及危险责任法才不至于被规避。[⑥]

具体而言，妨害人需排除持续产生影响的危险源，但无须承担排除后续妨害或结果性妨害的责任。如在毒气泄漏的情况下，排除妨害的法律效果

---

① Larenz/Canaris Schuldrecht, 1994, II/2, S. 697.

② BGHZ 29, 314, 317. BGHZ 28, 110, 113.

③ Larenz/Canaris Schuldrecht, 1994, II/2, S. 700.

④ F. Baur, Der Beseitigungsanspruch nach § 1004 BGB, AcP 160 (1961) S. 489.

⑤ Henckel, Vorbeugender Rechtsschutz in Zivilrecht, AcP 174(1974), 92, 102, Fn. 8.

⑥ Larenz/Canaris Schuldrecht, 1994, II/2, S. 703.

只是关闭相关设备,不包括为邻居房屋消毒,因为此时产生持续妨害的危险源已经不存在了。但有学者主张,在有些情况下,妨害的结果恰恰可以构成继续妨害的原因,如水管破裂淹没他人土地,需要将土地中的水清除以便他人继续使用土地。[1] 有学者更进一步认为,排除妨害之结果也是排除妨害请求权的效果。[2] 在这里,虽然在理论上可以区分妨害源与后续性妨害,后续性妨害也的确可能构成危险源,但这样一来,妨害源与妨害结果的区分又模糊了。根据风险责任学说,相邻妨害人就其权利领域承担一种范围责任,将修复水管或者关闭水闸的责任分给他是正当的,但如果将消毒或者排除积水的责任也分配给他,则是不恰当的。上述德国联邦法院判例的观点也是如此,因为关闭水闸后,就不存在造成持续妨害的危险源,不能构成排除妨害请求权。

另外,德国通说认为,伴随性损害(Beleitschäden)以及避免妨害的费用(Störungsvermeidungskosten)并非妨害的结果性损害,应是排除妨害的法律效果。[3] 伴随性损害属于排除妨害费用的一种,应当由妨害人承担。如树根阻塞他人管道,除了清除树根以外,如果在清除树根时毁坏了管道,需要补偿购买安装新管道的费用。[4]

### (四)评论

皮克尔的学说具有很高的学理价值。但是任何"完美"的理论都会遇到无法解释的"盲区",在解释排除妨害是否以"妨害行为的持续"为要件上,其学说丧失了合理性,这是致命的,因为妨害的大部分来源都是过去的行为。而风险分配学说根据价值判断确定排除妨害请求权的基础,并进行了类型化。在向他人土地倾倒垃圾或者小偷将所盗窃的汽车丢弃在他人土地上等情况下,根据风险分配说,倾倒者与丢弃者仍应就造成持续妨害的危险源承担排除妨害责任,其责任基础在于因过去行为产生的义务。在水管

---

① MünchKomm/Medicus, § 1004, Rn. 71.

② Hohloch, Die negatorischen Ansprüche und ihre Beziehungen zum Schadensersatzrecht, 1975, S. 167 ff.

③ Larenz/Canaris Schuldrecht, 1994, II/2, S. 700.

④ Larenz/Canaris Schuldrecht, 1994, II/2, S. 701.

破裂案中，根据风险分配说，妨害人仅负担排除危险源（即关闭水泵或水闸）的责任，其责任基础是权利领域上的范围责任。伴随性损害产生于排除妨害的过程中，在价值衡量上，应为排除妨害的内容。两种学说相比较，风险责任说更具有说服力，笔者从之。

值得注意的是，如果将排除妨害定位在风险责任上，它就与危险责任非常相似了。但二者还是能区别开的，而且区别点仍是妨害的持续性以及责任被限定在妨害源的排除上。[①]

综上所述，从事实构成方面来看，妨害排除请求权要求妨害的持续性，即因现存的妨害源而产生的妨害在持续；在法律效果方面，妨害排除请求权被严格限定在妨害源之排除上，因此，如果侵害源枯竭了，就无法或无须排除。[②]

## 四、容忍义务与违法性

从《德国民法典》第 1004 条第 2 款的措词来看，如果所有权之上负有容忍义务，所有权人即不得行使排除妨害请求权。这是一种无须主张的抗辩权，所以，容忍义务是否构成，应由妨害人或被请求权人负担举证责任。从立法者的角度来看，妨害他人所有权通常是违法的，只有例外情况下才有正当理由。此种抗辩权的效果不是拒绝对方的请求，而是有权妨害。

私法上容忍义务的产生，可基于一般性的法律规定，亦可基于所有权人与侵害人间特别的法律关系，前者如相邻关系，后者如合同或者物权关系。紧急避险（《德国民法典》第 228 条、第 904 条）也是容忍义务产生的根据。容忍义务还可基于公法规定产生，如对于公物的公共使用权以及特别使用权。在合法或者有正当理由的所有权妨害构成事后违法的情况下，容忍义务消失，如根据租赁合同存放的奶粉，在失火前，存放奶粉有合法根据，但在失火后，奶粉因大火而含有危害人体健康的物质，丧失了存放的合法根据。

按照德国通说，排除妨害请求权上的妨害必须具有违法性（rechtswid-

---

① Larenz/Canaris Schuldrecht, 1994, II/2, S. 697.

② Larenz/Canaris Schuldrecht, 1994, II/2, S. 697.

rig)，但此违法性是法律推定的，对所有权的侵入本身就构成了违法，除非所有权人进行了许可或者负有容忍义务。[①] 比如，邻居在自己的土地上已采取了所有必要的注意手段，固定了吊车，但不知什么原因，吊车脱落，落入他人土地中，此时仍构成违法妨害。可见，排除妨害的义务并不取决于其行为是否违反了照料义务，而是采结果违法主义，对所有权的侵入本身就构成了违法。这类似于侵权行为法中的结果违法说。[②]

相反观点认为，违法性要件是多余的，可以为所有权人是否有容忍义务所代替。[③] 因为排除妨害请求权并不以占有被侵夺或者违法获得为前提，而是考虑是否违反了《德国民法典》第 903 条所规定的所有权的内容[④]；而妨害防止请求权也不可能以违法性为前提，在提起妨害防止之诉时，如果已经发生过一次妨害，只要证明妨害发生过就可以了，由此可以推定有再次发生妨害的可能性，如果没有发生过妨害，则要证明有发生妨害之虞。[⑤] 而且，在建筑越界的情况下，尽管具有违法性，但相邻所有权人仍必须容忍（《德国民法典》第 912 条第 1 款）。反过来，尽管有时妨害行为是适法的，比如土地所有权人允许的行为，土地所有权的继受取得人并不受该允许的限制，仍可行使排除妨害请求权。[⑥] 另外，在德国法上，在所有物返还请求权的构成上，并不需要违法性构成要件，防御请求权与其性质一致，应当也不需要该违法性要件。

折中说则认为，违法性要件理论对于妨害防止请求权有意义，但对妨害排除请求权则没有意义。容忍义务在妨害防止/不作为请求权情况下可以被具体化为违法性要件，因为不能要求停止合法行为。但对于妨害排除请求权，容忍义务涉及的是《德国民法典》第 1004 条第 1 款意义上的“妨害”，

---

① 参见〔德〕鲍尔、施蒂尔纳：《德国物权法》（上册），张双根译，法律出版社 2004 年版，第 230 页。

② F. Baur, Der Beseitigungsanspruch nach § 1004 BGB, AcP 160 (1961) S. 491 ff.

③ Brehm/Berger, Sachenrecht, 2000, § 7 Rn. 20.

④ BGHZ 66, 37, 39.

⑤ Brehm/Berger, Sachenrecht, 2000, § 7 Rn. 31.

⑥ MünchKomm/Medicus, § 1004, Rn. 60.

即涉及的是被妨害法益的现在状态,不存在违法行为的问题。[1]

反对说与折中说都关注行为本身是否违法,而非行为的结果是否违法。如果采行为违法说,产生妨害的行为并不一定违法。例如,状态责任并不要求存在违法行为,如由于树根生长而阻塞他人下水道,不能认为过去发生的种植树木行为具有违法性。在行为责任情况下,如果妨害行为具有持续性,则排除妨害责任的前提是妨害人的违法行为;但如果妨害行为是过去发生的行为,排除妨害义务也并非只针对违法行为。因此,反对说与折中说的观点,只有在将违法性要件理解为行为违法时,才能成立。

综上所述,如果采结果违法说,可以认为容忍义务即为违法性的反面表达(其是从抗辩权角度进行表述的),即排除妨害请求权以违法性为构成要件,当然,这里存在一定的例外。但如果采行为违法说,则不能认为排除妨害请求权以违法性为构成要件。

## 五、债法规则在防御性请求权上的适用

在德国民法典上,与损害赔偿规则相比,物上请求权的规则相对要简单得多,由此在学说上多有探讨损害赔偿规则是否可准用于物上请求权者。我国物上请求权的规则规定得也比较简单,虽然合同损害赔偿与侵权损害赔偿规则较为完善,但尚存在法律漏洞。尽管如此,这些损害赔偿规则能否适用于物上请求权,在我国也是一个重大问题。

### (一)损害赔偿法规则在防御性请求权上的适用

1.《德国民法典》第 251 条第 2 款

《德国民法典》第 1004 条对防御请求权构成要件与法律效果的规定都比较概括,在《德国民法典》颁布后不久,人们就开始讨论损害赔偿法在多大程度上能够适用于防御请求权。争论的核心是《德国民法典》第 251 条第 2 款是否适用,根据该条款,如果恢复原状之费用不成比例的巨大,债权人不得请求恢复原状,侵害人可以通过金钱予以赔偿。历史上,图尔认为可以将该规则适用于排除妨害请求权,其思路是:指向排除妨害的请求权常常

---

① Larenz/Canaris Schuldrecht, 1994, II/2, S. 692.

是既产生于以过错为要件的侵权损害责任，也产生于防御性物权请求权，如果不考虑其不同的法律关系，内容是一样的。[①] 在司法实践中，也有准用《德国民法典》第 251 条第 2 款的判例。[②] 尽管该学说后来获得了不少学者的支持，但大部分学者还是表示反对。[③] 虽然在具体个案中妨害排除请求权可能会产生与损害赔偿（恢复原状）相同的效果，但其自身并非损害赔偿请求权。所以，《德国民法典》第 249 条以下规定的损害赔偿规则一般不适用于妨害排除请求权。

有学者区分情况予以部分肯定。如果不需要恢复原状，侵害人只需从被侵害人的权利空间撤出即可，则无适用《德国民法典》第 249 条到第 251 条损害赔偿规则的余地，而在排除妨害请求权具有恢复原状功能的情况下，则可以适用。如在排除妨害费用与被妨害人因此获得的利益相比过高时，则不适用排除妨害规则。[④] 按照此观点，在限制排除妨害义务时还要考虑妨害人的过错因素。该观点在结果上会使排除妨害与损害赔偿趋同，所以，对此观点亦有反对者。[⑤] 有学者认为，可以通过容忍义务解决这一问题，如被妨害客体特别脆弱或者被妨害人因重大过失不知道不可量物排放源的，被妨害人都有容忍义务。[⑥]

2.《德国民法典》第 251 条第 1 款

在排除妨害不能的情况下，是否可以适用《德国民法典》第 251 条第 1 款，即恢复原状不能时可以以金钱进行赔偿的规则，也存在争议。但排除妨害请求权的规范目的在于维护特定财物的完整性，以金钱取代恢复原状的规则违反了该规范目的。在保护人格权的撤销陈述请求权的情况下，一般

---

① v. Tuhr, JherJB 46 (1904) 39, 54 ff. 转引自 Die negatorischen Ansprüche und ihre Beziehungen zum Schadensersatzrecht, 1975, S. 183.

② BGHZ 62, 388, 394.

③ Die negatorischen Ansprüche und ihre Beziehungen zum Schadensersatzrecht, 1975, S. 184.

④ Die negatorischen Ansprüche und ihre Beziehungen zum Schadensersatzrecht, 1975, S. 189.; Larenz/Canaris Schuldrecht, 1994, II/2, S. 702.

⑤ MünchKomm/Medicus, § 1004, Rn. 79.

⑥ MünchKomm/Medicus, § 1004, Rn. 82.

只有通过撤销请求权才可能恢复被侵害人的名誉,如果允许金钱赔偿,恰恰与精神损害赔偿规则相冲突。[①] 基于同样理由,一般也不可以适用《德国民法典》第249条第2款以金钱赔偿取代恢复原状的规则。

3.《德国民法典》第254条

一般认为,在所有权人对妨害的产生与有过错时,可以适用损害赔偿法中的与有过失规则(《德国民法典》第254条)。[②] 有学者认为,适用第254条的前提是侵害人与被侵害人之间存在与债之关系类似的关系。在妨害已经发生、妨害人承担排除妨害责任的情况下即存在该关系,可以适用该规则。在人格权妨害上,如果名誉损害主要是被妨害人的行为造成的,妨害人可以不承担责任。[③]

对此,皮克尔则持反对意见,他坚持认为,防御请求权涉及的不是对被妨害人所有权的恢复原状,而是对妨害人之物权的纠正,以排除其所有权上有违常态的状态,对于该状态,被妨害人不可能有共同过错。[④]

### (二)其他债法规则的适用

1. 给付障碍法

在妨害不可能被排除的情况下,基于与履行不能同样的思想[⑤]使《德国民法典》第1004条之责任得以免除。进而言之,履行障碍法的一般规则都可以适用于已成立的妨害排除请求权。比如侵害人履行妨害排除义务迟延

---

① Die negatorischen Ansprüche und ihre Beziehungen zum Schadensersatzrecht, 1975, S. 190.

② 参见〔德〕鲍尔、施蒂尔纳:《德国物权法》(上册),张双根译,法律出版社2004年版,第238页;BGHZ 110, 313; 135, 235; NJW 95, 395.

③ Die negatorischen Ansprüche und ihre Beziehungen zum Schadensersatzrecht, 1975, S. 195.

④ Picker, Der negatorische Beseitigungsanspruch, 1972, S. 164.

⑤ 即履行不能排除债务人的原给付义务,《德国民法典》第275条;我国《合同法》第110条。

时，必须排除在此期间所产生的其他妨害，并赔偿其他损害。[①] 债法中诚实信用（《德国民法典》第 242 条）规则也可以适用于防御请求权。

2. 费用负担

一般来讲，因排除妨害所生之费用应由妨害人承担，权利继受人亦同。[②] 多个所有权人之间的费用追偿准用《德国民法典》第 426 条。在等不及妨害人排除妨害的情况下，所有权人也可以自费排除妨害，再根据不当得利规则或无因管理规则请求所支出费用的偿还。

在我国，排除妨害所生之费用，也由妨害人承担。[③]

3. 诉讼时效

妨害防止请求权不适用诉讼时效，因为该请求权指向将来的妨害。[④] 在德国债法改革前，排除妨害请求权适用普通诉讼时效，即 30 年。德国债法改革后，则适用《德国民法典》第 195 条、第 199 条，为 3 年，自所有权人知道或者因重大过失而不知道请求权确立的事实以及侵权行为发生那一年的年终开始计算。根据《德国民法典》第 199 条第 2 款、第 4 款，涉及生命、身体、健康、自由妨害的物上请求权，应自妨害起 10 年经过诉讼时效。但如果对为妨害行为之承租人行使排除妨害请求权，则自返还租赁物 6 个月后诉讼时效即经过。

根据《德国民法典》第 902 条，基于被登记（或者被异议登记）的土地所有权而产生的请求权不适用诉讼时效，但此规则不适用于重复性给付的未支付部分的请求权以及损害赔偿请求权，因为损害赔偿请求权等并不登记在土地簿册上。排除妨害请求权也不能登记在土地簿册上，所以，有学者认为，《德国民法典》第 902 条不适用于排除妨害请求权。[⑤] 对此观点存有争

---

① 参见〔德〕鲍尔、施蒂尔纳：《德国物权法》（上册），张双根译，法律出版社 2004 年版，第 239 页。Horstmann, Untersuchungen über die Anwendbarkeit schuldrechtlicher Normen auf dingliche Ansprüche, 1938, S. 26 ff.

② MünchKomm/Medicus, § 1004, Rn. 90.

③ 参见黄松有主编、最高人民法院物权法研究小组编著：《中华人民共和国物权法条文理解与适用》，人民法院出版社 2007 年版，第 144 页。

④ MünchKomm/Medicus, § 1004, Rn. 98.

⑤ MünchKomm/Medicus, § 1004, Rn. 84.

议，因为《德国民法典》第902条的规范目的不只在于保护登记簿册上可见的请求权，而是为了实现被登记的权利。[①]

在涉及妨害源的情况下，排除妨害请求权的诉讼时效自该妨害源建立时开始起算；如果涉及的是基于该妨害源的个别妨害行为，则根据每个妨害确定起算点。[②] 有判例认为，对于被妨害人一方的权利继受人来讲，并不扣除从时效起算到其继受权利的时间。但学说反对这种观点，认为应重新起算，否则买受人承担了在土地簿册中无法查知的负担。[③]

梁慧星教授认为，由规定“排除妨害请求权”与“消除危险请求权”的立法目的决定，二者不适用诉讼时效，只要妨害行为的结果存在或者“危险状态”存在，受妨害的物权人就可以行使此项请求权。[④] 对此，《物权法征求意见稿》第44条作了相同规定，《物权法》也从之，因为危险与妨害可能是随时发生并处于持续状态的。[⑤]

## 六、结论

20世纪中期以来，德国学术界对排除妨害与损害赔偿的区分与关系问题进行了热烈而持久的讨论。在一定程度上，讨论的目的在于建立一套与损害赔偿法相媲美的学术体系。

经过学说与判例的努力，防御性物上请求权被上升为一般性的请求权，即适用于所有民法领域的请求权。但如此一来，从适用法域以及过错要件角度区分防御性请求权与损害赔偿请求权就不充分了，而只能从客观要件以及法律效果层面区分二者。从客观要件来看，妨害排除请求权要求妨害的持续；在法律效果上，妨害排除请求权的效果被严格限定在妨害源的排

---

① Staudinger/Gursky, § 1004, Rn. 194.

② MünchKomm/Medicus, § 1004, Rn. 85.

③ BGHZ 125, 56, 65. MünchKomm/Medicus, § 1004, Rn. 86.

④ 参见梁慧星：《物权法草案(第二次审议稿)若干条文的解释与批判》(第八部分)，载www.civillaw.com.cn，访问时间：2005年7月29日。

⑤ 参见黄松有主编、最高人民法院物权法研究小组编著：《中华人民共和国物权法条文理解与适用》，人民法院出版社2007年版，第144页。

除上。

排除妨害请求权应当以违法性为构成要件，但这里的违法性应当是结果违法性。可以认为，容忍义务是违法性的反面表达。

由于防御性物上请求权规则的简单性，对于防御性请求权，可以准用若干债法规则，如共同过错规则、费用不成比例规则等。而借助民法典立法之契机，若可以构建独立的防御请求权总则，当可成为中国法学家对民法体系的贡献。

# 第五章　物上请求权的理论归属

## 一、物上请求权形成的历史逻辑

从历史发展来看,原物返还请求权、排除妨害请求权与妨害防止请求权并非从一开始就具有同质性。物上请求权抽象的起点在于所有物返还请求权,而所有物返还请求权是物上请求权最古老的形式。其最初的目的就是针对无权占有人侵夺/保留不还的情况,保护"所有权人"。但在古罗马法中,所有权概念并不很精确,尚包括限制物权以及占有资格。[①] 在德国法继受该制度的时候,所有权概念已经很精准了,为了突出其保护所有权自由的功能,遂将其规定为"所有物"返还请求权,在限制物权处规定相应的转引规则。

所有物返还请求权在罗马法上就具有很高的抽象性,并不只针对被指控的侵夺行为(如偷窃),而是一般的对物的归属的单纯事实妨害,即占有与所有权的分离。与此相应,对被请求权人并没有主观要件的要求,因为所有物返还请求权是对物的权利,只是将在所有权与占有之间的妨害第三人排除出去,并不需要第三人的积极作为。[②]《德国民法典》完全继受了抽象的所有物返还请求权,而且,基于所有物返还请求权的抽象性,否认之诉/防御请求权得以一般化,由此通过归纳推理也就产生了一般性的物上请求权制度,物上请求权区别于损害赔偿法、不当得利法的特征与功能都源自于所有物返还请求权。

防御请求权之构成是从所有物返还请求权这一初始模式中发展出来的,虽然在罗马法上以及在法律实践中早就存在防御请求权,但在《德国民法典》中,其基础、目的以及内容、范围都是模仿所有物返还请求权而确立

---

① Kaser, Das Römische Privatrecht, I, 1971, S. 121, 143.

② Picker, Der "dingliche" Anspruch, in Im Dienste der Gerechtigkeit, FS für Bydlinski, 2002, S. 283 f.

的,可以说,是所有物返还请求权的衍生物。[①]

一般化防御请求权的需要主要产生于实践,所有物返还请求权只能针对物被侵占/扣留不还的情况,但在水管破裂、树根生长等相邻关系争议上,无适用余地,加上工业化带来的排放物等问题,也是所有物返还请求权所不能解决的,为了保障所有权自由,就必须对防御请求权进行一般化理解。在学理上,德国学者没有采取扩大适用所有物返还请求权或者确立所有权之诉的思路,而是确立了一般化的、独立的防御请求权制度,形成双重物上请求权制度。

在罗马法上,称防御请求权为否认之诉,只限于在第三人主张其在土地上享有役权、用益权的情况,后来被扩展到对事实妨害行为等情况。一直到19世纪初,人们都没有将其置于所有权理论框架内,与所有物返还请求权并无关联,后来在胡果以及海瑟等学者的努力下,将其与所有权自由关联起来,成为所有权保护的一种制度。由此,新兴的防御请求权制度作为所有物返还请求权制度的补充,被归纳在所有权之诉以下。后来,温德沙伊德在所有权理论下,提出了所有权请求权(Eigentumsanspruch)的概念,并将其区分为由于"保留不还"以及"妨害"等两种情况。[②]

《德国民法典》物权编的起草人约豪完全继受了温德沙伊德的观点,并认为,所有物返还请求权与防御请求权只是两个并行的具体制度,二者的功能都是权利保护,在性质上都是对权能篡越的纠正,排除的都是事实上的占有与权利上的归属的矛盾。[③]

应当说,没有所有权自由理念,也会存在所有物返还请求权以及防御请求权,但是其适用范围会具有局限性,而且,所有物返还请求权与防御请求权也会如两条平行线,永远无法交融为一个整体。

---

① Picker, Der "dingliche" Anspruch, in Im Dienste der Gerechtigkeit, FS für Bydlinski, 2002, S. 291.

② Windscheid, Lehrbuch des Pandeketenrechts I, 1900, S. 874 ff; Picker, Beseitigungsanspruch, S. 78.

③ Picker, Der "dingliche" Anspruch, in Im Dienste der Gerechtigkeit, FS für Bydlinski, 2002, S. 296 ff.

## 二、物上请求权的债权属性

物上请求权的德文是“dinglicher Anspruch”[①],“Anspruch”的最狭义的含义就是债权人与债务人之间的关系,但债权债务关系不仅包含请求权,还包括债务等[②];而广义上讲,所有的指向作为或不作为的请求都被涵盖在该概念之中,其产生既可以基于债权,也可以基于物权。就“dinglich”而言,是“物的”意思,该词使人们联想到绝对权性质的物权,即可以对抗任何占有人或者妨害人的权利;绝对权是物权的上位阶概念,包括智慧产权、人格权等,在德国,也有人不准确地称智慧产权、人格权为物权。[③]

如果按照字面含义翻译,将“dinglicher Anspruch”翻译为物上请求权,最为准确,但从其内涵来讲,其意义为产生于物权的请求权[④],故多有学者称为“物权请求权”、“基于所有权而生之请求权”[⑤]、“物权的请求权”等。[⑥]

从字面上可知,物上请求权本质上还是请求权,并非绝对权,物上请求权使特定人承担特定行为,与其他请求权一样,根据其定义前提,均为纯粹的债权。[⑦] 物上请求权是“在物之基础上的债的请求权”(obligatorische Ansprüche auf dinglicher Grundlage)。尹田教授亦认为,物权请求权既为特定当事人间为特定给付的请求权,其性质当属于债权。[⑧]

对此界定,有很多不同的观点,选其主要者,有物权效力说、债权说、准债权说以及物上独立请求权说[⑨],而争议的焦点不外乎是否具有物权性以

---

① 该术语只在旧《德国民法典》第221条、新《德国民法典》第198条中出现过一次。

② Palandt-Heinrich, BGB (59. Auf. 1999), Einl. vor § 241 Rn. 2.

③ H. Mager, AcP 193, 71.

④ Creifelds, Wörterbuch, 16. aufl. 2000, S. 322.

⑤ 此称呼并无不妥,因为在德国法或者我国台湾法上,均只在所有权处规定基于物上请求权,在其他物权处规定准用规则。

⑥ 参见李太正:《物上请求权与物权请求权名称之辨正》,载苏永钦主编:《民法物权争议问题研究》,清华大学出版社2004年版,第39页以下。还可参见季秀平:《物权之民法保护制度研究》,中国法制出版社2006年版,第149页以下。

⑦ Dulckeit, Die Verdinglichung obligatorischer Rechte, 1951, S. 8.

⑧ 参见尹田:《物权法理论评析与思考》,中国人民大学出版社2004年版,第164页。

⑨ 参见辜明安:《物权请求权制度研究》,法律出版社2008年版,第128页以下。

及是否具有独立性,而对这两个要素的判断要结合物上请求权的具体制度类型来谈,对此,请参照本书第二章以后的论述。结合物上请求权的制度内容,笔者赞同物上请求权的附属性与债权性。

## 三、物上请求权作为物权实现的辅助性权利

### (一)物权实现的辅助权利

对于物上请求权的性质,赫克认为,物上请求权是实现物权的权利。[①]罗马法上,如果存在物上之诉(actio in rem),物权具有直接性;但在物上之诉消灭后,物权只具有间接性、潜在性。在德国法上,物权不具有直接性,替代直接性制度的是物上请求权制度,也就是说,要实现物权,必须通过请求权。在占有被侵夺或者物之支配被妨害等情况下,物上请求权独自具有重新恢复对该物支配的功能,就此,有学者认为,物上请求权是作为支配权(Beherrschungsrechte)的物权实现的辅助权利。[②]

在权利位阶上,物上请求权与债权上的履行请求权(Erfüllungsanspruch)是一个层次的。因为物上请求权与债法上的履行请求权一样,在构成上也无"可归责性"(Vertretenmüssen)这一要件。在物上请求权保护下,所有权人可保有占有并不受侵害地进行用益,所有权因此得以实现,但侵权法上的请求权并不是为了实现所有权,而是指向损害赔偿这一次位请求权的。[③]所以,物上请求权不同于基于《德国民法典》第812条、第816条第1款、第823条第1款的不当得利请求权以及侵权法上的请求权。

### (二)不得单独让与性

物上请求权作为原给付义务,有其独特之处,比如,它不可以独立于所有权而被单独让与[④],其主要原因在于:物上请求权的目的在于实现所有

---

① Heck, Sachenrecht, § § 31, 32.

② Staudinger/Seiler, Einl. zu § § 854, Rn. 24.

③ Medicus, Bürgerliches Recht, 17 Aufl. Rn. 436.

④ Münchkomm/Medicus, vor § 985, Rn. 6; Baur/Stürner, Sachenrecht, § 11 Rn. 44.

权。除此之外，还有一个体系上的原因。如果承认其可让与性，则《德国民法典》第 986 条第 2 款[1]就没有意义了，因为该条款所规定的抗辩对第三人的效果完全可以从《德国民法典》第 413 条、第 404 条规定中得出[2]，并无单独规定第 986 条第 2 款的必要。

具体来讲，假如乙无权占有所有权人甲之物，则甲对乙基于所有权享有所有物返还请求权，但甲既不能单独处分所有权而保留所有物返还请求权，也不能单独处分所有物返还请求权。又假设甲将所有物让与丙，此时，物上请求权是否随着所有权移转而移转吗？答案是否定的，因为，占有人乙对甲的抗辩不能随着所有权移转而可以对抗取得人丙，在此并不适用"债权移转抗辩权亦移转"规则（《德国民法典》第 404 条、第 412 条、第 413 条）。因此，如何保护取得人丙的利益？德国法通说认为，此时在原权取得人处产生一个新的物上请求权。[3] 但占有人乙对甲的抗辩不能随着所有权移转而可以对抗取得人丙，那么，丙的利益是否又被过分保护了呢？为了平衡占有人与取得人之间的利益关系，《德国民法典》又通过第 968 条第 2 款、第 566 条（买卖不破租赁）、第 567 条（出租土地之负担）、第 567b 条（再让与）等规则赋予占有人以其原抗辩对抗取得人的权利。

《德国民法典》第 931 条规定了让与所有物返还请求权这种替代交付方式，这与物上请求权的不可让与性是否矛盾呢？对此应作否定性回答，因为这里的所有物返还请求权产生于占有媒介关系，而非产生于《德国民法典》第 985 条所规定的情况，在性质上，并不属于单独让与物上请求权的情况。如果出让人并非间接占有人（如对于走失的狗），则出让人就不能通过第 931 条方式让与所有权，而只能通过物权合意的方式（《德国民法典》第

---

① 对于该规则的内涵，请参见本书第二章。

② Münchkomm/Medicus, vor § 985, Rn. 5. 这里值得注意的是，我国《合同法》第 80 条以下的债权让与规则，并未规定准用于法定移转以及债权请求权以外的请求权的规则。但《合同法》第 2 条并未明确合同法调整的仅为债权合同，所以，在体系上，对于物上请求权的移转，是可以适用债权让与规则的（尤其《合同法》第 82 条），如果未来的物权法没有《德国民法典》第 986 条第 2 款的规定，中国法上的物上请求权反而会是可让与的。

③ Medicus, Bürgerliches Recht, 17 Aufl. Rn. 445.

929条)让与所有权。[①]

在强制执行法上,德国法允许第三人行使物上请求权。举例来讲,甲无权占有乙的动产,乙的债权人丙想扣押该动产,但甲并不准备交出该动产,此时,只有在丙实现了所有物返还请求权以后,强制执行才是可能的。所以,德国法通过授权行使所有物返还请求权的方式来救济债权人丙。我们可以将这种情况看做物上请求权不得让与的例外。

对于在物上请求权之上是否可以设定质权等担保物权,在学说上存有争议,通说否认之,因为对于设定质权来讲,承受负担的不是请求权,而是物本身。[②]

## 四、物上请求权的理论归属——否认请求权

物上请求权是高度抽象的法学思维产物,是对所有物返还请求权、妨害防止请求权与妨害排除请求权的再抽象。令人惊奇的是,对于物上请求权制度本身,法律上并未规定独立的制度规则,而是留给学说进行补充,所以,准确地讲,物上请求权制度是一个"没有完成的作品"。尽管如此,物上请求权制度还是被认为是一种成功的抽象,物上请求权制度有一种基础性学理思维功能,在客观法领域,通过该制度,可以清楚地区别物权法与债权法;在主观权利领域,可以清楚地区别物权与债权。[③] 从逻辑上讲,要形成抽象的物上请求权,必须发现其一致的理论基础。

物上请求权是物权实现的辅助性权利的观点在德国被普遍接受,但有学者认为,债权请求权针对的也是法律地位的实现,以此作为区分点,并不具有说服力。[④] 自原物返还请求权的构成与功能,该学者认为,原物返还请求权的性质为"否认性"请求权。

① Baur/Stürner, Sachenrecht, § 51 VI 1b.

② Münchkomm/Medicus, vor § 985, Rn. 7.

③ Picker, Der "dingliche" Anspruch, in Im Dienste der Gerechtigkeit, FS für Bydlinski, 2002, S. 270 f.

④ Picker, a. a. O., S. 276.

自原物返还请求权与妨害防止以及排除妨害的本质来看，三者有一个共同的特点，即排除与所有权内容相违背的客观违法状态，而该违法状态的本质又是对归属于所有权人的支配权的“篡越”。[①] 在逻辑上，排除该篡越状态，即为原物返还请求权之主要目的，而排除该篡越状态，并不需要占有人为积极的给付行为，只需为“否认性”行为即可。

物上请求权本身还具有否认性请求权的性质，其主要根据在于物权的消极权能，即禁令，排除所有其他“法律主体”对于所有权客体的侵犯[②]，其目的是排除事实上的占有与权利上归属的矛盾。

皮克尔从责任体系出发，认为，从所有物返还请求权以及防御请求权中抽象出的统一的责任体系，在事实构成、法律效果上大大不同于损害赔偿以及不当得利责任，该责任体系应被定位在否认性责任（negatorische Haftung）之上，指向越权情况，目的在于权利的实现（Rechtsverwirklichung）；而损害赔偿指向的是对债务人行为的禁止，目的在于补偿（Widergutmachung）；不当得利请求权则指向利益的穷尽（Abschöpfung）。[③]

皮克尔认为，通过责任形式统一所有物返还请求权以及防御请求权的观点，其优点在于，避免物上请求权中“物上”的模糊性及其与请求权含义的矛盾；而且可以清楚地确定其制度功能，即防御事实上的权利篡越、保护权利归属，以此区别于其他责任形式。在请求权层面，如果将所有物返还请求权、妨害排除请求权以及妨害防止请求权统一称为“否认性请求权”，就可以抛弃物上请求权这一概念。[④] 妨害排除请求权、妨害防止请求权的保护对象已经不限于物权，而是已经扩展到知识产权以及人格权等绝对权上，而且也包括债权，所以，以否认请求权代替物上请求权，更为准确、清晰。

---

① Picker, Der negatorische Beseitigungsanspruch, 1972, 53 f.

② 参见〔德〕尼克佩尔：《法律与历史——论德国民法典的形成与变迁》，朱岩译，法律出版社 2003 年版，第 251 页。

③ Picker, Der “dingliche” Anspruch, in Im Dienste der Gerechtigkeit, FS für Bydlinski, 2002, S. 308 ff.

④ Picker, a. a. O. , S. 312 ff.

对于否认权利说，有学者持反对意见，认为该学说并不符合原物返还请求权的规范目的[1]，因为，原物返还请求权相对人毕竟要承担一定的“行为义务”。

否认请求权与损害赔偿请求权、不当得利请求权一起构成民法中权利归属/分配与权利保护的基本机制，这里的权利既包括绝对权利，也包括相对权利。

笔者认为，可以根据否认责任说，重新构造我国物上请求权制度体系，形成跨越物权与债权的更抽象的否认请求权制度。其统一构成要件为第三人侵占或妨碍了他人权利归属范围，影响了物权的圆满状态。

---

① Staudinger/Gursky, § 985, Rn. 1.

# 结　　论

本书系统地论述了物上请求权制度，从权利推定入手，论证了原物返还请求权以及防御请求权的制度构成与功能，并最终论证了其理论归属。在这条论证主线之外，还论证了原物返还请求权的次请求权，也即占有恢复关系的功能与理论归属。

本书导论部分澄清了物上请求权制度的内在与外在体系。内在体系根据在于保护自由、绝对之所有权。外在体系上，首先有主请求权，即原物返还请求权、排除妨害请求权以及妨害防止请求权。笔者主张，物权确认请求权是确认之诉的一种，从确认之诉的客体来分析，应当根据法律关系、事实、法律问题的分类进行确定，而不能根据“物权归属与内容”进行确定。在存在给付之诉或者其他救济可能时，原则上给付之诉或者其他救济措施优先。对于诉讼请求权，一般不得为实体法上的处分，如转让、免除、自愿履行等，也无适用诉讼时效的问题。其次是次请求权，即占有恢复关系，包括物权人的损害赔偿请求权、用益返还请求权以及无权占有人的费用补偿请求权。最后还有权利推定制度。

本书第一章论述了物上请求权构成前提的权利推定制度，认为权利推定制度的目的在于保护自由、绝对的所有权，具体方式是减轻证明负担，占有人无须主张所有权取得，也无须证明所有权取得，而只需陈述并证明其占有为自主占有即可。虽然权利推定规则本质是证明负担减轻规则，但其规则内容完全取决于实体法权利取得规则。在推定受益人自己对取得进行陈述时，推定相对人推翻的证明责任会减轻，只需对推定受益人陈述的取得原因进行反证即可。但是如果推定受益人保持沉默，则在结果上，又会出现推定相对人证明困难的问题。为了解决这一问题，推定权利人需承担程序性的释明义务，在程序中，占有人必须说明取得之过程（Erwerbsvorgang），在某些情况下，还必须说明为什么他无法给出相关信息，如果占有人拒绝说明，援引占有推定规则即为滥用权利。

本书第二章论述了原物返还请求权的构成与功能，原物返还请求权在构成上高度抽象，仅需要侵占这一客观要件，并不需要侵权行为要件或者主观构成要件，而考察是否存在侵占时，需从请求权人是否享有物权以及请求权相对人是否占有两方面予以衡量，以确认是否存在权利与事实的分离，即“侵占”。原物返还请求权的制度基础在于保护自由、绝对的所有权。第三人侵占构成对物权这种主观权利归属的妨害，原物返还请求权的规范目的即在于排除这种妨害。

原物返还请求权相对人承担的是“状态责任”，并无主观归责基础，故在其返还义务上要加以利益平衡，限制其范围。“返还”并非给付义务，而是一种大于容忍义务的义务，其内容为占有人将物从自己的支配领域分离、排除以实现返还，是与债法给付义务相对的、特别限制的单纯协助义务。返还之债在性质上属于往取之债，原则上应由请求权人承担返还费用。

本书第三章论述了占有恢复关系的功能与理论归属，占有恢复关系规则是原物返还请求权的次请求权规范。适用次请求权规范的前提是所有物返还请求权状态(Vindikationslage)的出现，也就是说，在所有权人与占有人之间存在原物返还请求权，而且，无权占有人对恢复请求权没有抗辩权。占有恢复关系由物权人的损害赔偿请求权、用益返还请求权以及无权占有人的费用偿还请求权，从这些制度与侵权法上请求权、不当得利请求权以及无因管理请求权的比较中可以发现，这些规则具有统一的规范目的，即保护所有权人，也即加重恶意无权占有人的责任，同时优待善意无权占有人。赋予所有权人以特权，其思想基础是所有权自由。赋予未被起诉、善意无权占有人特权，其思想基础是交易安全。占有恢复关系相对于侵权法上的请求权、不当得利请求权以及无因管理请求权属于特别法规则，应当优先适用，但存在例外。

本书第四章论述了排除妨害请求权以及妨害防止请求权的构成与功能。基于所有权绝对的思想，所有权人可以随意处置其物，并排除他人的一切干涉。排除妨害请求权以及妨害防止请求权是所有权排他权能这一思想的具体化，据此，所有权人可以要求排除妨害，如果尚有继续妨害之虞，可以请求妨害防止。从其制度功能而言，一方面排除妨害所有权的状态；另一方面防止将来可能产生的妨害发生。

排除妨害请求权的构成要件有三个：首先，请求权人享有所有权；其次，被请求权人对所有权的妨害/侵害，而且是侵夺或者不返还占有以外的妨害；最后，因现存的妨害源而产生的妨害在持续，如果侵害源枯竭了，就无法/无须排除了。妨害防止请求权的构成要件也是三个，前两个与排除妨害请求权的构成要件相同，但第三个有所不同，其要求重复发生的危险（Wiederholungsgefahr）。对于两种请求权都没有过错要件，甚至违法性要件也不需要，只要对方不能证明自己有妨害权利或者容忍义务之存在，就推定具有违法性。

容忍义务是一种无须主张的抗辩权，此种抗辩权的效果不是拒绝对方的请求，而是有权妨害。私法上容忍义务之产生，可基于一般性的法律规定，亦可基于所有权人与侵害人间所存在的特别法律关系，前者如相邻关系，后者如基于合同或者物权关系。公法容忍义务的产生基础，可为立法亦可为具体的行政行为。

防御性物上请求权的法律效果是妨害之排除与防止。妨害排除与妨害防止请求权在性质上是“物上”请求权，具有物权效力，在妨害人破产时，妨害排除与妨害防止请求权并非破产债权，排除妨害请求权人可以享有取回权，这里的取回权不能理解为从破产财产中取走，而是对破产财团的对抗。对于妨害防止请求权不适用诉讼时效，因为该请求权指向将来的妨害。在德国债法改革前，排除妨害请求权适用普通诉讼时效，即 30 年。德国债法改革后，则适用《德国民法典》第 195 条、第 199 条的规定，为 3 年，自所有权人知道或者因重大过失不知道请求权确立之事实以及侵权行为发生那一年的年终开始计算。

经过德国学说与判例的努力，防御性物上请求权被上升为一般性请求权，即适用于所有民法领域的请求权。但如此一来，从适用法域以及过错要件角度区分防御性请求权与损害赔偿请求权就不充分了，而只能从客观要件以及法律效果层面区分二者。从客观要件来看，妨害排除请求权要求妨害的持续；在法律效果上，妨害排除请求权的效果被严格限定在妨害源之排除上。排除妨害请求权应当以违法性为构成要件，但这里的违法性应当是结果违法性。可以认为，容忍义务是违法性的反面表达。由于防御性物上请求权规则的简单性，对于防御性请求权，可以准用若干债法规则，如共同过错规则、费用不成比例规则等。

本书第五章试图构建高度抽象的物上请求权制度，以否认责任为理论基础，形成跨越物权与债权的更抽象的否认请求权制度，与损害赔偿请求权、不当得利请求权一起构成民法中权利归属/分配与权利保护的基本机制。

# 参考文献


**一、中文文献**

（一）中文著作

1. 毕玉谦:《民事证明责任研究》,法律出版社 2007 年版。

2. 曾世雄:《损害赔偿法原理》,中国政法大学出版社 2001 年版。

3. 常鹏翱:《物权法的展开与反思》,法律出版社 2007 年版。

4. 陈华彬:《物权法》,法律出版社 2004 年版。

5. 陈华彬:《物权法原理》,国家行政学院出版社 1998 年版。

6. 陈卫佐:《德国民法典》(第 2 版),法律出版社 2006 年版。

7. 崔建远:《物权法》,中国人民大学出版社 2009 年版。

8. 崔建远等:《物权法》,清华大学出版社 2008 年版。

9. 辜明安:《物权请求权制度研究》,法律出版社 2009 年版。

10. 韩世远:《合同法总论》(第 2 版),法律出版社 2009 年版。

11. 胡康生主编:《中华人民共和国物权法释义》,法律出版社 2007 年版。

12. 黄松有主编、最高人民法院物权法研究小组编著:《中华人民共和国物权法条文理解与适用》,人民法院出版社 2007 年版。

13. 季秀平:《物权之民法保护制度研究》,中国法制出版社 2006 年版。

14. 梁慧星:《物权法草案(第二次审议稿)若干条文的解释与批判》(第八部分),载 www.civillaw.com.cn,访问时间:2005 年 7 月 29 日。

15. 梁慧星:《中国物权法草案建议稿——条文、说明、理由与参考立法例》,社会科学文献出版社 2000 年版。

16. 梁慧星:《中国物权法研究》(上),法律出版社 1998 年版。

17. 梁慧星、陈华彬编著:《物权法》(第 3 版),法律出版社 2004 年版。

18. 刘智慧:《占有制度原理》,中国人民大学出版社 2007 年版。

19. 梅仲协:《民法要义》,中国政法大学出版社 1998 年版。

20. 宁红丽:《物权法占有编》,中国人民大学出版社 2007 年版。

21. 全国人民代表大会常务委员会法制工作委员会民法室编:《中华人民共和国物权法条文说明、立法理由及相关规定》,北京大学出版社 2007 年版。

22. 沈宗灵主编:《法理学》,高等教育出版社 1996 年版。

23. 史尚宽:《物权法论》,中国政法大学出版社 2000 年版。

24. 孙宪忠:《中国物权法总论》(第 2 版),法律出版社 2009 年版。

25. 孙宪忠主编:《中国物权法:原理释义和立法理解》,经济管理出版社 2008 年版。

26. 汤勇:《物权请求权制度研究》,中国检察出版社 2009 年版。

27. 佟柔主编:《民法原理》,法律出版社 1983 年版。

28. 王利明:《物权法论》(修订版),中国政法大学出版社 2003 年版。

29. 王利明:《物权法研究》(上卷),中国人民大学出版社 2007 年版。

30. 王利明:《物权法研究》(下卷),中国人民大学出版社 2007 年版。

31. 王利明:《物权法研究》,中国人民大学出版社 2004 年版。

32. 王利明:《中国物权法草案建议稿及说明》,中国法制出版社 2001 年版。

33. 王泽鉴:《民法物权》,北京大学出版社 2009 年版。

34. 王泽鉴:《民法物权 · 通则 · 所有权》,台北三民书局 2001 年修订版。

35. 王泽鉴:《民法物权 · 用益物权 · 占有》,中国政法大学出版社 2001 年版。

36. 谢在全:《民法物权论》(上册)(修订五版),台北新学林出版社 2010 年版。

37. 谢在全:《民法物权论》(下册),中国政法大学出版社 1999 年版。

38. 杨明:《知识产权请求权研究——兼以反不正当竞争为考察对象》,北京大学出版社 2005 年版。

39. 叶金强:《公信力的法律构造》,北京大学出版社 2004 年版。

40. 尹田:《物权法理论评析与思考》,中国人民大学出版社 2004 年版。

41. 中央政法干部学校民法教研室编著:《中华人民共和国民法基本问题》,法律出版社 1958 年版。

(二) 中文论文

1. 程啸:《不动产登记簿之推定力》,载《法学研究》2010 年第 2 期。

2. 程啸、尹飞:《论物权法中占有的权利推定规则》,载《法律科学》2006 年第 6 期。

3. 崔建远:《关于恢复原状、返还财产的辨析》,载《当代法学》2005 年第 1 期。

4. 崔建远:《绝对权请求权或侵权责任方式》,载《法学》2002 年第 11 期。

5. 崔建远:《论物权救济模式的选择及其依据》,载《清华大学学报》(哲学社会科学版)2007 年第 3 期。

6. 崔建远:《物权救济模式的选择及其依据》,载《吉林大学社会科学学报》2005 年第 1 期。

7. 杜颖:《论民事保全请求权》,北京大学 2000 年博士论文。

8. 杜颖:《日本知识产权保护中的差止请求权》,载《外国法评译》1999 年第 4 期。

9. 李太正:《物上请求权与物权请求权名称之辨正》,载苏永钦主编:《民法物权争议问题研究》,清华大学出版社 2004 年版。

10. 梁志文:《反思知识产权请求权理论——知识产权要挟策略与知识产权请求权的限

制》,载《清华法学》2008 年第 4 期。

11. 刘凯湘:《论基于所有权的物权请求权》,载《法学研究》2003 年第 1 期。

12. 宋春雨:《关于民事诉讼证据的若干规定的理解与适用》,载《人民司法》2002 年第 2 期。

13. 苏永钦:《民法制度的移植——从所有人与占有人间的特殊关系谈起》,载 2005 年《第三届罗马法 · 中国法与民法法典化国际研讨会论文集》。

14. 苏永钦:《所有人与占有人关系》,载苏永钦主编:《民法物权争议问题分析》,清华大学出版社 2004 年版。

15. 王洪亮:《分割所有权论》,载《华东政法学院学报》2006 年第 4 期。

16. 王洪亮:《论所有权人与占有人关系——所有物返还请求权及其从请求权》,载王洪亮等主编:《中德私法研究》(第 1 卷),北京大学出版社 2006 年版。

17. 王轶:《物权保护制度的立法选择》,载《中外法学》2006 年第 1 期。

18. 王泽鉴:《基于债之关系占有权的相对性及物权化》,载《民法学说与判例研究》(第 7 册),北京大学出版社 2009 年版。

19. 魏振瀛:《论请求权的性质与体系——未来我国民法典中的请求权》,载《中外法学》2003 年第 4 期。

20. 魏振瀛:《论债与责任的融合与分离——兼论民法典体系之革新》,载《中国法学》1998 年第 1 期。

21. 吴汉东:《试论知识产权的"物上请求权"与侵权赔偿请求权》,载《法商研究》2001 年第 5 期。

22. 游进发:《民法物权修正草案无权占有人占有物灭失或毁损损害赔偿义务——反思性分析》,载《法令月刊》2007 年 12 月号。

23. 张谷:《作为救济法的侵权法,也是自由保障法——对〈中华人民共和国侵权责任法(草案)〉的几点意见》,载《北京大学法学院昌言民法论坛学术讨论会会议论文》2009 年 3 月 27 日。

24. 张双根:《占有的基本问题——评〈物权法草案〉第二十章》,载《中外法学》2006 年第 1 期。

25. 张双根:《占有人与恢复请求人关系规则的基本问题——以大陆物权法规定为中心》,载《法令月刊》2007 年 12 月号。

26. 朱广新:《论物权法上的权利推定》,载《法律科学》2009 年第 3 期。

(三)译著译文

1. 〔德〕鲍尔、施蒂尔纳:《德国物权法》(上册),张双根译,法律出版社 2004 年版。

2. 〔德〕鲍尔、施蒂尔纳:《德国物权法》(下册),申卫星、王洪亮译,法律出版社 2004

年版。

3.〔德〕卡尔·拉伦茨:《德国民法通论》(上),王晓晔等译,法律出版社2002年版。

4.〔德〕尼克佩尔:《法律与历史——论德国民法典的形成与变迁》,朱岩译,法律出版社2003年版。

5.〔日〕我妻荣:《新订物权法》,有泉亨补订、罗丽译,中国法制出版社2008年版。

## 二、德文文献

### (一)专著

1. Aicher, Das Eigentum als subjektives Recht, 1975.

2. Bälz, Eingriffsschutz im Haftungssystem des Zivilrechts (I), 1970.

3. Baumgärtel, Beweispraxis im Privatrecht: die Schwierigkeiten der Beweislastverteilung und die Möglichkeiten ihrer Überwindung, 1996.

4. Baur/Stürner, Sachenrecht, 17 Aufl. 1999.

5. Baur/Stürner, Zwangsvollstreckungs-, Konkurs- und Vergleichsrecht, Band I: Einzelvollstreckungsrecht, 12 Aufl. 1995.

6. Brehm/Berger, Sachenrecht, 2006.

7. Breuer, Öffentliches und privates Wasserrecht, 3. Aufl. 2004.

8. Buchner/Roth, Schuldrecht III unerlaubte Handlungen, 2. Aufl. 1984.

9. Kaser, Das römisches Privatrecht I, 2. Aufl. (1971).

10. Dulckeit, Die Verdinglichung obligatorischer Rechte, 1951.

11. E. W. Stark, Berner Kommentar, Band IV, Besitz und Grundbuch, 3 Aufl. 2001.

12. Ehrenzweig, System des österreichischen allgemeinen Privatrechts, Band 1.

13. Ferid/Sonnenberger, Das französische Zivilrecht, Band 2, 1986.

14. Fikentscher, Schuldrecht, 8 Aufl. Walter de Gruyter 1991.

15. Fritzsche, Unterlassungsanspruch und Unterlassungsklage, 2000.

16. Georgiades, Die Anspruchskonkurrenz im Zivilrecht und Zivilprozeßrecht, 1968.

17. Gursky, 20 Probleme aus dem BGB, das Eigentuermer-Besitzer-Verhaeltnis, 1996.

18. Hahn, Die gesamten Materialien zur CPO, 1880.

19. Hälfte, Das Sachenrecht, 2. Aufl. 1957, (I/2).

20. Hattenhauer, Grundbegriffe des Bürgerlichen Rechts, 1982.

21. Heck, Grundriss des Sachenrechts, 1930.

22. Hemmer/Wüst, Die 50 wichtigsten Fälle zum Sachenrecht, 2004, Fall 26.

23. Hohloch, Die negatorischen Ansprüche und ihre Beziehungen zum Schadensersatzrecht, 1976.

24. Jörs/Kunkel/Wenger, Römisches Recht, 3. Aufl., 1949.

25. K. Schellhammer, Sachenrecht nach Anspruchsgrundlagen, 2. Aufl. 2005.

26. Kaser, Eigentum und Besitz, 2. Aufl. 1965.

27. Kaser, Das römische Zivilprozessrecht, 1996.

28. Köbl, Das Eigentümer-Besitzerverhältnis im Anspruchsystem des BGB, 1971.

29. Koziol/Welser, Grundriss des bürgerlichen Rechts, Band 1: Allgemeiner Teil, Sachenrecht, Familienrecht, 11. Aufl. 2000.

30. Laranz/ Wolf, AT des BGB, 9. Aufl., 2004.

31. Larenz/Canaris, Schuldrecht, BT II/2, 13. Aufl. 1994.

32. Leipold, Beweislastregeln und gesetzliche Vermutungen, insbesondere bei Verweisungen zwischen verschiedenen Rechtsgebieten, 1966.

33. Medicus, Bürgerliches Recht, Aufl. 18 1999.

34. Medicus, Grundwissen des BGB Aufl. 8, 2008.

35. Medicus, Schuldrecht I, Aufl. 13, 2002.

36. Olaf Sosnitza, Besitz und Besitzschutz, 2003.

37. Picker, Der negatorische Beseitgungsanspruch 1972.

38. Pinger, Funktion und dogmatische Einordnung des Eigentümer-Besitzer-Verhältnisses, 1973.

39. Planitz/Eckhardt, Deutsche Rechtsgeschichte, 3. Aufl. 1971.

40. Prölss, Beweiserleichterungen im Schadensersatzprozess, 1966.

41. Rimmelspracher, Materiellrechtlicher Anspruch und Streitgegenstandsprobleme im Zivilprozess, 1970.

42. Rosenberg/Schwab/Gottwld, Zivilprozessrecht, 16. Aufl. 2004.

43. Savigny, System des heutigen Römischen Rechts, Bd. I 1840.

44. Schlechtriem, Zivilrechtliche Probleme des Kfz-Briefs, NJW 1970.

45. v. Caemmerer, Wandlungen des Deliktsrechts, 1960.

46. von Tuhr, Der allgemeine Teil des dt. Buergerlichen Rechts, Bd. I.

47. Wach, Handbuch des deutschen Civilprozeßrechts, Band I, 1885.

48. Westermann, Sachenrecht, 5. Aufl. 1966.

49. Wieling, Sachenrecht, I, 2006.

50. Windscheid, Lehrbuch des Pandeketenrechts I, 1900.

51. Winkler, Die Rechtsvermutungen aus dem Besitz, 1969.

52. Wolff/Raiser, Sachenrecht, 10. Bearb. 1957.

（二）论文

1. Henckel, Vorbeugender Rechtsschutz in Zivilrecht, AcP 174(1974).

2. Horstmann, Untersuchungen über die Anwendbarkeit schuldrechtlicher Normen auf dingliche Ansprüche, 1938.

3. K. Kroeschell, Grundeigentum im Wandel der Geschichte, in FS für W. Büttner, 1986.

4. Kötz, Vorbeugender Rechtsschutz in Zivilrecht, eine rechtsvergelichende Skizze, AcP, 174(1974).

5. Mager, Besonderheiten des dinglichen Anspruchs, AcP 193.

6. Medicus, Anspruееche auf Herausgabe, JuS 1985.

7. Medicus, Ist Schweigen Gold? Zur Widerlegung des Re chtsvermutungen aus §§ 891, 1006 BGB, in Fs für F. Baur, 1981.

8. Michalski, Anwendungbereich, Funktion und dogmatische Einordnung des Eigentümer-Besitzer-Verhältnisses, in FS für Gitter.

9. Mueller-Laube, Herausgabepflicht und Rueckgewaehrschuld, AcP 183 (1983).

10. Olzen, Die Bedeutung des "wirtshcaftlichen Eigentums" für die privatrechtliche Störerhaftung, Diss. Bochum 1975.

11. Peine, Privatrechtsgestaltung durch Anlagengenehmigung, NJW 1990.

12. Picker, Der "dingliche" Anspruch, in Im Dienste der Gerechtigkeit, in FS für Bydlinski.

13. Schreiber,Das Eigentuemer-Besitzer-Verhältnis, Jura 1992.

14. Schubert (Hrsg.), Die Vorentwuerfe der Redaktoren zum BGB, Sachenrecht, Tel I, 1982.

15. Sontis, Strukturellen Betrachtungen zum Eigentumsbegriff, in FS für Larenz.

16. Werner, Grundpeobleme des § 1006 BGB, JA 1983.

# 后　　记

在法律继受过程中，即使在法律条文中规定了某些法律制度，但如果没有理论阐明，亦不过是写在纸上的条文而已。无论我国法律中是否规定了物上请求权制度，都需要澄清其制度的功能以及理论基础，而借以说明的根据，可以是罗马法的理论，也可以是德国法的理论，如果没有中国特殊的价值需要，并没有否认这些人类共同认知的必要。当然，理论澄清的过程并非理论照抄的过程，而是一个再科学化、再体系化的过程。研究者从法律基本原理出发，重新解构，发现其中的利益衡量，在解释说理的基础上，再抽象，最终形成新的可被接受的、符合本国实践的理论。

想法落实到文字，并不容易，本书写作时间持续很长，其中的一些文字陆续发表在法学期刊中，如今完整成书，还是有很多不尽如人意的地方，诸多问题尚需要进一步研究，对于排除妨害、妨害防止请求权的研究仍需继续，否认性请求权能否成为民法请求权体系中一种独立的请求权类型，仍有进一步论证的余地。另外，占有恢复关系统一的理论基础，还需要详细论证。

从学习法律以来，已经整整二十年，担任法学教职也已七年有余，回想过去的一点点进步与学术所得，均凝聚了诸多老师的心血。在此特别感谢我读硕士、博士时的导师杨振山教授，他对学术的执着以及高度凝炼的抽象思维模式，对我影响至深，是我学术之路的启蒙者。如今先师已去，惋惜悲伤之情，常常萦绕于心。我也深深感谢我在德国读博士期间的施蒂尔纳教授，他学识广博，眼光深邃，常常一语点破事物的本质。他的鼓励与支持是我在学术研究道路上前进的动力。

感谢崔建远教授的指导和帮助，崔老师的为人为学，都是我学习的楷模。

还有许许多多需要感谢的老师、学友、同事，在此恕我不能一一列出，以免挂一漏万。我想说的是，尽管我没有“表示”出来，但他们还是知道我诚挚的心意的。

感谢北大出版社的蒋浩先生，没有他的帮助，这本书很难面世。也很感谢王建君、苏燕英编辑，她们的细心工作，使本书增色不少。还要感谢姚明斌博士研究生以及吴冰硕士研究生，他们通读了稿件，校正了脚注以及错别字。

最后，要感谢我的家人，我已故的母亲一直是我前行的精神支柱，我的父亲对我的爱胜过对孙辈的爱。感谢我的岳父、岳母，他们使我免去了后顾之忧，并抚育我的孩子，料理我的家务，他们的善良、真诚与正直，令人尊敬。我的妻子率直、善良、宽容，她无私的奉献，使我能够专心于学术研究以及教学，我愿意与她分享我的每一份收获。

王洪亮

2011年10月

# 元照法学文库

● 《比较行政法》王名扬　著

比较研究不仅可以用于学术目的，提高对法律的认识，也可以用于实用目的，改良立法和司法工作，便于国际交往。在行政法领域，比较研究虽有一定的困难，但其意义却不可小视，这不仅源于行政法学术交流的需要，同时也源于各国行政法制度相互借鉴的需要。

● 《民法总则讲要》谢怀栻　著

因为《民法通则》是全部民法的"通则"，涉及民法的各个方面，所以对《民法通则》的正确阐述可以初步奠定我国民法学的基础。在《民法通则》有明文规定的地方，我们要准确地阐述。在《民法通则》由于立法技术的关系，有不足之处时，我们要从理论上给以弥补或纠正。在《民法通则》没有规定的地方，我们如何从理论上给以补充。这些都是很重要的。

● 《刑事一体化论要》储槐植　著

刑事一体化，源于宏观观察，作为思想观念，是哲学"普遍联系"规律在刑事领域的演绎；作为方法操作框架，是指相关事项的深度融通，操作层面便是运作机制，思维框架主要为折衷范式——平抑偏执达致适中的方法和过程。

刑事一体化，既是观念，也是方法。

● 《政治视域的刑法思考》刘树德　著

政治视域的刑法思考，立足于"刑法之外研究刑法"和"刑法之上研究刑法"的思路，是宪政维度的刑法思考的延续，主要包括从政治的视角对一些刑法问题进行思考和对刑法中与政治有关联的问题进行思考两个方面。

● 《近代中国的法律与学术》俞　江　著

清廷主持的法律改革，截断了数千余年的中国法律传统，拉开了移植西方法的序幕。"移植与重建"，成了20世纪前五十年中国法律界思考的主题。西方的法概念在汉语中该怎样解释？欧洲的民法对中国社会合适吗？对中国来说，采用哪一种司法体系更好？没有经验，也不可能有现成答案。所有问题都是第一次碰到。中国的法律人在现实催促下尝试着回答和行动。本书通过具体的事例或个案，展现近代中国的立法和司法状况。同时，通过法学语词、法学人物等不同角度，向人们介绍近代法学的发展历程。

● 《代理权与经理权之间——民商合一与民商分立》陈自强　著

本书是以代理权范围之确定为主轴而展开的，并借由该问题之研究，回顾了民法与商法在私法发展上之分合关系，并展望来者。本书以民事代理与商事代理有其本质上之差异为基础，分别探讨民事代理与商事代理适用之情形（第一章与第三章）。其间，为确定代理权限制之概念，及其与代理基础关系内部指示之关联，在第二章重新审视代理权授予行为无因性理论之发展及其射程距离。第四章关于表见公司经理人之研究，探讨了民法表见代理法则在表见公司经理人适用之情形。第五章"民商合一与民商分立"，则表明民事代理与商事代理之分合关系，正是民法与商法分合关系之缩影，并抒发了作者对我国台湾地区民商法学发展之期盼。

● 《企业组织重组法制》王志诚　著

如何建立高效、公平的企业组织重组法制，以保证公司经营效率并对利害关系人提供保护，这是当前学界关注的一个重要课题。

本书从法解释学及比较法制的视角出发，分别探讨优质企业并购法制的构建、公司合并法制、公司分割法制、股份转换法制、营业让与法制、跨国性并购法制、金融机构并购法制及变更组织法制等方面的内容，以解决目前法律适用上的疑虑。在此基础上，作者提出了立法改革的具体建议。本书内容兼备理论分析与实务应用，具有相当的参考价值。

● 《民事诉讼理论之新开展》黄国昌　著

台湾地区"民事诉讼法"经过近年来三次大幅度修正后，已呈现崭新的面貌。毋庸置疑，新民事诉讼法学的成型，是过去数十年台湾地区学者苦心研究积累的产物。本书收录了作者在此研究成果基础上，针对"证据收集权"、"举证责任"、"证明妨碍"、"程序保障"、"第三人撤销诉讼"、"争点效"、"民事第三审上诉之变革"以及"假处分的战争"等热门而重要的议题所陆续发表的12篇论文。书中除了采取传统的法教义学以及比较法的观点外，更透过法律经济分析的视野以及实证研究的考察，对台湾地区新"民事诉讼法"的变革，进行了深刻的分析与检讨，并提出了新的见解。

● 《诉讼权保障与裁判外纷争处理》沈冠伶　著

随着社会变迁，交易方式越来越多样化，民事纷争呈现复杂多样的形态。民事纷争的处理制度也必须有多样化的设计，才能为当事人解决纷争提供有效的途径。现今发达国家除健全诉讼制度外，莫不同时致力于建构当事人自主性解决纷争的制度。

针对上述问题，本书对包括宪法诉讼权保障与台湾新"民事诉讼法"的实践、民事诉讼与行政诉讼的分工与合作、第三审许可上诉制度、合意选定法官制度等民事基础理论与重要制度性问题进行了深入探讨。此外，作者还对示范诉讼契约、仲裁鉴定及律师和解等重要制度作了详尽的分析，并提出了独到的见解。

● 《公司证券重要争议问题研究》冯震宇　著

本书是我国台湾地区公司证券法学者冯震宇教授的著作。公司证券是现代商业交易的基础,有无良好的公司证券法律制度,不但影响到企业的发展,而且与投资人利益密切相关。冯教授的这本著作内容丰富、见解精辟,不但包括与公司治理有关的问题,还特别针对通讯投票、结算交割、股务作业、券商与网络交易等证券市场的重要问题进行探讨,对企业并购与技术入股所涉及的租税问题与公司法问题也有所讨论,凸显出作者在公司证券法律领域的研究深度与广度。

● 《过渡时代的民法问题研究》葛云松　著

民法是生活的百科全书。而民法学之难,在于其试图发展出一套"篇幅"有限并且相对稳定的规则体系,来调整千头万绪而又常变、常新的社会生活。中国的民法研究应当以中国的问题为主要研究对象并寻找其解决之道,这需要我们了解民法的目的、方法及其局限性。中国民法学上的创新是可能的,也是必要的,但是这个机会并没有很多人想象的那么多。

● 《公共执法与私人执法的比较经济研究》李　波　著

私人执法模式与我们所熟悉的政府(公共)执法模式在经济学上有什么区别? 应该如何评价不同执法模式的成本和效果? 在执法制度的设计上,立法者应该如何权衡公共执法与私人执法之间的利弊? 在总结已有研究的基础上,本书试图从经济学的角度对上述问题做出进一步的探索,以期引起对此类问题更多的关注和研究。

● 《入世背景下的中国与国际经济法》孔庆江　著

中国是一个正在崛起的大国,理所当然希望也必将在国际社会发挥越来越大的影响力。作为国际经济法的研究者,比起其他学术领域的耕耘者,可能肩负着更多的在国际法律学术领域发出中国声音的道义责任,本书作者在这方面已做了不少成功的尝试,书中所收文章均被 SSCI 收录,本书的出现应能起到一个提醒和提示的作用。

● 《诉讼认识论纲——以司法裁判中的事实认定为中心》吴宏耀　著

本书针对传统证据法学的"客观真实理论",以客观真实能否作为(刑事)裁判的证明标准为着眼点,指出了传统论证思路中的逻辑悖谬。在寻找新的切入点时,将传统证据法理论长期忽视的主体因素纳入视野,探索一种兼顾认识主体和客体两方面的论证方法。在案件事实双重视角和裁判者双重认识客体这两个理论前提之上,全文依次详细研究了有关事实认定活动的四个问题。最后结合英美经验主义哲学对"优势证据"和"排除合理怀疑"作了新的思考。

● 《佟柔中国民法讲稿》佟　柔　著　周大伟　编

取材于佟柔先生生前颇有影响的演讲记录、教材、论文著述,以及编者佟柔先生的学生、旅美法律学者周大伟老师个人课堂笔记的这本民法学术问题集合，基本上展现了佟柔先生在民法总则教学和研究中的成果和心得。这些真知灼见，直到今天也不失理论上的前瞻性。

佟柔先生是一个堪称教育家的民法教授。他生前以精彩的课堂演讲享誉法学界，其言谈出自文章，却胜过文章。本书以“讲稿”命名，恰如其分。

## ●《罪过形式论》姜　伟　著

罪过形式是一个陈旧的传统议题，也是一个常新的永恒命题。本书为作者二十年前的研究心得，曾以《犯罪故意与犯罪过失》为题出版。在撰写此书时，作者研究了当时国内可以收集到的有关罪过心理问题的全部资料，是我国法学界第一部研究罪过心理的专著，记录了刑法理论研究的历史痕迹。此次再版，作者针对刑法的修改做出相应的注释说明，期望本书能够称为繁荣刑法科学研究的铺路之石、引玉之砖。

## ●《罗马法提要》周　枏　著

罗马法是世界公认的最主要法系之一，也代表着当时法学文化的主要传统。从《十二表法》到《国法大全》，上下千余年，它随着经济的发展而产生、发展，范围广泛，内容丰富。本书主要是对罗马法的一个概览性研究，对一些具体的罗马法制度作了简要的介绍，因而称本书为《提要》。

## ●《干预处分与刑事证据》林钰雄　著

本书的写作源于作者在德国留学时导师的一堂生动讲座，导师讲了一则案例令作者十分不解：德国嫌犯怎么会笨到就医后留下真实姓名？德国医生护士怎么胆敢拒绝警方的要求？及至1998年作者回国任教之际，诸如“因采职权主义故对证据种类、能力不设限制”及“欧陆法就强制处分不采法官保留”等诸多根深蒂固的误解，使作者为了正本清源而集十年之功完成本书。本书非常完美地阐明了主题——作者希望合理保护犯罪嫌疑人的人权，规范一系列证据使用原则，最终达到法律的公平。

## ●《证据法的体系与精神——以英美法为特别参照》易延友　著

本书志在将证据法学作为一个有着自己独立研究对象和独特学术品格的独立法学学科来建设，使证据法学能够走出自然科学和其他部门法学的阴影，从而获得更加广阔的发展空间。基于上述立场，本书以第一手资料为依据，首次对英美证据规则及其背后的哲学原理进行了深刻的剖析和探讨。着力确立我国独立证据法学的研究对象、研究方法，制作基本概念，提出基本命题，以求最终整合为完整的理论体系。

## ●《物上请求权的功能与理论基础》王洪亮　著

本书系统地论述了物上请求权制度，从权利推定入手，论证了原物返还请求权以及防御请求权的制度构成与功能，并最终论证了其理论归属。同时本书还论证了物上请求权的次请求权体系，也即占有恢复关系的功能与理论归属。